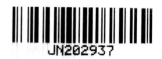

未来の教育を創る教職教養指針 1

山﨑 準二・高野 和子【編集代表】

教育原論

山﨑 準二【編著】

学文社

執筆者

山崎　準二	学習院大学	[序章・第2章・終章]
寺崎　弘昭	元山梨大学	[第1章]
菅野　文彦	静岡大学	[第3章]
須田　将司	東洋大学	[第4章]
金子真理子	東京学芸大学	[第5章1～4・6節]
早坂めぐみ	秋草学園短期大学	[第5章5節]
前島　康男	東京電機大学	[第6章]
藤本　典裕	東洋大学	[第7章]
光本　滋	北海道大学	[第8章]

〈執筆順〉

シリーズ刊行にあたって

21 世紀の現在，国内外ともに，就学前教育から高等教育まで，また学校教育のみならず家庭や地域における教育までも巻き込んで，教育界はさまざまな「改革」が急速に進められてきている。教師教育（教師の養成・採用・研修）全般にわたる「改革」もまた，初等・中等教育の学習指導要領改訂に連動した教師教育の内容・方法・評価の「改革」として，また教師教育を担う大学・大学院の制度的組織的「改革」をも伴いつつ，急速に進められてきている。

とりわけ近年，「実践的指導力の育成」というスローガンの下で，ともすると養成教育の内容と方法は，実務的・現場体験的なものに傾斜し，教職課程認定における行政指導も次第に細部にわたって強まってきている。さらに，「教員育成指標」「教職課程コアカリキュラム」の策定が行政主導で急速に進行しているが，教師教育の営みを画一化・閉鎖化しかねないと強い危惧の念を抱かざるを得ない。

そのような教育全般および教師教育の「改革」状況のなかで，今回の新シリーズ「未来の教育を創る教職教養指針」を，主に大学等での養成教育における教職関連科目のテキストとして企画・刊行することにした。そして，以下のような２点をとくに意識し，現職教師の自主的主体的な研究活動も視野に入れて，本シリーズを，各巻編者も含めた私たちからの，教師教育カリキュラムの１つの提案としていきたい。

①教育学や心理学という学問内容の体系性ではなく，あくまで教師教育という営みにおけるカリキュラムの体系性を提起することを直接的な目的としているが，過度に実践的実務的な内容とするのではなく，教師自身が教育という現象や実践を把握し，判断し，改善していくために必要不可欠とな

るであろう，教育学・心理学などがこれまでに蓄積してきた実践的・理論的研究成果（原理・原則・価値，理論・概念・知識など）を提起すること。

同時に，即戦力育成を目的とした実務能力訓練としての「教員育成」ではなく，教育専門職者としての発達と力量形成を生涯にわたって遂げていくための教師教育を志向し，そのために必要不可欠な基盤づくりとしての養成教育カリキュラムの１つのあり方を提案するものでもあること。

②現在，教職課程認定行政のなかで「教職課程コアカリキュラム」が示され，すでにその枠組みの下で再課程認定が進められてきている。本シリーズは，本来，上記「コアカリ」という枠組みに対応するべく企画・編集されたものではないが，扱う内容領域としては，上記「コアカリ」の内容にも十分に対応し，さらにはそれを越える必要な学習を修めることができるものを構築すること。

ただし，「教職課程コアカリキュラム」との関係については，本シリーズの各巻・各章を“素材”として各授業担当者の判断・構想によるべきものであるので「対応表」的なものを示してはいない。なぜなら，「コアカリ」の○○番目に該当する□□章△△節を扱ったから同項目内容の学習は済んだという思考に陥ったとき，教師教育の担当者は自らの教師教育実践を研究的に省察の対象とすることを放棄してしまうことになるのではないか。さらには，そのような教師教育からは社会の変化が求めている自主的主体的な研究活動に立脚した“学び続ける”教師は育ちえず，たとえ育っているようにみえてもそこでの教育実践研究は既存の枠組みのなかでのテクニカルなものに限定されがちになってしまうではないかと代表編者は考えているからである。

最後に，本シリーズ名とした「未来の教育を創る教職教養指針」のうちの「教職教養指針」という用語について，説明しておきたい。同用語は，19 世紀プロイセン・ドイツにおいて最初に教師養成所（Lehrerseminar）を創設し，自らその校長として教師教育の発展に尽力するとともに，以後の教育学・教科教育学および教師教育学などの理論的構築にも寄与したディースターヴェーク（Diesterweg,F. A. W., 1790-1866）の主著『ドイツの教師に寄せる教職教養指針

（Wegweiser zur Bildung für Deutsche Lehrer）』（初版 1835 年）から採ったものである。正確に述べておくならば，今日的な直訳は「ドイツの教師に寄せる陶冶のための指針」であるが，日本におけるディースターヴェーク研究・西洋教育史研究の泰斗・長尾十三二博士による訳語「教職教養指針」を使わせていただいた。ディースターヴェークの同上主著は，その後彼が没するまでに 4 版が刊行され，次第に質量ともに充実したものとなっていったが，当時の教育学や心理学，教科教育学やその基盤を成す人文社会科学・自然科学・芸術など各学問分野の第一級の研究者を結集して創り上げていった「ドイツの教師（それは，近代的専門職としての確立を意味する呼称である Lehrer ＝教師：現職教師および教師志望学生たちも含める）」に寄せる「教職教養指針」なのである。同書では「教師に関する授業のための諸規則」も詳述されているが，その最後の箇所で，それらの諸規則を真に認識するためには行為（実践）が必要であること，「最も正しい根本諸原理を自分の頭で考えて理解し応用すること」によってはじめて状況に対応した教育的な機転・判断能力が育成されるのだと強調されている。本テキスト・シリーズも，そういう性格・位置づけのものとして受け止め，活用していただきたいと願っている。

本シリーズがディースターヴェークの同上主著と同等のものであるというのはあまりに口幅ったい物言いであるといえようが，しかし少なくとも本シリーズ企画への思いは彼の同上主著への思いと同様である／ありたい。そういう意味では本シリーズは「現代日本の教師（研究を基盤にすえた高度な専門職をめざし日々研鑽と修養に励む現職教師および教師志望学生たち）に寄せる教職教養指針」である／ありたいのである。

本シリーズが，大学のみならず教育実践現場や教育行政において教師教育という営みに携わる教育関係者，教職課程を履修する学生，さらには教育という営為・現象に関心を寄せる多くの方々にも，広く読まれ，活用され，そして議論の素材とされることを願っている。

2018 年 10 月

シリーズ編集代表　**山﨑 準二・高野 和子**

目　次

序　章

教育の目的と基本構造

1 教育という営為の構造

「戦後70年」余り，新世紀に入って20年近くが経った。その間，前世紀末から今世紀にかけての時期だけをみても，じつに大きな変化が生まれてきている。世界史的には，ベルリンの壁崩壊（1989）からソ連邦の崩壊（1991）に至る東西冷戦体制の終焉，それに取って代わるかのように生まれてきた民族・地域紛争とテロ事件の多発，そして難民・移民問題を契機とした偏狭なナショナリズムの台頭やヘイトスピーチの増加など，新たな不安が私たちを襲ってきている。日本国内に目を転じても，1990年代の「バブル経済」崩壊から不況・企業倒産の増大，地下鉄サリン事件（1995）や神戸連続児童殺傷事件（1997），阪神淡路大震災（1995）から東日本大震災・原発事故（2011），さらには長時間過密労働の下での「過労死・自殺」の増加など，私たちの不安感は増すばかりである。

教育界では，なんといっても教育基本法の「改正」（2006）とそれに基づく学校教育法の改正や学習指導要領の改訂（愛国心教育の強化や「ゆとり教育」からの転換），「学力格差」「貧困」「いじめ」の増大・深刻化，学校教員に関しては長時間過密労働と病気休職者・離職者の増加，「チーム学校」「学校と地域の連携・協働」「新学習指導要領（2018-19）」への対応など，困難のなかで新たに課せられた課題はあげていけばきりがないほどである。

教育という営為を考えるとき，上述のような事柄すべてが１つひとつの教室や授業，学校や教職員集団，家庭や地域や社会のあり様と密接につながり影響を及ぼしあっているということである。なぜならば，教育という営為，とりわけ教育実践は，「教室・授業」という場・営為を中心にして，それを取り囲みつつ空間的に広がっていく「学校・教職員集団」と，さらにそれらの外側に広がる「家庭・地域・社会」という三重の場において成り立っているからである。１つの教室のなかで繰り広げられる授業は，〈子ども〉と〈教育内容（教材）〉と〈教師〉という３つの基本要素から構成される営為ではあるが，決して３要素だけで・閉じられた教室空間内だけで自己完結して成り立っているわけではない。要素的にも空間的にも，さらには歴史的（時間的）にも，子ども・教師に関する学校・家庭・地域での生活状況，教育内容（教材）に関する教育理論や科学・芸術など学問の研究発展状況，経済や政治の状況とも連動した社会生活や教育に関する国・自治体の政策動向などを含む三重の場の広がりのなかで相互に影響を及ぼしあいながら，営まれている。

私たちは，１つひとつの「教室・授業」のあり様を捉えるに際しても，それらすべての要素的・空間的・歴史的なあり様も視野に入れなければならない。むろん，学校教育だけではなく，職場・家庭・地域・社会において，また子どもだけでなく大人にもかかわっての，さまざま教育的活動が営まれているわけであるが，そのそれぞれを捉える際にも同様である。つまり私たちは，「（上記のような）三重の場」を貫く視野をもって，授業をはじめとする，教育というさまざまな営為を捉えなければならないのである。

2 教育という営為の目的・形態・機能

社会のさまざまな領域における教育という営為は，営まれている領域ごとに捉えるならば学校教育のみならず家庭教育・企業内（職場）教育・社会（成人）教育などがあげられる。また，それらすべての領域において，一方では一定の目的・目標をもって営まれている意図的な教育が存在すると同時に，他方では日常の人間関係（交流・交際）の下で自然発生的な相互影響という現象が生まれ，無意図的な教育（教育的作用）が存在していると捉えることができる。いやむしろ，私たちは，日常生活・成育史のなかでは，そのような教育的作用の結果，すなわち自分でも気づかずに相手から学んで／影響を受けて，身体化させてきてしまった事柄のほうが，今の自分をつくるのに大きな要因となっているのではないだろうか。

教育というとすぐに学校と結びつけて連想しがちであるが，学校は意図的教育の代表的かつ象徴的な空間／場である。ときとして学校教育は，たとえば戦前日本の学校教育のように，特定の政治的・政策的意図の完遂のために選定された内容（教材）を教え込み，国家等に有益な特定の人格を形成していく（今日では，そのような営みを，本来の「教育」と区別し，「教《きょう》化《か》：indoctrination」という概念用語で否定的に語られることが多い）[1]。「教育」という営為は，「あなたの将来のため」「あなたの家族や故郷のため」という常套句が用いられることによって，いとも簡単に／無自覚なままに「教化」に転化しがちではある。しかし，現在では，戦後日本を再出発させる基本理念や原理・原則として制定された日本国憲法（1946）や教育基本法（1947）の内容に基づいて，一人ひとりが自らの人生を自己選択していけるよう，「人格の完成を目指し」（第１条：教育の目的）営まれている。

その「人格の完成を目指し」て営まれている学校教育活動は，一般に２つの機能と領域から成っている。１つは，知識・技能の習得を図る活動であり，その機能を「陶《とう》冶《や》：Bildung（独）」といい，主に教科の学習において科学・文化・芸術などの探究活動を通して行われる。もう１つは，社会性・道徳性などの形成を図る活動であり，その機能を「訓育《くんいく》：Erziehung（独）」といい，主に教科外における子どもの自治的集団的な活動を通して行われる。もちろんその２つの機能と２つの領域が，一対一の対応関係として相互に閉じて役割分担されているわけではなく，教科の学習活動においても訓育機能が発揮されるし（学習活動における自己規律の形成が図られたりするが，そもそも知識・技能の習得は，本来的には学問観・世界観の形成などを通して人格の形成にまで寄与していくものでなければならない），逆に教科外の活動においても知識・技能の習得が図られるという意味で陶冶機能が発揮される。そして，この２つの機能がバランスよく調和的に，かつ個々バラバラではなく統一的に発揮されることによって初めて「人格の完成を目指し」営まれることになるのである[2]。

3 教育基本法の「改正」とその後

制定から約60年にして初めて「改正」(2006) された教育基本法は，教育という営為に関する憲法的な位置にある法だけに，それ以後の教育界へもたらした影響と生み出してきた「改革」は大きいといえる。

そのなかでも大きな論争点の1つは，ほぼ全文が変更となった「前文」第2段落において「公共の精神」や「伝統を継承」が新たに書き込まれ，さらには新たに設定された「第2条　教育の目標」において5項目の態度形成的内容が明記されたことである。とりわけその第5項目における「伝統と文化を尊重し，それらをはぐくんできたわが国と郷土を愛するとともに，他国を尊重し，国際社会の平和と発展を寄与する態度を養うこと」は，激しい論議を呼び起こした。「伝統と文化を尊重する」こと自体に異存はないとしても，それが「わが国と郷土を愛する」態度の形成に直結させられたり，また「国際社会の平和と発展に寄与する」ことも必要であるとしても，それが地域紛争への武力的参入・国際貢献（たとえば，「改正」の直前にはイラク戦争 (2003) と自衛隊海外派遣 (2004) といったことも起こっていた）という行為であったりすることを危惧する声である。あるいは，そもそも国が，ことさら「わが国と郷土を愛する」態度を養うことを法律によって規定・強調すること自体に対して疑問視・不安視する声が少なくなかったからである。

しかし，その後の学校教育法の一部改正 (2007) や学習指導要領の改訂 (2008・2009) においては，学校教育法第21条「義務教育の目標」規定や古典・伝統音楽・武道などの教育内容の増加，さらに最近では道徳の教科化 (2015) や高校新科目「公共」の新設（次期高校学習指導要領2018）といった形になって具体化されてきている。

4 本書『教育原論』の内容構成と教育諸問題

本書は，以上のような教育という営為に関して，その歴史や思想，そのなかで確立され価値づけられてきた原理・原則に立ち返りつつ，その本質と諸問題について考えていくための一助となるように内容構成が図られている。

全体として二部構成を採り，その第Ⅰ部（第1～4章）は，欧米および日本における教育の思想・理論・制度の歴史的な考察を通して，教育という営為の本質についての認識を深めることができように論述されている。

第1章「〈教育〉の生成とその構造」は，私たちが学問および日常の世界で使用している用語の語源的な系譜を解き明かす作業によって，まさしく〈教育〉という営為の本質に迫っている内容である。ややむずかしいと思われる記述箇所もあるかもしれないが，知的刺激に満ち溢れている。一度ならず，二度，三度と時間をかけて味読するにつれ，〈教育〉という営為を深く考えさせられ，教育観が豊かにされていくことになる。第2章「〈近代教授学〉の形成と展開」は，今日の教育学および教授理論の形成史を，代表的な人物たちの論を中心に，系譜づけた内容である。そこから，〈子ども〉と〈教育内容〉と〈教師〉という3要素の関係をいかに統一的に理論づけ認識していくべきかを学んでいくことになる。第3章「〈新教育〉の興隆と展開」は，20世紀初頭に世界各地で実践が興隆・展開された〈新教育〉運動の諸相とその歴史的評価を論究した内容である。教育の世界における「子ども中心」を単なる美辞麗句に終わらせずに，その意味を深く考えていくことになる。第4章「近代日本における〈国民教育制度〉の形成と展開」は，明治以降の教育制度の変遷を概観し，第二次世界大戦後の再生日本の教育原則にまで結びつける内容である。現在とこれからの日本の教育のあり方を，その原点に立ち返りつつ考えていくことになる。

第Ⅱ部（第5～8章）は，現代日本社会がかかえる教育問題の考察を通して，日本国憲法ならびに教育基本法などに規定されている教育の原理・原則についての認識を深めることができように論述されている。

第5章「学歴社会と〈教育の機会均等〉」は，実証的データを用いて学歴社会の今日的特徴を描いた内容である。さまざまな社会格差が拡大する現在，あらためて〈教育の機会均等〉についての意義を考えていくことになる。第6章「いじめ・登校拒否・不登校と子どもの〈学習・発達する権利〉」は，「いじめ防止対策推進法」および「教育機会確保法」の考察を通して，〈子どもの学習・発達する権利〉についての意義を考えていくことになる。第7章「子どもの貧困と〈教育への権利〉」は，社会格差が拡大する状況下で従来にも増して深刻化してきている子どもの貧困問題の考察を通して，〈教育への権利（教育を受ける権利）〉についての意義を考えていくことになる。第８章「大学の自治・学問の自由と〈教育の自由〉」は，教員養成の場と財である大学と学問のあり様が大きく変貌させられつつある今日的状況の考察を通して，〈教育の自由〉についての意義を，さらには「大学で教師を養成すること」「大学で教師をめざし学ぶこと」の意義を考えていくことになる。

本書が扱う教育の思想・理論・制度，教育の原理・原則といった事柄・領域に関する学習は，教師の養成教育において，「実践的指導力の育成」という名目の下で，今日，ともすると軽んじられる傾向にある。しかし，本書に収められている内容とそれをめぐる論点こそ，教師一人ひとりが直面する状況に対応しつつ，自らの思考と判断と行動によって課題を解決しつつ，よりよい方向へと実践を進めていく力（＝教師としての専門的力量）を支える教育観・授業観・子ども観などの基盤形成に寄与するものであると考えている。

注

1）「教化」の説明として「教え導いて善に進ませること」（『広辞苑』第七版，岩波書店）とあるように，そもそもは「きょうげ」と読む仏教用語で，江戸時代には知識教育と対照されるような「社会秩序維持のための感化・徳化を意味する儒教用語」（『増補改訂版　教育思想事典』勁草書房）としての意味も併せ持っていたといわれる。

2）独語「訓育：Erziehung」が狭義の意味内容とするならば，「陶冶」と「訓育」を総称して「教育：（広義の意味内容をもつ Erziehung）」といい表す場合もある。また「陶冶：Bildung」も，歴史的には多様な意味内容をもって用いられてきており，ふるくは「神の似姿」としての自己完成を意味内容していたり，教養ある人格の形成そのものを意味内容としていたりするなど，幅広い概念（「教養」「教育」の邦訳語があてられるべき意味内容）であった。

第1章
〈教育〉の生成とその構造

1 〈教育〉ということばの歴史的精製

いま私たちになじみの〈教育〉という言葉は，①生の養いを意味する古代ギリシア・ローマの《τροφή（トロフェー）＝ educatio（エデュカチオ）》の系譜とは系譜を異にし，② 1500 年頃にラテン語 “educatio” を借用・僭称《せんしょう》してなし崩し的に新たに生成＝精製したものが，③ 1800 年頃には〈学校〉の機能を包括しそれを中心とする言葉として確立され，④日本にも移植され歴史の表層を覆ったものである。一言でいえば，〈教育〉は，近代の発明品として生成した。

本章では，その歴史的次第＝プロセスを，時代を遡る手法，いわば逆－教育史の流儀で追跡し，できるだけ簡潔に要点だけ紹介することとしたい。

そのことによって，教師たろうとする人が信に足る自分のことばをつかみそれを《教育者》としての自らの芯に見いだして据える，それぞれの省察（meditatione）に資する一助になればと願う。《教育者》は，善い教育の実践者でありたい，人間としての幸福な人生への頼れる渡し守でありたい，などといった素朴な思いを胸にかかえている。なにが「善い」教育なのか真摯に迷いつつ，《自分のことば》《本気のことば》はそんな《教育者》の実践を駆動し導くいわば「呪文」である。その「呪文」は，歴史の表層を突き抜けて歴史層の深部，《教育》をくぐらせたことばであることによって信のおけるものとなるだろう。

2 “education” の訳語としての〈教育〉

現在用いられているような意味での〈教育〉は，西欧近代社会に成立した近代に特有の，奇妙で特異な事象である。

「教」と「育」とい 2 つの漢字を結び合わせた日本語の「教育」という熟語

もまた，はるかに遡ってたとえば紀元前４～３世紀の『孟子』盡心上，君子三楽章のなかの「得天下英才而教育之三楽也（天下の英才を得て之を教育するは三の楽なり）」に遡れるものとはいえ，その注釈以外での散発的使用を脱していわゆる教育事象をさし示す排他的・支配的な言葉となりおおしたのは，明治以降，西欧の〈教育〉（たとえば英語 “education”）の翻訳語としてであった（藤原 1981）。

その〈教育〉登場の端的なさまは，箕作麟祥《みつくりりんしょう》の翻訳作業のプロセスに見いだされる。もとより，これ以前に事例がないわけではない。だが箕作は，江戸幕府の蕃書調所英学教授手伝並出役をはじめとして明治に入っては学制取調御用掛・司法省翻訳局長・司法次官などを歴任し，幕末・明治期の翻訳動向の先端を走り続けた人物の一人であり，その事例は当然重い意味をもつ。

その箕作が手がけた翻訳に，イギリスで出版されたチェンバース百科事典の一項目「教育（EDUCATION）」（Chambers　1849）がある。それは，体育・徳育・知育という順に「教育」を論じつつ，「教育のためのメカニズム」として幼児学校・初等学校・中等学校について論じ，最後に家事教育をも含む生産教育について論じたものである。一読，これが学校という場で行われる営みを主たるイメージにして「教育」を論じていることは明白である。箕作は，だが，いまならばなんの躊躇いもなく「教育」と訳すこの「EDUCATION」を『百科全書 教導説』というタイトルを冠して訳出した。「明治六年［1873 年］初夏」（［　］内は筆者，以下同様）のことである。

わずかに「諸言」で父母の子を育てる営みに「教育」を充てているほかは，「教導」ないし「教」が使用されている。つまり，箕作にとって，〈教育〉ということばの世界はなじみの薄いものだったのであって，「教導」ないし「教」こそが学校中心の営みの世界を捉えるのにはふさわしいといまだ考えられていたのである。それは，彼にとって曰く言いがたい体に染み込んだ世界との対応のつけ方だった。その箕作が，しかし，同じ翻訳を『教育論』と改訳して合本再版するに至るのである。1878（明治 11）年，「教育令」が発布される前年のことであった。ここに〈教育〉は，英語 “education” の訳語として確立したことが宣言される（藤原　1981）。

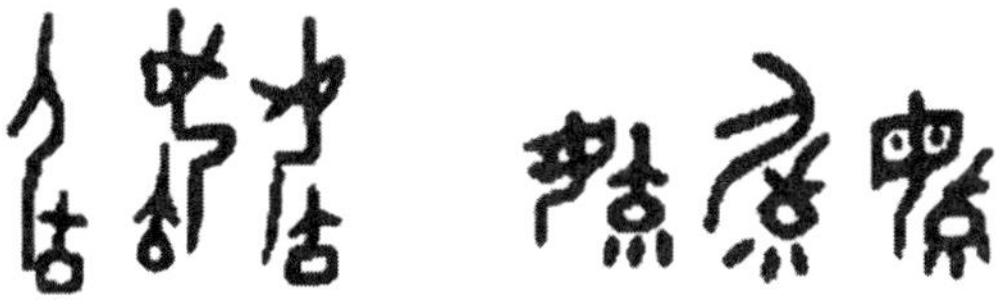

図 1.1 「育」の象形文字いろいろ（周禅鴻による模写）

この “education” の訳語として確立した〈教育〉が，明治初年以降の英米を中心とした教育書の旺盛な翻訳と受容の過程で，いわゆる教育事象をさし示す排他的・支配的なことばとしてのステイタスを獲得し，その後の教育言説の強力な磁場を形成したものである。いま私たちが立ち会っているのはこの〈教育〉の爛熟・衰退過程に他ならない。

しかしながら，さきの箕作が編集に加わっていた『英和対訳袖珍辞書』（堀達之助編）で，文久 2（1862）年の時点では “education” は「養ヒ上ルコト」と訳していたことは，重要なことである。福沢諭吉もまた，すでに〈教育〉が英語 “education” の訳語として確立し趨勢が定まったあとでさえ，なおそれに異を唱え，「すなわち学校は人に物を教うる所にあらず，ただその天資の発達を妨げずしてよくこれを発育するための具なり。教育の文字はなはだ穏当ならず，よろしくこれを発育と称すべきなり」（福沢 1889；傍点筆者，以下同様）と，「発育」とすべきことを主張していた。

そもそも，さきに言及した『孟子』に表れていた「教育」にしても，《育》を本体とするものだった。《育》という漢字の元となった象形文字は図 1.1 にみられるように，出産する女性とその赤ん坊を描いたものであり，出産―新たな生命を産み出すこと―と誕生を意味している。字源学者の阿辻哲次も，「この字［育］の古い字形は，女性の体の下部から頭を下にした子供が出てくる状態を示している」（阿辻　1994）と明確に指摘しているとおりである。そしてこれに《教》が冠されることで，《教育》は，ヒトが子どもの世界から大人の世界へと生まれ変わるその「第二の誕生」＝ライフ・クライシス（life-crisis）をわたるワタリの営みと空間を意味するものとなったのである。《教》という漢字は，現在流通している「教」とはまったく異なる部に属す字である。後漢の許慎による『説文解字《せつもんかいじ》』（西暦 100 年）にある《教》の字形を見てもわかるように（図 1.2），左側の上の部分が「爻」（こう）つまり易《えき》に使う卦《け》（易占いの結果を表記する記号）の基本記号を表し，左側の下が，萌え出たばかりの若草を表し（それゆえに「子ども」を表すことにもなる），これも占いの材料に使われるもの。右側は，「卜《ぼく》」を右手で持って掲げているさま。「卜」とは，亀甲《きっこう》占いで焼かれた亀の甲に入ったひび割れの形を示し，卜占《ぼくせん》の結果を示している。この「卜」が右手で高々と掲げられている。《敎》というのは，天と地が交差する狭間（境界）にあって，天の声を聞き道を告げる卜占行為を象《かたど》ったものだったのである（周　1997，寺崎・周　2006）。ライフ・クライシスを渡るワタリ空間，《育》の時空は，このような《敎》によって彩られるものであった。

図 1.2 『説文解字』のなかの「敎」と「育」（阿辻　1994 より再掲）

とはいえ，箕作麟祥や福沢諭吉が，日本に移植された〈教育（education）〉の生成，その複雑怪奇な経緯に関して弁えたうえでさきの主張を成していたわけではない。ここは移入元に遡り，ユーラシア大陸の西で生じた，〈教育〉の成り立ちそのものに係る顚末に眼を凝らしてみなければならない。

3 近代〈学校〉＝〈教育〉の発明

（1）「教育史上の新奇」―大量一斉〈学習〉空間

近代〈学校〉は 19 世紀初めに登場した，たかだか 200 年の歴史を有するにすぎないものである。その起源は，教育史学者デヴィッド・ホーガンが現代の学校空間編成原理の起源として措定している，イギリスのランカスター・システムに求められる（Hogan　1989）。

産業革命を通じて必然的に産み出された労働者階級の子どもたちを路上から囲い込みかつ次世代の労働力として形成しようとする大波は，日曜学校運動などを表面化させつつ，モニトリアル・スクールと呼ばれる〈学校〉の設立へと収斂されていった。これは，生徒のなかから複数のモニター（助教）を選抜し，彼らに各クラスの教授を代行させることによって，一人の教師・1 つの学校で数百人，ときに 1000 人を超える規模の子どもたちの囲い込みを可能とするものであり，その時代に適合的な効率性によって爆発的に普及していった。これには 2 つの系統があり，1 つはアンドリュー・ベルによって提唱されたもの，

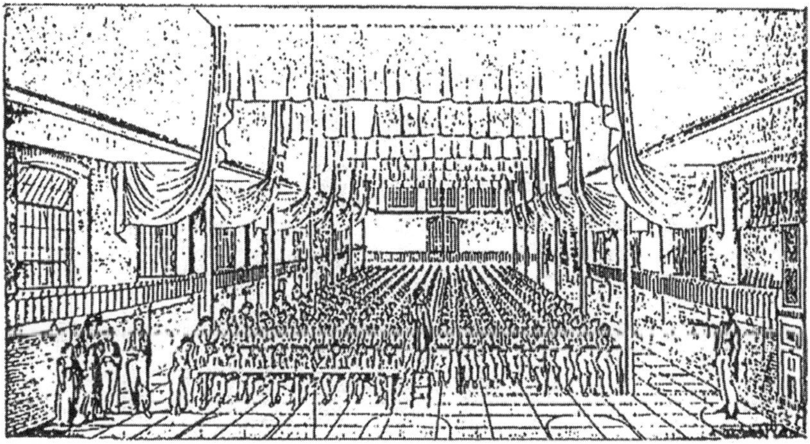
図 1.3　ランカスター・スクールの内部風景（Seaborne, M.（1971）*The English School: its architecture and organization 1370-1870*, pl. 120. から再掲）

そしてもう 1 つはジョセフ・ランカスターによるものがあった。そのランカスター原理に基づく〈学校〉の内部風景が，図 1.3 である。

横一列ずつ並ぶ長机の両脇に配されているのがモニターたちであり，左側手前に婦人を含めて立っているのは見学者である。これは一斉教授の原型と従来みなされてきたものだが，ことはそれほど単純ではない。というのも，およそ長机ごとに学習内容の階梯が分かれており，とうてい一人の教師が同一の教授内容を一斉に伝えるものではあり得ないからである。この学校を〈学校〉たらしめているのは，内容ではなくその形式なのだ。じっさい具体的な教授は，教場側壁沿いに設定された半円にクラスごとに整列してモニターによって行われていた。

では，図 1.3 は何か。これは，個別クラス教授の規律を可能とするために基盤として幕間に設定された全員一斉行動の場面である。そこで中心的役割を演じるのが，まん中で椅子の上に立っている命令係（general monitor for order）であり，そして教場前面に設けられた教壇上に屹立する教師と，それに対面することを強いられた教師－生徒対面配置なのである。つまり，教師が，自らの分身たる命令係の背後にあって，子どもたちの顔と姿勢を監視するのである。

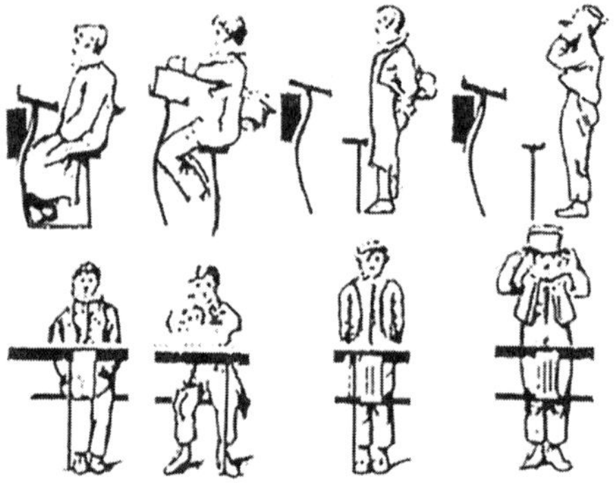

図 1.4　ランカスター・スクールの号令-姿勢マニュアル（Silver, H. & J. H. Lawson,（1973）*Social History of Education in England*, pp. 244-245 より抜粋）

教場の床がスロープをなして後方ほど高くなっていくようにつくられるべきだ，とランカスターが提唱するのも，「教壇から最後列の少年でも最前列の少年と同様に見えるように」するためであり，その監視の視線をいきわたらせるために他ならない。彼自身述べるように，「これらの配置は，秩序に貢献するのみならず，教師に違反者の発見を容易にするのである」（Lancaster　1810）。

〈学習〉というワークにまつわる身体技法を命令＝秩序（order）への服従とともに，学習行動の一斉性のなかで習慣（ハビトゥス）として形成すること。これこそが，ランカスター・システムの目的である。そのために，命令係の１つひとつの号令に対応する姿勢が一対一対応図としてイラストで示されたマニュアルさえも用意される。そのマニュアルの一部が図 1.4 である。

そこでは，座っている際の姿勢，石板を立てているさいの姿勢，起立の姿勢，帽子をかぶる際の姿勢が，その手の位置までも含めて，正面からと側面からと同時に監視され規律（discipline）される。正常＝規格（norm）下での服従＝主体化が進められ，子どもはこうして「生徒（discipulus）」と化する。

（2）規律訓練《ディシプリーヌ》の場としての〈学校〉＝〈教育〉―ポリスという坩堝《るつぼ》

私たちになじみの〈学校〉のたたずまいは，かくて，ランカスター・スクールという規律訓練（discipline）空間の効率的更新と細胞分裂の果てに登場したものである。そして，ランカスター自ら著書『教育（education）のブリティッシュ・システム』（1810年）で「教育史上の新奇（novelty）」だと誇り喧伝したこの「新奇」な〈学校〉は，何よりも〈教育（education）〉の場として普及をみたものだった（Lancaster 1810）。その〈学校〉が，〈教育〉とともに，大西洋を越えてアメリカ合衆国東海岸へ，さらに西海岸からはるか太平洋を越えて日本に意図的に移植されたのであった。

規律訓練（discipline）の場としての〈学校〉＝〈教育〉。イマヌエル・カントの『教育学講義（Über Pädagogik）』（1803年）において教育（Education）の核に据えられるのが“disciplin oder［or］Zucht”であり，この「訓練」（disciplin）は，16〜18世紀に猖獗《しょうけつ》を極《きわ》めた「ポリス（Police, Polizei）」の坩堝のなかで精錬を経，その精華として析出した〈教育（education）〉の核である。そして，〈規律訓練権力《ディシプリーヌ》〉は，近代ポリスが生成＝精製した〈生－権力（bio-pouvoir）〉の最初の極なのである。

「ポリス」と聞いて，いまの警察の仕事だけをイメージしてはいけない。「ポリス」とは，ミシェル・フーコーがその著作『狂気の歴史』（1961年），『監獄の誕生』（1975年）において詳細に描き出したように，犯罪・犯罪者対策といった「治安」領域のほかに，「貧民」「病院」「衛生」「乳母」「学校」といった領域を包括する取り締まりと管理を旨とする国家機関だった。「ポリス」が対象とする領域は，近代社会の生理として生じ近代社会を下支えする周縁領域であり，「異常」「非理性」「非生産的」領域として特徴づけられることによって，「正常」「生産」「合理性」「効率性」「有用性」といった近代社会の特性を照らし出すものであった。そして，「ポリス」は，「ウェルフェア」（welfare）の名の下に，老人，病者，精神病者，障がい者や子どもたちを，その周縁領域に囲い込み隔離したのである。かれらは，その生を保護し押しつけ操作する対象（客体）としてみなされた。

〈生《ビオス》〉への権力たる〈生－権力《ビオープヴォワール》〉の歴史的特質の概括的見取り図は，フーコー自らによって『性の歴史I』（1976年）で要約的に述べられている。それによれば，〈生－権力〉は2つの極によって構成されるものである。最初に形成される第一の極は，人間の身体の〈解剖－政治学《アナトモ－ポリチーク》〉，つまり〈規律訓練権力《ディシプリーヌ》〉。これは，「身体の調教，身体の適性の増大，身体の力の強奪，身体の有用性と従順さとの並行的増強，効果的で経済的な管理システムへの身体の組み込み」を強制する，政治上の微細な身体攻囲の権力技術である。これにやや遅れて18世紀に形成される第二の極は，生物学的プロセスの支えとなる身体に中心を据えそれを調整・制御する〈生－政治学《ビオ－ポリチーク》〉。それは，出生・死亡率・健康・寿命など人口＝住民《ポピュラシオン》への配慮として顕著に現れたものである。それら2つの権力技術は，相伴って，人間の生を回収しかつ醸し出す。これが〈生－権力〉なのである。

この〈生－権力〉を体現したものが近現代〈教育（education）〉だった。それは，1800年前後に本格始動し，〈学校〉＝〈教育〉として19・20世紀を席巻し覆い尽くしたかにみえる（白水　2004）。

4 “education”の生成―歴史的地層の地滑りの予兆

（1）借用語としての〈教育（education）〉

〈教育（education）〉という英語は，しかし，たかだか1500年前後まで遡ることができるにすぎないものである。また，18世紀に至るまで，19世紀以降に支配的な〈学校〉的営みを中心にした意味を主に有するものではない。

さきに箕作麟祥が翻訳を手がけた『チェンバース百科事典』の「教育」項目が日本に〈教育〉を伝えたことには言及した。チェンバースにはほかに，『英語語源辞典』というものも19世紀に刊行されている。その“educate”の項目をみると，“educe or draw out the mental power, train, teach, cultivate any power”とある（Chambers　1871）。「教える」や「知力・精神力を引き出す」。これが，チェンバースが日本にもたらした〈学校〉＝〈教育〉の〈教育（education）〉概念なのである。

しかしながら，英語“education”は1500年前後にラテン語“educatio”（エデュカチオ）の借用語として英語に取り込まれたものであり，そこでの意味合いは，『オックスフォード英語辞典』（OED）では，「食物を与え，肉体的欲求を充足することによって，子ども・動物を育むこと」（“educate” 1.）というきわめて原初的な営みを意味することを基調とするものであった。“educator”の項をみれば，1566年に刊行された『快楽の宮殿』にあったという，次のような古い一文を見いだすことになる。

「肉体の最も聖なる泉たる女の胸，それこそが人類の教育者（educator）である。」

人類の《教育》者は，女性の胸，つまり赤ん坊の生を養う乳なのである。

というのも，もともと英語 “education” は，1500年前後にラテン語 “educatio” を借用したものだからである。16世紀の人文学者トマス・エリオット（Thomas Elyot　1496?-1546）の著書『辞書』（1538年）のなかでラテン語 “educatio” の項は，次のようになっている（Elyot　1538）。

「Educatio, nourishyng or bryngyng vppe of chyldren.」

“educatio” は，「養う［nourish］」「子どもたちを育てる［bringing up of children］」，養い育てることを意味する。ここでは，ラテン語 “educatio” を説明するのに英語 “education” を用いることは思いつきさえされていないこと，つまりいまだ一般的な英語としては熟していず，そうした借用初期にはラテン語 “educatio” の元来の意味合いが息づき尊重されていたことを証している。もちろん，チェンバース『語源辞典』にあった，「教える」や，ましてや精神力，知力，あげくに浅薄にも能力を「引き出す」といった，ラテン語 “educatio”＝“educare” に無縁の意味がつけ入る隙は微塵もみられない。ちなみに，イングランド最初の英羅辞典『プロムプトリウム・パルウロルム（*Promptorium Parvulorum*）』（1440年頃）でも，ラテン語 “Educatio” は英語 “Norschynge” に対応している。英羅辞典『カトリコン・アングリクム（*Catholicon Anglicum*）』（1483年）でも，ラテン語 “educatio” – “educare” に対応する英語は “Nuryschynge” – “Nuryche” である。それは，ラテン語“nutrimentum” – “nutrire”，《営養《えいよう》》–《営養する》と重ねられている。また，ロベール・エティエンヌ『羅仏辞典』（1538年）でも，ラテン語 “educatio” はフランス語 “Nourriture”， “educo -educare” は “Nourrir” と訳されていた（Estienne　1543）。

紀元前1世紀ローマのキケロ（Marcus Tullius Cicero　前106-43）において，《教育（educatio）》は，ヒトを含む動物の飼育・養育はもとより，「大地が生み出すものたち」＝植物の「成長」を意味するものであった。

「大地が生み出すものたちにも，動物たちのものと似かよった成長（educatio）と成熟が認められる。」（『善と悪の究極について』 5-39）

《教育（educatio）》とは何よりも，生命体を《営養》することだったのだ。

このように本来「学校（school）」と結びつきようはずもなかったにもかかわらず，〈学校教育（school education）〉などという言葉が登場し，それが〈教育（education）〉の意味の中心を占めてなんの違和感も抱かれないに至るのは，19世紀の出来事である。このかん16〜18世紀における「教育（education）」という言葉の意味内容の飛躍，変容，そして断絶が，近代ポリスの坩堝に教育関連語彙が投げ込まれそこでの生成＝精製を経たことによるものだということはいうまでもない。

（2）“educatio” の地滑りと断層—萌芽としてのプルタルコス

だが，そうした「教育（education）」という言葉の意味内容の飛躍，変容，捩れ，断絶。まさに教育を語る言説そのものの基板を成す語彙と語彙体系の地滑り的な刷新と組み換えが進行する，その萌芽は16世紀にすでにみられた。

それは，元来「養う・養分」を意味するギリシア語《トロフェー（τροφή）》の系譜にあるラテン語 “educatio” が（白水　2011），人間を「導く」ことを意味する別系譜（アゴーゲー（ἀγωγή））とつなげられる事態が15世紀ルネサンス期に生じ，それが16世紀に継承・展開されてしまったことに端を発する。その端的なさまを，プルタルコス『子供の教育について』という旋回点（pivot point）事例にみることができる。

『プルターク英雄伝』で名高いプルタルコス（Plutarchus　46/48-127頃）が著した『子供の教育について』という作品は，近代の〈教育〉論の基礎になったとされてきたものだが，今では擬作とされていて，プルタルコスの死後，2

世紀頃に親族か弟子が彼の残したメモや下書きをまとめてつくり上げたものではないかといわれている。

それはともかく，そもそも『子供の教育について（περὶ παίδων ἀγωγῆς）』は，題名のとおり，「子ども（παίςパイス）」の「アゴーゲー（ἀγωγή）」論として書かれたものである。3世紀のディオゲネス・ラエルティオス『ギリシア哲学者列伝』のなかには（ディオゲネス　1994），今は失われた古代ギリシアのいわゆる教育論として，「パイデイア（παιδεία）」を主題にし論じたもの8点，そのほかに「導く」ことを意味する「アゴーゲー（ἀγωγή）」を主題にしたものが3点言及されている。擬プルタルコスの教育論は，このうち後者「アゴーゲー」論の系譜を継ぐものと位置づけられる[1)]。

問題は，ラテン語訳だ。擬プルタルコスの教育論が初めてラテン語に訳されたのが，1411年，ヴェローナのグアリーノ（Guarino de Verona　1374-1460）によってだとされており，刊行されたのが1471年。そのラテン語訳をギリシア語原文と対照させてみると，次のようなことがわかる。

第一に，擬プルタルコス教育論で用いられるギリシア語「パイデイア（παιδεία）」は1つたりとも《教育（educatio）》とラテン語訳されていないということ。

第二に，《教育（educatio）》とラテン語訳されているのは基本的には，「養う」「營養」を意味する《トロフェー（τροφή）》であること（《トロフェー》のいくつかは《養う（nutrio）》ともラテン語訳されている）。

第三に，ただし，「導く」を意味する「アゴーゲー（ἀγωγή）」の内いくつかも〈教育（educatio）〉とラテン語訳されてしまっており，これが題名にまで波及していること。

つまり，ラテン語訳がなされた15世紀の時点で，「養う」「營養」を意味する《トロフェー》＝《教育（educatio）》のほかに，本来別の系譜を成していた「導く」を意味する「アゴーゲー」にも“educatio”が訳語として充てられたことによって，しかもこともあろうに「アゴーゲー」の訳語〈教育（educatio）〉が書名にまで反映されることによって，なし崩しに「アゴーゲー」に重心を移

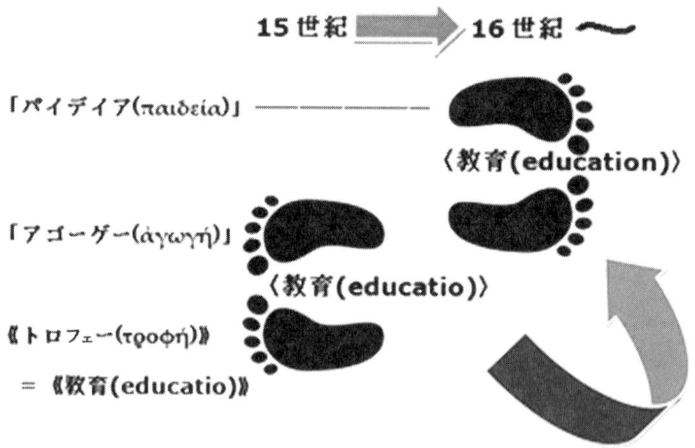

図 1.5 《教育（educatio）》から〈教育（education）〉への旋回

した〈教育（educatio）〉が幅を利かせるという事態が生じてしまったのである。

これがそのまま，16 世紀トマス・エリオットによる英語訳に継承されると同時に（Elyot 1533），その後の新たな展開も拓かれることになった。すなわち，「アゴーゲー（ἀγωγή）」の訳語〈教育（educatio）〉に英語訳「教育もしくは養育（education or bryngynge vp）」が充てられるとともに，そのうえさらに「パイデイア（παιδεία）」24 語のうち 4 語に「養育（bryngynge vp）」を充て混入されることによって，「アゴーゲー」を旋回（ピボット）の軸足として，「パイデイア」によるラテン語 “educatio” の蚕食《さんしょく》と乗っ取り，名辞の簒奪・僭称のはじまりが拓かれたのであった。古代ギリシアの教養理想とされる「パイデイア」のラテン語訳を代表する〈ディスキプリナ（disciplina）〉－「学習（μάθησις マテーシス）」を意味した “disco” “discere” の名詞形―が〈規律訓練（discipline）〉へと化する突破口は，ここになし崩し的に開かれた。

5 《τροφή（トロフェー）＝ educatio（エデュカチオ）》の世界

（1）παιδεία（パイデイア）と系譜を異にしていた educatio（エデュカチオ）

ディオゲネス・ラエルティオスによって記録された「パイデイア（παιδεία）」を主題にした古代ギリシアのいわゆる教育論は，15 世紀にアンブロシウス・

トラヴェルサリウス（Ambrosius Traversarius）によってラテン語訳されたさいに，決して《教育（educatio）》と訳されることはなく，その訳語は“disciplina”（ほかに“institutio”“doctrina”）であった。擬プルタルコスの教育論の場合でも，15 世紀グアリーノによるラテン語訳において，ギリシア語「パイデイア（παιδεία）」は 1 つたりとも《教育（educatio）》とラテン語訳されていないということをすでに特記しておいた。

このように，《教育（educatio）》の系譜は截然と，「パイデイア（παιδεία）」とは系譜を異にするものだったのである。

にもかかわらず「パイデイア」に遡る妄執に囚われ，いまだ納得されないむきもあるかもしれないので，念のため，プラトン（Platon　前 427-347）のラテン語訳に即した事例も付け加えておこう。プラトンのラテン語訳というと，前 1 世紀のキケロあたり，ローマ帝国時代以来ずっとあるのかと思いきや，大雑把にいえば，12 世紀にヘンリクス・アリスティッポス（Henricus Aristippus）が『メノン』・『パイドン』をラテン語訳するまでは，『ティマイオス』くらいしか訳されていなかったとされている。ルネサンス 15 世紀になってやっと，フィレンツェのマルシリオ・フィチーノ（Marsilio Ficino）によって初めて，プラトン全作品のラテン語訳がなされた。もちろん『ティマイオス』だけは早く，最初のラテン語訳がキケロによるものがあるが，ただしこれは非常に不完全なもので，次いで，4 世紀カルキディウス（Calcidius）による部分訳もある。

それらを対照させてみると，たとえば，プラトン『パイドン』107d にある「学び（παιδεία）と養い（τροφή）」のラテン語訳はどうなっているか。12 世紀アリスティッポス訳“doctrina”と“educacio”，15 世紀フィチーノ訳“eruditio”と“educatio”となっている。誰でもすぐに，“**παιδεία**”は“doctrina”・“eruditio”，“**τροφή**”がどちらも“educatio”，と訳し分けられていたとわかる。『ティマイオス』19c にある「教養（παιδεία）と育ち（τροφή）」のフィチーノ訳でも“**παιδεία**”は“disciplina”，“**τροφή**”が“educatio”だということも確認される。そして『クリトン』50d にある「扶養（τροφή）や教育（παιδεία）」，これも，フィチーノ訳で“**παιδεία**”は“eruditio”，“**τροφή**”が“educatio”。そのほか，どこまでやってもきりがない。“τροφή” が “educatio” であって，「パイデイア（παιδεία）」は別物なのだ。プラトン全作品についてフィチーノ訳を検証してもわずかに数件の例外がみられるにすぎず，これらは15世紀になって生じた事態にすぎないのである。2世紀ローマのアウルス・ゲリウス（Aulus Gellius）は『アッティカ夜話（Noctes Atticae)』で，「フマニタス（humanitas）を意味するパイデイアとは，善き業（ars 術・学芸）における “eruditio”・“institutio” である」と明快に述べていた。

ことは明白である。

歴史的事実は，近代ポリスの坩堝による混合・攪拌・融解・蒸留—錬金術的化合プロセス—を透過して，たかだか200年前に歴史の表層は〈教育（education)〉によって覆い尽くされたかにみえるようになったわけだが，しかし，その “education” は500年前，ラテン語 “educatio” からの借り物であり，元来のラテン語 “educatio” の世界は〈教育〉とは似ても似つかない，系譜をまったく異にするものであったということである。ラテン語 “educatio” は「パイデイア（παιδεία)」ではなく《τροφή（トロフェー)》の系譜にあった。それゆえに，エピクロス（Epicurus 前342-271）はいう。

「帆を掲げてあらゆる教養（παιδεία）を避けてゆきたまえ。」（断片33）

（2）《教育（educatio エデュカチオ）＝τροφή（トロフェー)》の世界

では，《教育（educatio エデュカチオ)》の世界。それは，いかなるものだったのか。

ラテン語の《教育（educatio)》を検索すれば，たちどころに，ヒトはもちろん動物や植物を含むすべての生命を養うことはもとより，生命の生長を意味するものであることがわかる。そのことはキケロやプリニウスに顕著である。

キケロにおいて，《教育（educatio)》が，ヒトを含む動物の飼育・養育はもとより，「大地が生み出すものたち」＝植物の「成長」を意味するものであったことについては，すでに述べた。

プリニウス（Gaius Plinius Secundus　23/24-79）は，その著『自然誌』のなか

で，カッコウの卵や雛をはぐくみ「養う（educat）」雌鳥を描いている。カッコウはその卵を他種の鳥の巣に産みつける，托卵性の鳥である。“educatio” とその動詞 “educare” ということばは，だから，ほかの鳥の卵や赤ん坊を養いはぐくむ行為を意味している。血のつながりとは無縁な，お人好し的「見知らぬ人々の親切」。ちなみに，はぐくみ養う行為を鳥のイメージから言語化した例は，日本語にも見いだされる。『大言海』によれば，「育む」は「羽裹《はくく》む」（卵や雛を羽根で覆って温めはぐくむこと）に由来し，「育てる」は「巣立つ」（巣から飛び立つこと）に由来している。このように，《教育（educatio）》とは，地上の生きとし生けるものを養いはぐくむことである。

プリニウス『自然誌（Historiae Naturalis）』には，《教育（educatio）》が自然史（ナチュラル・ヒストリー）のなかの出来事なのだということを，実感させてくれる用例がある。長くなるが，引用してみよう。

「自然が一年を通じて守る順序は次のとおりである。最初にくるのは受胎（conceptus）で，ファヴォニウス〈西風〉が吹き始めるときに起る。それはたいてい二月の八日からだ。この風は大地がその生命の源になっている生物たちを孕《はら》ます。ヒスパニアでは，われわれがすでに述べたように雌ウマにすら孕ます。これは生命を生み出す宇宙の息吹《いぶ》き（spiritus）なのだ。その名ファヴォニウスは，ある人々が考えたように，フォウェレ〈育てる（foveo温める・抱く）〉から来ている。

それは真西から吹き，春の始まりのしるしである。地方の人々はそれを子産みの季節と呼んでいる。それは自然が種子を受けることを望んでいるからである。そして自然が播《ま》かれたすべての種子に生命をもたらすとき，それは日数にはいろいろ違いはあるが，それぞれの性質にしたがってみごもる。あるものは，動物の場合のようにただちに，あるものはもっとゆっくりみごもり，もっと長い懐胎《かいたい》期間子を宿している。その過程は「発芽」と呼ばれている。ある植物が開花するときはそれを出産と呼んでよい。そして生じた花は蒴《さく》が破れることによって出現する。その成長成熟（educatio）の過程は果実期に起る。」（プリニウス　1986）

ここでは，開花後に実が熟していく過程が《教育（educatio）》ということばで表現されている。自然誌家プリニウスにあっては，動物も植物も季節の中で受胎・懐胎・出産・成長成熟（educatio）の過程を辿るわけだ。春の始まりを告げる「西風（favonio）」は「生命を生み出す宇宙の息吹《いぶ》き（spiritus）」であり，生命の元をなす精霊（spiritus）を生物の体内に送り込み，動物・植物に生命をもたらす。そうして受胎した生命は懐胎期を経て出産（＝開花）を迎え，その後果実の成熟へと《育ち（educatio）》のプロセスに入る。まさに，《教育（educatio）》は宇宙（マクロコスモス・ミクロコスモス）のなかで生起する１つのおおいなる連関である。

《教育（educatio）》の系譜の本を成すギリシア語《τροφή（トロフェー）》は，プラトンの宇宙生命生成論たる『ティマイオス』のなかで，「養分」とも訳され，《生成》を構成する重要な概念となっている。「養分（nutricatio，nutritio）の流れ」（44b）は宇宙と人間の生成作用を担う（ラテン語はカルキディウス訳・フィチーノ訳。）。《教育》は，形而上学的イデア相ならぬ《生成（γένεσις ゲネシス）》相の実践なのだ。

《教育》とは《養分》であり，何よりも生命体を《營養する》ことだったのである。咀嚼し消化吸収，《身》になってこそ《營養》。《營養》にならない教育は《教育》ではない。

（３）《營養》＝《教育》ルネサンスへ

近現代〈教育（education）〉生成＝精製プロセスの基盤で生じた重大な事態は，教育を語る言説の基板を成す語彙と語彙体系のなし崩し的な「刷新」と組み換えが地滑り的に進行し，語彙の人為的迷宮が支配するなかで言説＝ことばの力（virtus, vis）が失速してしまったことである。語彙の系譜の偽造・僭称，語彙の意味の暴力的なまでの変質・変成・錬成，それらが同時的に進行し，現代の表層を覆ってしまっている。しかもその表層は，そうした欺瞞と歴史的基礎の脆弱性のゆえに，いまや妄想の戯論と化して空回りし，表層雪崩を起こしつつある。まさに21世紀は《転形期》（花田　1946）なのだ。

《教育（educatio）》ルネサンスの秋《とき》である。《ルネサンス（Renaissance）》とは，re（再び）＋ naissance（生まれる）こと。歴史上のルネサンスも，「文藝復興」，まさに古代文藝と人間の再生をめざしたものだった。《転形期》はルネサンスを必然とする。ボタンのかけちがえは正される。

ルネサンスの要諦は２つ。１つは，現代の迷妄に惑わされず真正の系譜に自覚的に，エピクロスのいう《醒めた思考 ネーポーン・ロギスモス》をもって《自分自身に特有な善》を見定め，自らの実践の基盤に据えること。真正の系譜とは，すでに明らかなように，教育（education）者であろうとするかぎりラテン語《教育（educatio）》－ギリシア語《τροφή（トロフェー）》に遡る，《營養》の系譜に他ならない。したがってたとえば，「パイデイア」＝ disciplina の系譜にある「教える（διδάσκω ディダスコー）」—その派生たる「教授学（διδαχή ディダケー）」—は，皮肉にもプラトン『メノン』に従って最初に否定される。

もう１つは，そのうえで，これまで〈教育（education）〉（←「アゴーゲー（ἀγωγή）」「パイデイア（παιδεία）」）によって横領・簒奪されてきた事態を逆転し，逆に，《教育（educatio）》－《τροφή（トロフェー）》という幹をはぐくみその文脈・土台の上に「アゴーゲー」「パイデイア」を無効化・分解・換骨奪胎して位置づけ直すことである。一例をあげよう。

これまで教育界では，「引き出す」（lead out）の意味をもつ“educere”に，「能力を引き出す」などという無謀で世知辛い解釈を押しつけ，〈教育（education）〉概念に付与し権威づけしてきたむきがある。しかし，これは明々白々たる錯誤である。“educere”は，これまで述べてきた《教育（educatio, educare）》とはなんの関係もない，まったく別種の動詞である（白水　2016）。

しかし，だからといって，“educere”が“educatio”の動詞“educo”の不定法の１つであることまで否定する必要もないだろう。たとえば，旧約聖書『出エジプト記（エクソダス）』（３：17）では預言者モーセがイスラエルの民を「エジプトの悩みから導き出し…携え上る（educere, bring up）」のであり，あるいは新約のルカ福音書（Luca　6：42）は，「偽善者よ，まず自分の目から梁《はり》を取りのけるがよい。そうすれば，はっきり見えるようになって，兄弟の目にあるちりを取りのける（educere）ことができるだろう」と宣明するのである。セネカ（前4－後65）においても，「悩める魂を助け出す（educere）こと」（『ルキリウス宛書簡』58）は，セネカの窮極《きゅうきょく》の関心事である。そのために，「魂（anima）への不断の配慮（cura）」（『心の平静について』）が必須のこととなる。「配慮（cura）」とは，のちの英語でいえば，ケア（care）と治療（cure）を同時に含む概念である。魂とは，生命体を生命体たらしめているものに宛てた名辞であり，生きた身体である。身心の鎮けさ・心地よさと自己充足が，切に希求されるのである。

ついでに，現代では知識教授を意味する“instruction”も，セネカにあっては，「したがって賢者も同じく。人生のために十分に備え（instructus）があり，十分に武装（armatus）している」（『ルキリウス宛書簡』109）と，身体武装で備える比喩を伴って，生への備えとしての《本気のことば》の獲得を指示していたということも，この際付け加えておこう（フーコー 2004）。要は，“educere”の系譜を元来の意味でとり戻すこと。《醒めたロギスモス》に基づくリベラールな鷹揚さが大人の余裕（scholē, otium）というものだ。

6 《歓び》としての《營養》＝《教育》

《教育》が何よりも《養分》であり生命体を《營養する》ことであれば，そこでの知もまた，咀嚼・消化吸収のなかで想起された「自己自身の声（φωνή フォネー）とことば（λόγος ロゴス）」（『プロタゴラス』）がわがものとされ互いに交わる，「エートス制作的（êthopoétique）な」知でなければなるまい。「êthopoiein とはすなわち，エートスをなす，エートスをつくり出す，エートスつまり個人のありようを，生存様式を変化させ，変形させるということを意味」する（フーコー 2004）。その過程は，「想起（ἀνάμνησις アナムネーシス）としての学び（μάθησις マテーシス）」（『メノン』）とともに真実のことばが獲得される，「真実の言説の自己固有化（appropreation de discours vrai）」の過程であり（フーコー 2004），その「歓びを共にする（συγχαίρω シュンカイロー）」（エピクロス・ヴァチカン写本断片 76）ことになるものである。《營養》＝《教育》の時空は，「歓び（χαρά カラ）」をともにする「場（χώρα コーラ）」なのだ。

《教育》者もまた，その場に参与し仕掛け「歓びを共にする」者である。省察（meditatio）による自己の活動力能（agendi potentia）の高まりの自覚は，「身体の触発＝変状（affectio）」を喚び起こし，さらなる《歓び（laetitia）》をもたらしてくれる（スピノザ　1975）。そこに《教育》実践者の，《自分のことば》《本気のことば》が生まれる。

深い学びのための課題

1．あなたにとって，教育者としての自分の芯にある，自らの教育実践を導く「自分のことば」「本気のことば」は，何でしょう。
2．プラトン『メノン』には，「想起としての学び」の実践例として，〈所与の正方形の２倍の面積をもつ正方形を作図する〉タスクを「教えることなく」進める対話があります（82B～85B）。これを学習場面のプロトコルと見立てて，分析・批評してみましょう。

注

1）「教育学」（ペダゴジー Pedagogy，pédagogie，Pädagogik）は元来「アゴーゲー（ἀγωγή）」の学であり，「パイダゴーゴス（παιδαγωγός）」―もともとは古代ギリシアで子どもを学び舎に引率した奴隷の家庭教師を指した―のしごと（officium）を意味するギリシア語「パイダゴーギア（παιδαγωγία, paidagogia）」に由来する。この語は古代文献でせいぜい 20 作品程度にみられるにすぎない。そのうち最多の用例数は，２世紀後半の初期キリスト教教父アレクサンドリアのクレメンス（150-215）が著した『教導者（パイダゴーゴス παιδαγωγοῦ, Paedagogi）』においてであり，「教育学」の系譜の主たる源流はここにもとめられる。

引用・参考文献

阿辻哲次（1994）『漢字の字源』講談社
エピクロス／出隆・岩崎允胤訳（1959）『エピクロス―教説と手紙』岩波書店
キケロ（2000）「善と悪の究極について」『キケロー選集 10』岩波書店
周禅鴻（1997）「教育の語源学（１）―〈教〉と〈師〉の原義」『研究室紀要』第 23 号，東京大学大学院教育学研究科教育学研究室
白水浩信（2004）『ポリスとしての教育―教育的統治のアルケオロジー』東京大学出版会
――（2011）「教育・福祉・統治性―能力言説から養生へ」『教育学研究』第 78 巻第２号
――（2016）「ラテン語文法書における educare の用法説明とその用例―ノニウス・マルケッルス『学説集』及びエウテュケス『動詞論』を中心に」『北海道大学大学院教育学研究院紀要』第 126 巻
――（2018）「教育言説揺籃期の éducation なき教育論――ジャック・アミヨとプルタルコス『子どもの教育について』」『思想』第 1126 号，岩波書店，31-47 頁

スピノザ／畠中尚志訳（1975）『エチカ』岩波書店
セネカ，L. A.／茂手木元蔵訳（1992）『セネカ道徳書簡集』東海大学出版会
ディオゲネス・ラエルティオス／加来彰俊訳（1994）『ギリシア哲学者列伝』岩波書店; *Vitae et sententiae philosophorum*, Tr. Ambrosius Traversarius, Ed. Benedictus Brognolus, Venice, 1490
寺崎弘昭（1997）「教育と学校の歴史」藤田英典・田中孝彦・寺崎弘昭『教育学入門』岩波書店，85-176 頁
——（2010）「生を養う―ウェルビーイングの射程」鈴木七美他編著『高齢者のウェルビーイングとライフデザインの協働』御茶の水書房，21-35 頁
寺崎弘昭・周禅鴻（2006）『教育の古層―生を養う』かわさき市民アカデミー出版部
花田清輝（2008；我観社 1946）『復興期の精神』講談社
福沢諭吉（1991）「文明教育論」『時事新報』社説，1889（明治 22）年 8 月 5 日; 山住正己編『福沢諭吉教育論集』岩波書店，133-137 頁
フーコー，ミシェル／渡辺守章訳（1986）『性の歴史Ⅰ 知への意志』新潮社
——／廣瀬浩司・原和之訳（2004）『主体の解釈学：コレージュ・ド・フランス講義 1981-1982 年度』筑摩書房
藤原敬子（1981）「我が国における『教育』という語に関しての一考察」『哲学』第 73 集（三田哲学会），205-226 頁
プラトン『プラトン全集』第 1・9・12 巻（1974-75）岩波書店．
プリニウス／中野定雄他訳（1986）『プリニウスの博物誌』Ⅱ，雄山閣
プルタルコス／瀬口昌久訳（2008）『モラリア Ⅰ』京都大学学術出版会
Bekker, Immanuel ed.（1826）*Platonis Dialogi Latine juxta interpretationem Ficini aliorumque, Platonis scripta graece omnia*, Vols. 10 & 11, Londini
Chambers's Information for the People, vol.2,（1849）London, pp.561-576
Chambers's Etymological Dictionary of the English Language,（1871）London
Clementis Alexandrini Opera ex recensione Gulielmi Dindorfii, vol. 1, Clarendon, 1869
Elyot, Thomas（c. 1533）*The Education or bringinge vp of children, translated oute of Plutarche*, London
Elyot, Thomas（1538）*The Dictionary of syr Thomas Eliot knight*, London
Estienne, Robert（1543）*Dictionarium latinogallicum*, Paris
Herrtage, J. H. Sidney（1882） *Catholicon Anglicum: an English-Latin Wordbook dated 1483*, Oxford
Hogan, David（1989）The Market Revolution and Disciplinary Power: Joseph Lancaster and the Psychology of the Early Classroom. *History of Education Quarterly*, Vol. 29, No.3, pp. 381-417
Lancaster, Joseph（1810）*The British System of Education: Being a Complete Epitome of the Improvements and Inventions*, London
Mayhew, A. L.（1908）*Promptorium Parvulorum: The first English-Latin dictionary c.1440*, London
Plutarchus（1471）*De liberis educandis Traduccion de Guarino de Verona*, Padova
Rolfe, John C.（1927）*The Attic Nights of Aulus Gellius: with an English Translation*, Harvard University Press

第2章
〈近代教授学〉の形成と展開

「近代教授学」とは何かを厳密に定義することは論争的な課題ではあるが，本章では，産業革命が起こり資本主義的生産関係を土台とする社会体制と，市民革命後の自由主義とナショナリズムを基調とする国民国家とが，その姿を現わしてきた18世紀末から19世紀前半に，以下のような3つの流れが合流し，生み出されていったものであると考え，論述を前に進めていきたい。

まず第一の流れは，〈子ども〉という存在について，あるいは〈子ども〉の認識・発達についての教育思想をめぐる流れである。第二の流れは，ルネサンス期における「科学（知識）革命」の興隆に始まり，その後の分科的体系的近代諸科学の成立を背景として，人間形成における科学・技術の陶冶的価値の認識と学校教育への「実科的教科」導入という科学・技術と教育の関係をめぐる流れである。そして第三の流れは，教職の近代的専門職としての自覚と社会的承認，それに伴う教師教育の制度と運動をめぐる流れである。

むろん，これらの3つの流れは，人間の十全なる発達を保障する教育の実現という教育価値論的観点からしてみたとき，そのすべてがおおいなる「進歩」「前進」であるとは単純に言い切れない暗の面をも有している（たとえば，近代学校教育システムの普及や整備は，子どもを囲い込み，学業達成競争に駆り立て，その結果によって社会へ選別・配分していくという，人間の「自己疎外」状況の産出という暗の側面も肥大化させてきている）が，それでもなお〈子ども〉が本来的に有している発達や学習の権利の尊重，科学的認識の形成と能力の開発，それらを保障・実現するための教職の専門性の開発と社会的地位の確立，といった明の側面も前進させてきている。

1 「近代教授学」の前史

「近代教授学」の「教授学（Didaktik）」とは，「教授の技法」であるが（後述のコメニウス『大教授学』），単なる「教える方法・技術」のみを対象とする学問領域ではない。それは，「教える」という行為自体が，さまざまな問題の集約点として成り立っているからである。すなわち，子ども観とその身体的精神的発達に関する問題，教育内容観とその背景にある学問・科学・芸術などに関する問題，教職観とその専門性に関する問題，そしてそれらすべてを含みつつ互いに影響しあう教室・学校・家庭・地域・社会のあり様やそれらの組織・制度・政策に関する問題までも視野に入れなければならない学問領域である。すくなくとも「教授学」なるものが生み出された当初，まさにそのような広がりをもって構想されたものであった。

(1)「科学（知識）革命」と「教授学」構想：ラトケ，コメニウス

14～16 世紀にかけて繰り広げられたルネサンス（再生）は，中世の束縛から自然な人間精神を解放し，個の自由をうたい，ヒューマニズムの興隆をもたらすと同時に，近代科学とその方法論の幕開けがもたらした「科学（知識）革命」の時期でもある。ヨーロッパ大陸では，コペルニクス（Copernics, 1473-1543），ガリレイ（Galilei, 1564-1642），ケプラー（Kepler, 1571-1630）が登場し，彼らの実験や観察によって事物・事象から新知識を発見・創造する活動は，教会支配の権威と世界観からの転換を意味するものとなった。またイギリスにおいてもベーコン（Bacon, F., 1561-1626）が登場し，直接に自然と取り組み，新しい知識を創造・蓄積する方法論（＝帰納法）を確立した。

その時代のなかで，北ドイツ・ホルシュタイン地方に生まれたラトケ（Ratke, W., 1571-1635）は，ガリレイ，ケプラー，そしてベーコンの学説を学び，数学や自然科学の教育を重視するとともに，そのための言語教育の改善を図った（『言語教授法一般序説』1617 年）。1618 年にはドイツ中部北東ケーテンにおける実践から生み出された教授論構想は，外的な強制を排した自然の秩序の尊重，事物の感覚を通した認識の重視，学習内容に基づく等級別編成など，近代

教授学の基本原理・組織構築に連なる源流といえる。

ラトケに少し遅れて続き近代教授学の源流を形成したのがモラビア（現在のチェコ共和国）に生まれたコメニウス（Comenius, J.A., 1592–1670）である。10歳で父を亡くしボヘミア同胞教団（福音派プロテスタント）によって育てられた彼は，ヘルボルン大学卒業後，故郷に帰り，教会牧師と学校教師の職を務めながら，農民救済事業にあたっていた。しかし，三十年戦争（1618–48）の大波が押し寄せ，カトリック勢力による弾圧を逃れるために，国内外での逃避行を余儀なくされたのである。

逃避行のなかで，三十年戦争による祖国の荒廃状況と人類の絶望的状況を目のあたりにしたコメニウスは，絶望の淵から人類を救う一条の光を〈子ども〉に見いだそうとした。まだ〈子ども〉のなかにのみ〈人間の原型〉が残っているとみたからである。〈人間の原型〉とは，神から，認識能力をはじめ，数々の特性を与えられ，神を求め神に達する心を与えられた存在を意味している。彼にとって，その〈子ども〉の教育とは，祖国と人類の復興・平和・未来をかけた壮大な事業と考えられたのである。

逃避行のさなか執筆した著作『地上の迷宮と魂の楽園』（1623年）および『開かれた言語の扉』（1631年）において，体罰や厳格な規律，コトバ主義・暗記主義の古典語学習に支配された学校状況を描き鋭く批判している。それらに対置させた主著『大教授学（Didactica Magna）』（チェコ語版は1617–33年，ラテン語版は1639年完成，1657年公刊）の冒頭には，「あらゆる人に　あらゆる事柄を教授する　普遍的な技法を　提示する　大教授学」と記されている。「あらゆる人に」とは身分・財力・性など一切の差別なく公営全民就学の就学前から大学に至るまでの四段階単線型学校制度の構想を，また「あらゆる事柄を」とはそれをすべての者が等しく共有することによって互いの偏見を捨て去り相互に理解しあえるようになるための人類の知的遺産「汎知体系（パンソピア）」を，さらに「普遍的な技法を」とは制度上での普遍的な学校を組織する方法および内容上での普遍的な教育を行う方法とを，それぞれ意味している。

教育の内容・方法から学校の制度・組織までを視野に入れた教授学構想『大

教授学』では，教授の技法は「事物の・いちばん奥底にある・ゆるぎない自然に基づいて」示されることが，冒頭で宣言されている。具体的には，「感覚内容は認識の始源である」との考えに基づいた事物主義・感覚主義の立場をとり，その出発点を感官の訓練におくとともに，そこからさらに個別的知識の獲得→帰納法による普遍的知識の獲得→判断形成へというプロセスを踏む認識発展系列の原理に立脚している。それは，子どもを人類救済の存在へと教育していく対象であると同時に，子どもは本来的に固有の自然性に基づいて学習し発達していく主体でもあるとの考えが根底にある。

1517年に始まった宗教改革は，プロテスタント／カトリックを問わず諸宗派・政治権力が自らの教義と影響力を広める目的もあって，教会付設の庶民学校や公教育制度構想（たとえば世界初の義務教育規程である1642年「ゴータ教育令」）を各地に普及させた。また，ルネサンス三大発明の1つである活字印刷術の普及もまた，教義問答書や書物の普及を後押しし，キリスト教の教えとともに知識を一般民衆・子どものものとし識字率を高めていった。

しかし専門職としての教職の成立にはまだはるかに遠い17世紀において，コメニウスは，教師・学校に対する期待を語り，必要とされる資質・組織などを論じながらも，現実的な対応として教師の資質や学校の状況にかかわらず一定の成果を上げられるような教授法，教科書（世界最初の絵入りの言語教科書『世界図絵（オルビス・ピクトゥス）』1658年），子育て手引き書（『母親学校の指針』1633年）などの開発に力を注がざるを得なかった。

（2）〈自然に従う〉原理と〈子ども〉の発見：ロック，ルソー

近代教授学を生み出す源流は，欧州大陸中央部だけではなく，イギリス，フランスからも湧き出てくる。ロック（Locke, J., 1632–1704）が生きた17世紀イギリスは，ピューリタン革命から名誉革命に至る激動の時代であった。その渦中にあったロックは，一時期オランダ亡命も余儀なくされる。その間に構想・執筆されたのが，革命に理論的基礎を与えたともいわれる社会理論の『統治二論』（1689年）や，生得的観念を否定した〈白紙（タブラ・ラサ）〉論の『人間

知性論』（1690 年）である。教育史上においては，私的書簡の形式を採った『教育論（教育に関する若干の考察)』（1693 年）のなかで，封建貴族に代わって台頭してきた新しい市民社会の担い手たる人間（ジェントルマン：富農・商人・新興地主）の育成方法として，自然のなかでの身体と徳（特性・思慮分別・礼儀作法）の育成を図ることによって，〈子ども〉という存在をそれまでの原罪説に立った体罰や厳格な規律による鍛錬から解き放ったという意義をもつ。

18 世紀フランスの思想家ルソー（Rousseau, J.J., 1712-78）は，生後すぐに母親を亡くし，10 歳での父親出奔後は，孤児同然の状況から数々の遍歴を重ねる。そのルソーが，アカデミー懸賞論文で文名をあげた後，一人の貴族夫人の求めをきっかけとして書き上げたのが架空の少年エミールを主人公とした教育小説『エミール，教育について』（1760 年）である。

ルソーは，『エミール』のなかで，「分母によって価値が決まる分子にすぎない社会人」とは異なる「単位となる数であり，絶対的な整数であるような自然人」であると同時に自由で平等な個として存在しつつ共通利益を志向する「一般意志」に従って社会のなかで生きる「市民（シトワイヤン：citoyen)」を，すなわち真の「人間（オンム：homme)」であると同時に真の「市民」を育成するという二重の目的の統一をめざした。フランス封建制が次第に崩れゆき，個人の私的利益を志向し行動する「市民（ブルジュワ：bourgeois)」が新興勢力として登場してくるなかで，それとは異なる「シトワイヤン」の育成は現実には無理があったともいえるが，あえて現実に妥協せず本来の人間形成を描くことを選択し，思考実験の書『エミール』を執筆したのだった。

ルソーは，「自然」と「人間」と「事物」の三者によって与えられる教育があると考えた。すなわち，①能力と器官の内部的発展が「自然の教育」，②この発展をいかに利用すべきかを教えるのは「人間の教育」，③私たちを刺激する事物について私たち自身の経験が獲得するのは「事物の教育」である。このうち，私たち人間の手ではどうすることもできないのが「自然の教育」であるから，「人間の教育」と「事物の教育」を「自然の教育」に従わせるのが「完全なる教育」であると考えたのである。

その具体的姿の１つが「消極教育（l'education negative）」と呼ばれるものである。『エミール』の冒頭に掲げられた「万物をつくるものの手をはなれるときはすべてはよいものであるが，人間の手にうつるとすべてがわるくなる」，あるいはまた「初期の教育はだから純粋に消極的でなければならない。それは美徳や真理を教えることではなく，心を不徳から，精神を誤謬から守ってやることにある」という言葉が，その意味するところを端的に語っている。エミールは，12 歳頃まで，本格的な知的学習や道徳学習には取り組まず，もっぱら物事を正しく認識する際の受け入れ口となるべき身体や感官などの訓練に取り組む。したがって「消極教育」とは，教師や大人が子どもに何も手を下さず放任しておくことではなく，じつは慎重なる配慮のもとで「知的な理性の基礎」としての感官が十分な発達を遂げるように環境を整え，訓練をし，その後の発達段階での教育（12-15 歳頃の段階での理性と手工の教育，15-20 歳頃の段階での感情の教育，そして 20 歳頃以降の道徳の教育）の土台をつくっていくことを意味しているのである。

『エミール』は，また〈子ども〉の発見の書ともいわれる。〈子ども〉は，教養をいまだ獲得していない小さい大人，教養を獲得することによって人間となる以前のいわば猿にも似た存在などではなく，大人とは異なった「特有のものの見方，考え方，感じ方がある」存在として，生涯発達上独自で固有の価値をもつ〈子ども〉期が，社会のなかで確認・承認されたのである。事実，『エミール』以後，児童研究や新しい児童文学が登場してくることになる。

さて，上述してきたロックの『教育論』やルソーの『エミール』は，ともに家庭教育論という形をとっている。近代以前のヨーロッパ上流階級の伝統的な家庭教育形態が近代初期に興った新中産階級も巻き込んで基本となっていたことを物語っている。したがってそこに学校教師についてのまとまった論究はない。あるのは，ロックの場合は家庭教師（tutor）論であり，ルソーの場合も個人的教育指導者（教育も担う養育係 gouverneur）論である。両親に代わって／信託されて子どもの教育を行う教育者であるがゆえに，もっぱら知的陶冶を担う学校教師と生徒という関係性ではなく，それ以上に全人格の形成に直接影響を及ぼす教育指導者と教え子という関係性と，その関係下での教育指導者自身が有するべき人間性・人格のあり方こそが重要なテーマとして浮かび上がっているのである。

豊かな物質的条件を得て労働から解放され〈子ども〉期を手にできた子どもたちがいる一方で，学齢期から労働に従事し〈子ども〉期など得ることさえできなかった社会の底辺で生活する多くの一般民衆の子どもたちが存在していた。ロックは，貧民の子どもの教育論を救貧法改正問題と関係づけて表明しているが，しかしそれは上記ジェントルマンの子どもの教育論とは異なる，殖産興業のための労働学校での躾と技能訓練中心の教育論であった。

2 「直観」と「メトーデ」：ペスタロッチ

スイス・チューリッヒの医者の家に生まれたペスタロッチ（Pestalozzi, J.H., 1746-1827）は，その生涯を貧しい民衆とその子どもたちの教育に捧げ，その実践のなかから近代教授学の諸原理を生み出していった教育実践家であった。マニュファクチュア（工場制手工業）が農村に徐々に浸透しはじめ，それまでの農業生産主体の生活が失われつつある時代となり，加えてフランス革命に端を発するスイスの混乱した社会状況のなかで，多くの一般民衆の子どもたちは家庭生活を奪われ，貧困や浮浪の生活を強いられていた。ペスタロッチは，チューリッヒ大学卒業後，1771 年に自らノイホーフ（新農園）と名付けた新居で農場経営と貧民子弟・孤児たちの教育に着手する。以来，さまざまな障害によって幾たびか閉鎖を余儀なくされながらも，スイス各地で学校を開き，実践を積み重ね，教育の理論を創り上げていった。その代表的な著作が，人間観・教育観を綴った処女作『隠者の夕暮』（1780 年），シュタンツ孤児院での実践報告『シュタンツ便り』（1799 年執筆，1807 年刊行），ブルグドルフでの実践をもとにした教授理論の書『メトーデ』（1800 年）および『ゲルトルート児童教育法（ゲルトルートはいかにその子を教えるか）』（1801 年），そしてイヴェルドンでの学園経営とその閉鎖後の自伝的叙述『白鳥の歌』（1826 年）などである。

(1)「頭と心と手」の調和的発達と「数と形と語」の基礎陶冶

封建的で抑圧的な社会体制のもとで，その最底辺におかれている貧しい民衆が，その泥沼のような状況から自分自身の力によって自己を解放し自立していくためには，なによりもまず読み・書き・計算の基礎学力と労働のための基礎技能を獲得することが必要であり，そのためには，書物・言葉からではなく，直接自らの感官を通して事物・事象についての認識を獲得していくことが必要であると，ペスタロッチは考えた。

内容は「(基礎学力として）数と形と語」の獲得を目標とし，方法は人間の認識の普遍的なプロセスに即することを意味する「直観（Anschauung：勘を働かせる「直感」ではなく直接的に物事の本質を捉えること）から概念（Begriff）へ」という原理に基づく「直観（主義）教授論」の開発である。

ペスタロッチは，「教育の三基本領域」を「頭（知育：知力の育成）と心（徳育：心情力の育成）と手（体育：技術力を含む身体の育成)」の教育であると考え，それら3つが，それぞれ固有の領域・役割をもちながらも，相互に発達を支える関係にもあり，ほかを犠牲にすることなく完全なる均衡をもちながら全体的に発達することが望ましいと考えた。さらに彼は，その三基本領域で培われた力が寄木細工的関係に陥ることを回避し，認識と人格の調和的統一的な形成が必要であると主張している。

そして，その「頭：知力」の育成の基礎・基本部分／全対象に対する認識の出発点に位置しているのが「数と形と語」の教育なのである。なぜならば，人間が目の前に在る対象を認識する際には，①目の前には，いくつの，幾種類の事物があるのか，②その対象の外形はどのようであるのか，③その対象の名称は何というのか，どんな音や語によってそれを思い浮かべることができるのかといった点から出発すると考えたからである。

これらは，「直観の三基本要素」ともいうべきものであり，ペスタロッチの基礎陶冶「メトーデ（方法：methode)」の出発点である。またその「メトーデ」は，認識対象の「分析と総合」に基づいて，認識の発展系列と教育内容・教材の配列との統一の試みが示されているが，その「分析的方法」と「総合的方法」の統一こそが近代科学の方法であった。

ペスタロッチの教授理論は，貧しい農村において社会の底辺で生活する最下層の民衆とその子どもが基礎学力と基礎技能を獲得し精神的物質的に自己を社会的桎梏から解放していくことを目的としていたがゆえに，その「メトーデ」の確立は基礎陶冶論的段階のものに限られている。しかし，ペスタロッチがもたらした認識対象の「分析と総合」，そして認識発達の「直観から概念へ」という基本原理は，近代教授学の初期形成を確実なものとした。

(2)「子どもの集団」と「教職の専門性」

18世紀末から19世紀初頭にかけてのスイスの状況と同様，プロイセンもまた1806年にドイツ中部イエナにてナポレオン軍に大敗して以降，上からの近代的自由主義的国家改革が進められていた。そのような時代背景のなかで，ペスタロッチの教育論に支持がよせられ，1804年に開校したイヴェルドン学園には各地から留学生・教師が訪れ，新しい時代の教育理論・実践モデルとしてペスタロッチ教育を普及していった。

ペスタロッチが活動した時代，学校組織のみならず教師という存在の整備もまだなお不十分な状態にあった。その状況をふまえ，一定数の子どもたちからなる集団を対象とした，父母のみならず教師も含め教授能力の如何を問わず誰もが使いこなすことのできる単純化された，普遍的な教授方法の確立と教科書の作成をめざしたのである。それはともすると教師を方法の単なる機械的な道具にしてしまうとのおそれを彼自身がもちながらも，少なくとも基礎的な知識の修得段階までにおいては必要であると判断したのである。

しかしペスタロッチが念頭においていたのは，父母のいる家庭的関係性を基調とした学校の教育活動であり，子どもに寄せる限りない父母からの愛情と信頼に等しい人格を有した教師であった。それなくしては，ときとして無秩序となる子ども集団に対し教師の指示に従わせたり，道徳的感情を呼び覚ましたりすることなどはできないと考えたからである。この父母のいる家庭的関係性とは異なる「一人の教師と多数の生徒という関係性」を前提とした近代学校システムのなかで，多数の生徒の集団としての秩序を維持し知的陶冶を遂行する活動を，そして本来直接的な人間的交流を通して人格を形成する活動を，どのように実践していったらよいのかという課題，またそれを担う教師の専門的力量はいかにあるべきかの課題が生まれてきたのである。

そのことはすでに『シュタンツ便り』において，子どもたちの集団における秩序維持に悩み，厳格に対応することの必要性を語る叙述や，それでもなお子どもたちが教え合い・助け合いながら集団のなかで成長していることを喜ぶ叙述が，随所にみられる。そういう意味では，マニュファクチャ（工場制手工業）から産業革命を経て工場制機械工業へと移行していくに伴い，次第に姿を現し始めてくる近代学校制度における教育の内容・方法・形態のあり方を示す課題を背負っていたのだといえよう。同時に，最晩年の書『白鳥の歌』では，「生活が陶冶する（Das Leben bildet）」との考えを強調している。知育中心の「メトーデ」の理論的整備から徳育・体育も含めた全人格の調和的発達の理論的展望を図ろうとするとき，それを可能とするのは家庭的関係性を基盤とした生活それ自体が強く意識されたのである。20 世紀新教育運動にもつながる，彼における〈生活教育〉の思想をそこに読み取ることができる。

3 「学問（科学）としての教育学」の体系的構築：ヘルバルト

ドイツ北部オルデンブルクに生まれたヘルバルト（Herbart, J.F., 1776-1841）は，法律顧問官の父と一人息子の教育に熱心な厳しい母親のもとで，少年期はさまざまな楽器を演奏するなど音楽を愛好し，イエナ大学でフィヒテ哲学を学んだ（のち思想的決別）後，スイス・シュタイゲル家（ベルン大評議会議員）の３人の男児の家庭教師となる。２カ月に一度，シュタイゲル氏に報告（「家庭教師時代の教育報告」1797-1800 年）しているが，このときの性格の異なる３人に対する教育経験がのちの教育学理論の体系化にも大きな影響を与えている。また同時期，ブルグドルフのペスタロッチを訪ねており，強い刺激を受け，教育学研究の道に進む大きな契機になったといわれている。1800 年オルデンブルクにもどり学究生活に入るが，寄寓先となったイエナ時代の親友シュミット家の婦人たちにペスタロッチの教育を講じている（「ペスタロッチの最近の著書『ゲルトルートはいかにその子を教えるか』について」1802年，論文「ペスタロッチの直観のABCの理念」1804年）。

（1）「管理」「訓練」「教授」，そして「教育的教授」

ゲッチンゲン大学で学位を取得後，彼の教育学論の萌芽的論文である「最初の教育学講義」（1802年），「教育の主要任務としての世界の美的表現について」（1804年，上記「ABCの理念」第2版付録），そして初期理論の全容がうかがわれる主著『教育の目的から演繹された一般教育学』（1806年）を執筆・刊行する。1809年にはケーニヒスベルク大学教授（カントの哲学講座の継承）となるが，この時期，教育の実際を学生に学ばせるためのゼミナールおよび実習学校を創設している。1831年ゲッチンゲン大学にもどり，教育学の理論的集大成としての『教育学講義綱要』（1835年初版刊行）を刊行するが，政治・社会的運動とは一線を画し，大学・アカデミズムの世界のなかで，「教育の技術（Kunst der Erziehung）」と区別した「学問（科学）としての教育学（Pädagogik als Wissennschaft）」の確立を自分の仕事とした。

しかし，その教育学体系構想は，単に学問的関心からだけではなかった。教師たちが自らの狭い経験のみに囚われたままの状況，無体系な教授法上の諸主張・規則に振り回されている状況，そのため教育実践が全体の見通しや計画のないまま事実上偶然性に委ねられてしまっている状況などの克服をめざして，実践を導く科学的で体系的な教育学という学問の必要性を感じていたからであった。さらには，近代的市民国家の形成を背景として，封建社会の権威に服従する臣民ではなく，自律的に思考し行動する市民（Bürger）の育成，プロイセン＝ドイツにおける「道徳革命」を遂行する人間の育成を求める社会的要請が興隆してきたことも彼を後押ししたといえよう。

こうした教育学理論の構築をめざしたヘルバルトは，その集大成の書『教育学講義綱要』のなかで，教育学は，「強固な道徳的品性（Charakterstärke der Sittlichkeit）」の形成こそが究極的な目的であること，「実践哲学〔倫理学〕と心理学〔表象心理学〕に依存し，前者が陶冶の目的を指示し，後者が道・手段及び障害を指示する」ものであるとしている。後者の「心理学」が数学的思考に基づく表象力学に依拠するものであったという制約・限界はもちつつも，教授の心理化を志向した点でペスタロッチの延長線上にある。

ヘルバルトは，この究極的目的を達するための教育活動を，「管理（Regierung)」「訓練（Zucht)」「教授（Unterricht)」という３つの領域に整理し構造化している。このうち，「管理」は，単なる管理一般ではなく，教育学のなかに位置づけられてよいものである。なぜならば，野生の粗暴さが増大し意志を反社会的方向に引っ張っていかないようにするために子ども個人／集団に対して「たんに秩序だけを保とうとする配慮」にすぎないかもしれないが，父性的な権威と母性的な愛とを伴いつつ間接的に道徳的品性の形成に関与していく活動でもあるからである。それに対して「訓練」は，教育者による子どもの心情への直接的な働きかけという特質をもつという意味では「管理」と同様であるが，同時にその直接の目的が「精神陶冶のための配慮」という積極的意味をもつがゆえに，「教授」とともに「本来の教育（eigentliche Erziehung)」のなかに位置づけられるべきものなのである。そして「教授」は，自然や社会の事物・事象（教育内容）の認識によって「道徳的品性」の形成に寄与する重要な目的をもつ「本来の教育」なのである。したがって，「教授のない教育などというものの存在を認めないし，また逆に教育しないいかなる教授も認めない」（＝「教育（あるいは訓育）的教授：Erziehender Unterricht」概念）のである。しかし，「教育的教授」だけで「強固な道徳的品性」が実現されるわけではなく，「訓練」によって行為レベルにまで促されることもまた必要不可欠なのである。

（2）「興味の多面性」「専心と致思」

さて，道徳的品性の形成課題を「教授」の課題として引き取ることによって，さらに重要な理論的課題，すなわち知的認識の形成が道徳的品性の形成にまで確実に結びつくという理論的構築の課題が解明されなければならなくなるのである。そこでまず，自律した人間のもつ強固な道徳的品性を保証する道徳的判断の命令と服従の問題が論究されなければならない。ヘルバルトは，この問題に関して，カントの「定言命法」のような絶対的道徳律を斥け，認識主体自身が自らの判断と意志によって自らに命令を発し服従させることのできるものとして「美的判断（ästhetisches Urteil）」を措定した。この「美的判断」こそ，万人共通の普遍的原理（たとえば「黄金分割」）であり，かつ判断し命令する意志とそれに従う意志とが分裂（後者が前者に隷属）することもない，自律性を有した人間が行うべき判断なのである。そのような内発的判断の存在こそ主体性の証と承認なのである。ではさらに，そのような「美的判断」を誤りなく行うことができるようにするにはどうしたらよいのか。そこにこそ「教授」が担うべき固有の目的・役割が生まれる。すなわち，美的感覚の洗練を担う「教授」の直接の目的・役割である「興味の多面性（Vielseitigkeit des Interesse）」の形成である。この場合，「興味」とは具体的な行動を打ち切ったところの「心的状態」のことをいい，「多面性」は，その心的状態を分類することから導き出される「認識（経験による事物についての認識）」および「同情（交際による人間関係についての関心）」の二系列と，そこからさらに各3領域ずつに分類される包括的多面的でありかつ調和的統一的な自然と人文・社会科学を内容（理科・地理・幾何や言語・歴史・宗教など）としている。

つぎに，そのような「興味の多面性」状態を喚起するための「教授」の過程として提起されたのが，「専心（Vertiefung）と致思（Besinnung）」といった認識過程である。この基本的認識過程から，さらに「静的専心：1つの対象にとどまりほかの対象を意識から排除する」→「動的専心：専心が1つの対象からほかの対象に移っていく」→「静的致思：個々の対象の関係を考え，一定の秩序を与える」→「動的致思：系統を発展させ，新しい分節を生み，その徹底的な応用を喚起する」という4段階に整理され，その認識過程に対応した「教授」の一般的段階（「明瞭」→「連合」→「系統」→「方法」）が導き出されるのである。ここに，ペスタロッチにおける「直観から概念へ」という認識過程が，認識内容（教育内容）の大幅な拡大化を伴って，さらに精緻化されていったもの（四段階の教授方法）をみることができる。

（3）「教育的タクト」

混迷した実践状況を導く科学的体系的な教育学理論の構築をめざしたヘルバルトであったが，それはけっして，実践を視野の外においた／実践とは切り離された理論の構築，あるいは実践が無条件に従わねばならないような指示的諸規則の構築ではなかった。そのことは，彼の理論的構想の初期段階（「最初の教育学講義」1802年）において，「まったく思わず知らずのうちに，理論と実践との間に1つの中間項（ein Mittelglied），すなわち，確かなタクト（ein gewisser Takt）が割り込んでくる」と述べ，理論と実践をつなぐもの・関節としての「タクト：機転・機才」なる概念を措定している点に象徴的にみられる。この「タクト」は，実践遂行上において，教師が状況に応じて行う「すばやい判断と決定」のことである。この「教育的タクト（pädagogischer Takt）」こそが，教師が有する専門的力量の中核に位置するものといえる。またそれは，「〔実践〕行為そのもののなかでだけ技術は学ばれるし，タクトや熟練や敏速さや器用さが身につけられる」とはいえ，実践経験を積み重ねれば誰でも獲得できるわけでもない。「行為そのもののなかで技術を学ぶのは，前もって思考によって学問を学び，これをわがものとし，これによって自身の情調を整え，―そのようにして，経験が彼の心に彫みつけるはずの将来の印象をあらかじめ規定することのできるような人間だけに限られている」のである。

教育学は個々の実践場面での個別具体的な指示を与えるものではないし，状況への適切な対応力は実践経験をただ単に積み重ねていけば形成されるというわけでもない。「それぞれの瞬間ごとになされるべきである個々のものに即座に適合していくことができるためには，独創の力（Erfindungsgabe）に頼らければならない」。その独創の力を獲得するためにこそ，理論的に実践場面状況を把握し解釈し，対応方針を判断し決定しようとする見方や考え方，態度や行動特性（＝「教育的心術（ein gewisse pädagogische Sinnesart）」）を発達させ活性化させることが必要であり，そこにこそ教育学という学問（科学）の本来の役割があると考えられているのである。

4 教科教授論の整備と教師教育の実践：ディースターヴェーク

ヘルバルトとほぼ同時代（19世紀前半ドイツ）の気運のなかで，ペスタロッチの実践に影響を受け，その教育理論を継承・発展させていったのがディースターヴェーク（Diesterweg, F.A., 1790–1866）である。しかし，ヘルバルトが大学というアカデミズムの世界に生き，「学問（科学）としての教育学」の理論的体系化に尽力したのとは対照的に，彼は，メールズおよびベルリンの教員養成所長として学校教員の養成や教員向け雑誌（『ライン教育時報』『教育年報』）の編集・発行，さらにはベルリン教員組合の設立やベルリン地区選出の国会議員（自由派のち進歩党）として組合運動や政治活動への関与など波乱の人生を送っている。同時に，そうした教師教育の実践と教育運動の世界に身を投じつつも，主著『ドイツの教師に寄せる陶冶のための指針（通称邦訳『教職教養指針』）』（1835年）を著し，その一般篇における自己の教授学理論の確立とともに，各科編では当時の各学問分野研究者たちとの協働のもとに読み・書き・計算から地理・博物・歴史・自然科・英語・仏語・障害児教育の分野に至るまでの各教科教授論の構築に尽力している。

（1）近代教育方法原理の継承と発展：「自己活動」「合自然」「合文化」

ディースターヴェークは，『教職教養指針』において「真・美・善に奉仕する自己活動」が「人間の使命」であり，「教育及び陶冶の至上の原理」でもあると表明している。その場合の内容的客観的な要素である「真・美・善」は「時代とともに変わっていくもの」であり，「真理」もまた「つねに生成していくもの」であると考えている。同時に，形式的主観的な要素である「自己活動（Selbsttätigkeit）」は，子どもの「生まれながらに具えている衝動」「事物を見極めるために事物のありのままを知ろうとする認識衝動」に基づいており，自己活動的な「認識は真に」「心情は美に」「意志力は善に」向かって，「それぞれ導かれるべきであり，しかるのちに自律的に，真・美・善を求めて努力するようになる」と主張している。この「自己活動」こそ，教育および陶冶活動が依拠すべき発達の原動力（手段）であるとともに，育成すべき対象（目的：

その質的段階が発達の到達段階を意味している）なのである。したがって，教育および陶冶活動が依拠する手段の設定においても，めざすべき目的の設定においても，カントの「定言命法」やヘルバルトの「美点判断」さえも入る余地を与えられていない。徹底して外的な強制や権威から解き放され，子どもの自律性や主体性のみが認識発達論上に位置づけられ，価値づけられているのである。

ディースターヴェークは，コメニウス，ルソー，ペスタロッチと続く近代教育方法原理である「合自然（naturgemäß）」を引き継ぐと同時に，さらに「合自然に向かって，すなわち，自ら陶冶しようとする人間の永遠の本質と，過去からの受けついだ文化遺産，この両者を調和させるような方向に向かって，努力するもの」，すなわち「合文化（kulturgemäß）」の原理を措定している。

（2）近代諸科学との結合：内容「実科」，方法「was，wo → wie → warum」

ディースターヴェークにおける「合自然」と「合文化」という２つの教育方法原理は，認識主体である子どもと認識対象である知識・科学を象徴しているが，両者は次のような論理で結びつき，「真・美・善に奉仕する自己活動」の発展を促すために不可欠と考えられているのである。

彼は一般的人間陶冶における出発点に位置する初等教育段階での主要な課題を形式陶冶にあると述べているが，その主張は，ラテン語や数学などが全般的精神諸能力を陶冶するというような意味での従来の通俗的な「形式陶冶」論などではなく，「一定の性格を持った教材（Lehrstoff）によって，それに対応する素質（Anlage）が陶冶される」ことを前提としている。同時に，一般的人間陶冶に関して，「人間は自己の生活諸状態・諸関係を正しく把握した時，その中で正しく行動することができる力を持つ」のであり，「一般に外的世界，とりわけ地上の，及び人間の生活の一般的な諸状態・諸関係についての認識は，本質的に人間の陶冶に属するものなのである」とも強調している。この「外的世界」の事柄に関する知識こそ，「すべての人間にとって共通して有用である」知識，すなわち言語や数学などの知識との区別のために「実科（Realien）」あるいは「実科的知識（Realkenntnis）」と呼ばれるものであり，自主的に思考し，自律的に行動する人間の育成に向けての陶冶にとって必要不可欠なもの，新しい学校の教科内容となるものであった。

したがって彼の教科内容構成論は，実科教授の領域では，下級段階の直観教授である「全実科の予備訓練」としての郷土科（Heimatkunde）学習をふまえて，上級段階では地理学・博物学および理化学・歴史学という3つの各学問領域固有の論理性体系性を尊重した分科的内容の学習へと移行する点に特徴をもっている。また，三段階の原則的指導過程論―「何が，どこに（was, wo）の段階：外的世界の認識は外的な感覚的な諸現象を通して獲得されるから，教授では生徒に諸現象それ自体をまず第一に提示し観察させること」から始まり，次に「どのように（wie）の段階：諸現象が把握され，生徒がその経過を一般に理解したならば，次には部類全体の代表であるような／本質の点では多数であるような個々の諸現象の合法則的な経過に注意を向け熟考させること」へと進み，さらには「なぜ（warum）の段階：諸現象間の法則性の根底に存在する隠れた諸原因および諸力を探り出すこと」へと至り，そして最後に逆向きに，すなわち原因から諸法則に，法則から諸現象にと遡源し，それらを再度鮮明に捉え直す過程―のなかにも，認識方法としての組織的な観察・実験による科学的方法論を特徴とする分科的体系的な近代諸科学との結合を認めることができるのである。

（3）近代的専門職としての教職の確立：「レーラー（Lehrer）」

イエナ敗戦（1806）以降，プロイセン政府は，国家的主導による教育改革を推進することになるが，当時，教員養成所（Lehrerseminar）の内容と方法については，次のような2つの対立的な論議が交わされていた。すなわち，一方は，のちに就業する民衆学校と同程度の教授内容が，同程度の教授手段によって取り扱われるべきであるという意見，それに対して他方は，まず十分な一般陶冶を行い，その後に有能な教員に仕上げる教育を行う，実際的な練習と結びつけられながらも，それのみに一面化することのない独自の方法が採られなければならないという意見の対立であった。

ディースターヴェークは後者の立場にたち，メールズやベルリンの教員養成所長として活躍するが，メールズ教員養成所では，実科的内容を含めた幅広い一般陶冶のための科目内容や養成所附属実習学校（Übungsschule）と結びついた教育・教授理論科目内容によって養成教育課程が編成されている。

分科的体系的近代諸科学との結合を図った彼の教授理論において，教授における「メトーデ（Methode）：方法」は，認識しようとする対象の性格と歴史に従って取り扱うことにその基本があり，それゆえ「メトーデは厳格に客体であり，客体がメトーデを課す」と考えられている。しかし同時に，「或る対象を教えようとする者は，対象を明瞭に知らなければならないが，この知識はまだ彼を堪能な教師にまでは作り上げない。対象を心理的に，すなわち一般的かつ特殊的であり，個性的な人間本性に従って（合自然的に）取り扱うことを理解するならば，その時はじめて彼は専門家（der Kenner）になるのである」（論文「メトーデは客体か？」1857年）。

この「メトーデ」論からは，個々の教授実践場面で「メトーデ」を駆使する存在＝教師の役割とその力量の質的課題が大きな意味をもちつつ浮上してくることになる。すなわち，学習の主体である子どもと学習の対象である教科内容との間にあって，自らも学習の主体者として対象に対する認識活動を行いつつ子どもの同活動を組織するという行為を通して教授活動を創り上げていく教師が必要とされたのである。その教師像には，それまでの読み・書き・計算，教義問答書や賛美歌に関するわずかばかりの知識をもち，生活の糧を補うための片手間仕事としてその断片的知識を教えていた副業的教師像（侮蔑的な意味が込められた「シュール・マイスター：Schulmeister」）とは明確に区別されねばならない，教育・教授の専門家としての養成教育を受け，継続陶冶（現職研修）にも従事する自立的な近代的専門職者としての教師像（「レーラー：Lehrer（教師）」）の姿を認めることができるのである。

ヘルバルトの「教育的タクト」概念も，ディースターヴェークの『教職教養指針』のなかに生きている姿をみることができる。『教職教養指針』一般篇第4章では「教師に関する授業のための諸規則」が詳述されているが，その最後の箇所で，それらの諸規則を真に認識するためには行為（実践）が必要であること，「最も正しい根本諸原理を自分の頭で考えて理解し応用すること」，「理論的な根本諸原理だけでは，人間の自然本性についての生き生きとした理解，熟練，教育学的＝教授学的タクトをもたらすことはできない」ことが強調されている。『教職教養指針』こそが，実践のなかで自らを「レーラー」にまで鍛え上げていくに必要な「(ヘルバルトが述べたような）教育的心術」を発達させ活性化させるための陶冶指針の書として構想されていたのである。

5 近代教授学の展開：公教育教授定型と世界新教育運動

ヘルバルトが没し，ディースターヴェークがその急進的姿勢ゆえに公職を解かれていく19世紀後半は，政治と教育の反動期となった。そのなかで，ヘルバルト教育学理論を継承し，さらに実際の教育実践レベルで，国民国家主導による近代学校制度の成立・普及に対応した教授理論の整備を図っていく一群の人々が登場する。その主張は必ずしも皆同じというわけではないものの，いわゆる「ヘルバルト学派」と呼ばれる人々である。同時に，それらとは別な道を進もうとする（オルタナティブな）教授理論構想も出現し，20世紀世界新教育運動へともつながる流れを生み出していくことになる。

（1）ヘルバルト学派と学校教育学（Schulpädagogik）理論の形成

ヘルバルト学派を代表する人物のなかでも，ツィラー（Ziller, T., 1817-1882）とライン（Rein, W., 1847-1929）は，教授理論の整備とともに，その内容構成や方法の領域で具体的実際的なプランを提起した人物として著名である。

ライプチッヒ大学のツィラーは，さまざまな実科的内容教科が導入され多教科並立状況ともいえる様相を呈してきた当時の民衆学校の教育課程に関して，その統一性を図るために歴史や文学や宗教などの内容から成る「心情教科（Gesinnungsstoffe）」を同心円状の中心に据え，ほかのすべての教科をそれと関連づけながら編成する「中心統合法（Konzentration）」を提唱した。この教育課程編成における水平的原理とともに，垂直的原理として8学年にわたる教材をドイツ民族の文化的発展史に即しながら系統・配列する「文化（開花）史段階説（Kultur-Historische Stufen）」を提唱した。さまざまな教科内容を個々バラバラに与え，その認識形成の統一性を学習者・子どもに委ねるのではなく，教育課程の全体構造としても内容上の関連性を図り，認識の統一性を確実なものにしようとしたのである。しかし，その中心に位置する心情教科が宗教的な内容に傾斜していたこと，かつ文化（開花）史段階説による内容配列はドイツの歴史的発展をなぞることによって学習の到達地点となる現社会政治体制を肯定・是認する認識形成をもたらしがちになることという特徴を有していた。

ツィラーの指導する教育実習ゼミナールの実習生にもなったことのあるライン（Rein, W., 1847-1929）は，後年イエナ大学教授になり，自らもまた教育学ゼミナールとその実習学校を指導した。彼は，そこでの経験を理論化する研究作業に従事し，〈予備－提示－比較－総括－応用〉という教授の五段階説を提唱した。この教授段階は，基本的にどの教科・教材についても適用しうるものとされたことから「形式的五段階教授法」と呼ばれている。ここに至って，子どもの認識発達に即して整理されたペスタロッチの「直観→概念」，ヘルバルトの「明瞭→連合→系統→方法」は，単なる教授上の手続きを規定した形式的段階としてその性格を変えていったことがわかる。そしてこの教授段階法が，プロイセン＝ドイツのみならず，同国をモデルとして近代国家実現を図る日本の公教育のなかにも取り入れられ（明治 20 年代以降），国定の教則・教授細目・教科書などとともに普及されていくことになる。

（2）オルタナティブな教授学構想と新教育の萌芽

ヘルバルトの直弟子で，ヘルバルト学派のもう一人の重要人物としてシュトイ（Stoy, K.V., 1815-1885）がいる。彼は，「教育的教授」論を「教授」領域だけの課題にとどめず「訓練（彼の場合は指導：Führung）」領域と結びつけること，すなわち実践・行為・行動をくぐり抜けさせることによって初めて知的陶冶が人格形成までへと昇華／結合していくことを構想・強調している。この知的陶冶と人格形成との関係問題は，ツィラーやラインにおいては教育内容・教材の選択・配列に関する理論的整備に関心が注がれることによって,「教授」活動内の課題として閉じられてしまっていた。それに対して,シュトイは,人格形成へとつながっていく道を,「教授」活動の理論的な精緻化とそれがもたらす閉鎖化(「教授」活動内への囲い込み)の方向ではなく,それとは別の方向—学校旅行・祝祭・教室外での活動・生徒による自治活動などを含む学校生活全体の実践改革—での上記関係問題の解決を図ろうとしたのである。

それをさらにいちだんと進めたのが,イエナ大学においてラインの後任にありながらも20世紀世界新教育運動の旗手の一人ともなったペーターゼン(Petersen, P., 1884-1952)である。旧来型の年齢別学年学級組織に代えて精神的身体的発達に応じた4段階の「基幹集団(Die Stammgruppen):学習や生活のための子どもの集団組織」のなかで道徳的人格的な相互作用を及ぼしあいながら人格形成を遂げる教育活動を構想し実践した。同時にまた,教会や国家の支配からも独立し,性・素質・階層・宗派などの区別なく子どもを受け入れる,教師集団と父母団が協働し管理・運営する「学校共同体(Schulgemeinde)」構想(=「イエナ・プラン」)に取り組んだのである。学校を1つの生活共同体にし,そのなかで学習と生活をともにした諸活動を通して人格形成を図ろうとする構想は,世界新教育運動の流れの大きな特徴の1つにもなっていく。

古典語・古典文化中心の教養主義を批判し,科学教育の必要性もまた,産業資本主義化が進むイギリスにおいてハクスリー(Huxley, T.H., 1825-1895)やスペンサー(Spencer, H., 1820-1902)によって構想された。ハクスリーは,「自由教育」(1868)や「科学と教育」(1893)において,母国語や近代外国語,文学や歴史,そしてとりわけ自然科学を低学年から学ぶことが,科学的精神を身につけた人格形成をもたらす(新しい時代の自由教育)と同時に工業の進歩発展にとっても不可欠な条件であると主張した。スペンサーは,『教育論』(1861)において,「完全な生活へわれわれを準備する」ために最も有用な知識は何かを生活活動の分析から構想しているが,それは実学主義的であるとともに諸科学の教育とその人格形成的価値の主張にまで及んでいる。

ヘルバルトの「教育的タクト」論もまた,ディスターヴェークの教授学構想のなかだけではなく，さらには19世紀後半，ドイツ教育学における思弁性抽象性を批判しつつ，人間に関する科学的かつ全面的な研究にねざした教授学を構想したロシアの教育家・ウシンスキー（Ушинский, К.Д., 1823-1870）の主著『教育の対象としての人間――教育的人間学試論』（1868-70年）のなかにも生きている姿をみることができる。

彼は，「教育の技術」とは区別した「学問（科学）としての教育学」を志向したドイツ教育学の多くが実際には「教育学的処方箋の集積」にすぎないと厳しく批判し，自らは「教育学を教育の科学とよばずに，教育の技術とよぶ」と宣言した。しかし，その場合の「技術（иску́сство：技能，芸術の意味も含む）」は，「あらゆる技術のなかでももっとも広汎で複雑な，最も高級の，最も必要な技術」であり，「多くの広汎・複雑な科学に基礎をおく」，「知識のほかに能力や性向を必要とする」と考えられている。

彼は，多くの教科書・指導書を作成するが，そのなかの1つ『母語』指導書第2部（1870年）において，ディースターヴェークの言葉を引合いに出しながら，「教授学は，教授のあらゆる規則や方法を数え上げようなどとうぬぼれる事は出来ない。教授学は，たんにもっとも主要な規則，もっともすぐれた方法を指示するにすぎない。それらの実際上の適用は無限に多様であり，教師自身に依存している。どのような教授学もどのような教科書も，教師にとって代わることはできない」と述べている。この教師固有の実践の力こそ「教育的機転（教育的タクト：Пелагоги́ческий такт）」であり，それなしにはすぐれた教育実践家となることはできないと考えたのである。

17世紀，荒廃した絶望の淵にある人間社会を救う一筋の光の道を子どもの教育に見いだし，就学前から大学にまで及ぶ全民就学の学校組織を含み構想された「教授学」は，人間の自然本性に基づいた教育原則（「合自然」の原理）を掲げることによって，子どもを原罪から解放した。また，子どもが本来有している衝動性や活動性も，教育および陶冶活動が依拠すべき学習や発達の原動力と考えると同時に，その一層の発展・活性化をめざして育成すべき対象と考え重視した（「自己活動」の原理）。それは，子どもとその自然本性を教育の客体から発達の主体へと大きく転換することを意味した。

農村中心の身分制封建的社会が崩れはじめ，次第に都市を中心に資本主義的な生産関係が普及しはじめた近代市民社会が興隆すると，自主的自律的な思考と態度を有し変化の激しい時代を担い生き抜いていく人間が求められるようになる。そのような時代的要請を背景として，子ども自身が，自らの感官を使って直接事物・事象から知識を獲得し，認識を形成していくことが必要であり（「直観」の原理），また同時期に生み出されつつあった分科的体系的近代諸科学の諸成果を幅広く獲得することが自らの能力と人間性をより発展させていくために必要不可欠であるとも考えられた（「合文化」の原理）。それらの原理は，新たな時代に対応した社会的生産力の向上とそれを担う一定の質をもった労働力の再生産，さらには孤児・貧困児童の非行対策という意図を含みつつも，それまで教育という社会的営みの埒外に放置されつづけてきた圧倒的多数の一般民衆とその子どもたちを対象とした近代学校・公教育システムの成立と普及，知識・科学を一般民衆のものとする社会的営みを支え促していった。

近代学校・公教育システムという新たな枠組みの下で近代教授学の理論的整備も遂げられていく。学校とその教授活動という閉じられた枠組みのなかで，教育内容・教材の整備を図り，それによって知的陶冶から道徳的人格形成へと直線的に結びつく理論的方途を試みた。しかしそれは，陶冶と訓育の分離・乖離のなかで，国家からの既成の「徳」の伝達という営みを生み出していくことになる。教授学は，既成の学校・教育組織を批判的に問い直す力を欠落させたままで学校教育学および伝達技術学へと矮小化される危険性をはらみながら／すでに現実のものとしながら，それでもなおそうした危険性に抗したオルタナティブな（それに代わる別な）方向での発展萌芽を生み出していった。

そこにおいて重要視されたのが，やはり教師の専門性・専門的力量である。18 世紀に至ってもなお，教会に隷属し副業（鍛冶屋・仕立屋など）をもたざるを得ない生活実態であった教職ではあるが，19 世紀に至って近代学校・公教育システムが普及するとともに教員養成所の整備が進められていく。近代的専門職〈レーラー〉とその専門的力量の誕生・社会的承認である。その象徴としての〈教育的タクト〉論は，ヘルバルト自身の教授理論整備過程では心理主義化傾向とともに逆に後退していくが，ヘルバルト学派にとどまらず受け継がれていく。そもそもアリストテレス（Aristoteles，前 384-322）が提起した「フロネーシス（phronesis：行為知，思慮，実践的知恵）」概念は，テクノロジーの語源「テクネー」とは異なる「実践」の知であり，「暗黙的（tacit）な知」ではあるが「ロゴス（理）」とも不可分に結びついた「行為」の知でもあった。〈教育的タクト〉は，その系譜に位置づいている。そしてそれは，教師の「実践知（Practical Wisdom）」をめぐる今日的論議を進めるための重要な概念であると同時に，「子ども＝学びの主体」がもつ自発性・自主性，それを尊重し依拠することによって成り立つ「教師＝教えの主体」がもつ目的性・計画性，近代の公教育と教授学がかかえ込んだ両主体間の対立・矛盾を相乗・止揚していく教授学構想のための重要な概念でもあるといえよう。

深い学びのための課題

本章において登場している人物とその著作のほとんどは邦訳されてます（たとえば，『世界教育学選集（全 100 巻）』梅根悟・勝田守一監修，明治図書）。そのなかから，1～2つ選び，直接読んでみよう。そして，その人物が，その時代の教育状況からどんな問題意識をもち，いかなる理想を掲げ，その実現のためにどのように理論面や実践面で格闘したのかを考えてみよう。その学習は，きっと，皆さん自身の子ども観・教職観・授業観，そして教育観を鍛え豊かにしてくれるでしょう。

引用・参考文献（全体的構図把握に有益な基本図書のみを以下掲載）

稲垣忠彦（1995）『増補版　明治教授理論史研究：公教育教授定型の形成』評論社

教育思想史学会編（2017）『教育思想事典（増補改訂版）』勁草書房

熊井将太（2017）『学級の教授学説史：近代における学級教授の成立と展開』渓水社

柴田義松（2010）『柴田義松教育著作集２：教育的人間学』学文社

長尾十三二（1978）『西洋教育史』東京大学出版会

日本教育方法学会編（2014）『教育方法学研究ハンドブック』学文社

眞壁宏幹編（2016）『西洋教育思想史』慶應義塾大学出版会

宮澤康人編（1988）『社会史の中の子ども：アリエス以後の〈家族と学校の近代〉』新曜社

ファス，ポーラ・S 編／北本正章監訳（2016）『世界子ども学大事典』原書房

吉本均（1986）『学校教授学の成立』明治図書

ラフテリー，D.／立石弘道訳（2018）『教師の歴史・ヴィジュアル版』国書刊行会

第3章
〈新教育〉の興隆と展開

1 「新教育」とは

(1)「新教育」研究の20世紀と21世紀：分水嶺としての『選書』

主に日本における，西洋（欧米）「新教育」を対象とした最近の研究動向を振り返るならば，まずは1980年代の長尾十三二監修による『世界新教育運動選書』（全30巻＋別巻3巻；以下，『選書』）の刊行が，その重要な分水嶺になっているといってよいだろう。

日本の教育史学会から最近公刊された『教育史研究の最前線Ⅱ―創立60周年記念』（2018年）には，10年前に学会創立50周年を記念して出された『教育史研究の最前線』（2007年）にはなかった「欧米の新教育」という章が設けられ，宮本健市郎が執筆している。そこでは，上記『選書』において，監修者長尾の「新教育運動の価値ある遺産を国際的な視野から，いまあらためて，学問的，学説的に問い直し，そうすることによって現代教育の危機的状況に対処する知見を，体系的にしっかりと育て上げる」という使命感が共有されていたとしたうえで，以下のような論評が加えられている。

> 21世紀になってからの研究は，この選書を基礎にしつつも，それを批判し，乗り越えることを課題にしてきた。「新教育」運動を担ってきた人々がほぼいなくなり，「新教育」が完全に歴史の対象になった現在，「新教育」をみる現代人の眼は，以前ほど楽観的ではなくなった。また，「新教育」に関連する社会史や比較史の研究が増え，対象が広がるとともに，子ども中心という理念を掲げた運動として「新教育」を特定することは難しくなったが，同時に，20世紀前半のほとんどすべての教育改革運動を新教育の理念とのつながり抜きに論ずることもできなくなりつつある（宮本　2018：152頁）。

以上のように，「新教育」に関する見方は，ごくおおまかにいって『選書』

までと『選書』以後，20 世紀と 21 世紀との間で，緩やかな転換を経てきているといえそうである。本章において，画然とは仕分けられないものの，おおむね 1 と 2 では主として『選書』まで，つまり 20 世紀的な見方を中心に叙述し，3 において『選書』以降，つまり 21 世紀的な新しい見方にまとめてふれることを基本的な構成・進行としたい。

（2）「新教育」の概念

『選書』までの見方に立っても，「新教育」を一概に定義するのはむずかしいことであった。19 世紀末から 20 世紀前半あるいは半ばすぎまでの時期，当時急速に制度化が進んだ近代的な学校教育の固定的な枠組みを批判し，そこからの脱却を志向して，まず西洋にはじまる多彩な試み。当初は西欧において，新種のエリート中等学校の創出（「田園教育舎」）が先行したが，やがてアメリカを含めた西洋の初等・中等段階全体に広がり，さらには全世界的な普及をみせた。書物中心・権威中心の教育から子ども中心の教育へ（「子ども〈児童〉中心（child-centered）」「子どもから（vom Kinde aus）」）といった趣旨のスローガンの共通性が高い。子どもの興味や感受性，個性，身体，社会性などに着目し，多彩な作業や表現活動，経験や運動を学校にもち込んで再構築を図った試みの総称……とでもなろうか。

用語上の問題もある。「田園教育舎」運動の担い手の一人であるドモラン（Demolins, E., 1852-1907）に，『新教育』（1898 年）という表題の著書があり，また，「国際新教育連盟」という組織も結成されている（1921 年）。しかし一般に，「新教育（new education）」という用語は，その担い手たちの間で自称としてさほど盛んに用いられたわけではない。むしろ，英米圏では「進歩主義教育（progressive education）」，ドイツ語圏では「改革教育（学）（Reformpädagogik）」といった呼称のほうが一般的である。にもかかわらず，とりわけ日本における教育（史）学研究の世界では「新教育」という呼称が定着している。そこには，どうやら次のような事情が反映していそうである。すなわち，「新教育」の担い手たちの間で，従前の教育のあり方をいわば「旧」教育と一括して批判し，そこに質的・原理的な転換をもたらすものとして，自らの試みを意義づけようとする姿勢が目立ったのである。

たとえば，よく知られているとおり，ケイ（Key, E., 1849-1926）が「子ども固有の権利」を唱えた書物『児童の世紀』（1900年）は，その表題自体が，来たるべき20世紀を過去とちがって子どものための世紀にしようという彼女の主張を表現していた。そして，デューイ（Dewey, J., 1859-1952）の主著『学校と社会』（1899年）のなかの一節は，あまりに有名である。

> われわれの教育に到来しつつある変革は，重力の中心の移動である。それは，コペルニクスによって天体の中心が地球から太陽に移されたのと同様な変革であり，革命である。このたびは子どもが太陽となり，その周囲を教育の諸々の営みが回転する。子どもが中心であり，この中心のまわりに諸々の営みが組織される（デューイ／宮原訳 1957：45頁）。

（3）概念・範囲の見直し

本章の冒頭でふれた教育史学会編『教育史研究の最前線 II』（2018年）の新章「欧米の新教育」では，「新教育」定義（範囲の画定）をめぐる困難が，以下のように語られている。

> 新教育をひとつの章として取り上げることは，他の章とは異なる難しさがある。「新教育」の定義から始めなければならないからである。21世紀になって，研究が進み，「新教育」の諸相が解明されるにつれて，その困難は減少するどころか，増しつつある。……子ども中心という理念を掲げた運動として「新教育」を特定することは難しくなったが，同時に，20世紀前半のほとんどすべての教育改革運動を新教育の理念とのつながり抜きに論ずることもできなくなりつつある（宮本　2018：152頁）。

こうした「新教育」の範囲や関連用語をめぐっては，じつは20世紀のうちにも，一部でそれまでの通説を批判した提起がなされていた。当の『選書』から例を2つあげておこう。

三笠乙彦は，イギリス「新教育」の展開を精査し，第一次世界大戦のころを転換点として「ふるい新教育」と「新しい新教育」とに区分する必要を提起している。すなわち，19世紀末からの，レディー（Reddie, C., 1858-1932；1889年に田園教育舎アボッツホルム校を創設）らによるエリート中等教育改革の動向と並行して，1880年代から国民大衆初等教育の改革を迫った「新教育主義者たち」が存在していたが，彼らはイギリス理想主義（観念論）思潮の影響を受けて，共同性を前提とした個人の内面的な自己規制や道徳的性格（シティズンシップ）の形成を通した国民形成と公共善の実現を説いており，三笠はこれを「ふるい新教育」と呼ぶ。それに対し，戦間期に至って，ナン（Nunn, P., 1870-1944）が，主として生物学を基礎に，「自己表現」という教育目的理念に立ち，子ども個人に内在する個別的な個体性の完全開花を主張して，教育の社会的なモティーフをほぼ完全に欠落させたことをもって「新しい新教育」への転換は完了したとみる。背後には当然，「新教育」がある種の定型的な思考パターンに収束するうえで，その生成・転換の過程から本質的な意味を見いだそうとする問題関心がある（三笠　1985：43-86頁）。

また，平野正久らは，ノール（Nohl, H., 1879-1960）に即してドイツの「改革教育」運動を追跡する際に，「《Reformpädagogik》の訳語問題について」の検討を行っていた。「reform＝改革（的）」とは，当然ながら改革されるべき「旧」に対して創出されるべき「新」を含んでいる。むしろ「新」よりも「改革（的）」のほうが，「新教育」の本質的な契機をより的確に言いあてたものだとすらいえる。しかるに，従来の「改革教育学」という特殊な訳語が災いして，あたかもドイツの新教育運動が閉鎖的・孤立的で国際的に特殊な位置にあるかのような印象を与えかねないという弊害が大きい。それゆえ，Reformpädagogik にも「新教育」の訳語をあてるべきだとする。国ごとの歴史的・文化的な背景はおさえながらも，「新教育」を広く，総体として捉える志向性から発する提起であったろう（平野ら　1987：31-36頁）。

以上のように，三笠のいう「ふるい新教育」や，Reformpädagogik のうちでもいわゆる「子どもから」の改革以外の部分などまで，「新教育」の範疇に収められたり関連づけられたりする傾向は，「新教育」の内／外の境界線や定義軸に関する議論とともに，個別具体の対象に即して，あるいは全体の概念化作業との関連で生じてきている。「五段階教授法」などで授業を定型化したとされ「新教育」からは克服対象とされる位置にあるはずのヘルバルト派が，田園教育舎へのライン（Rein, W., 1847-1927）の関与やアメリカにおける展開など，「新教育」に近接する位置にもあったことなども，こうした境界線引き作業の複雑さ，むずかしさを表しているだろう。「新教育」の概念と範囲・境界をめぐる検討作業は，拡大と再整理・更新を課題としながら続いている。

2 「新教育」の思想と運動

（1）田園教育舎

通説として，「新教育」運動の端緒は「田園教育舎」の創設に見いだされることが多い。最初に概観しておくこととしよう。

上流階級の独占物として社会指導層の後継者養成を担っていたエリート中等学校（パブリック・スクール，ギムナジウム，リセ）は，古典語（ラテン語，ギリシャ語）文法教育中心などの伝統を脱しきれず，19 世紀の後半から教育内容，教授方法，訓育方法などを改革する必要性が指摘されていた。それに応えるべく出現したのが，レディーによるアボッツホルム校（イギリス：1889 年〜）や，それをモデルとしたリーツ（Lietz, H., 1868-1919）によるイルゼンブルグ校（ドイツ：1896 年〜），ドモランによるロッシュ校（フランス：1899 年〜）などの学校である。それらは都会を離れて田園に立地する寄宿制学校であり，リーツの命名で「田園教育舎（Landerziehungsheime）」と総称された。それらから分かれたイギリスのバドレー（Badley, J.H., 1865-1967），ドイツのヴィネケン（Wyneken, G., 1875-1964），ゲヘープ（Geheeb, P., 1870-1961）らによる学校も名高い。リーツら創始者や後継者たちの間で，男女共学そのほかの主題をめぐって路線の対立も生じていたが，総じて古典語学習偏重を改め，近代的な諸教科（現代外国語や自然科学，地理・歴史，労作ほか表現活動など）に重点をおいたこと，教科学習と 24 時間の生活指導を統合し，学校や寄宿舎における集団的・自治的活動も通した全人教育が図られていたことなどが共通点であったといえる。

こうした田園教育舎における教育のあり方はかなり以前，早くは 20 世紀の半ばすぎから，批判的にも捉えられてきた。国際的な優位性を確保するための紳士教育の再構築を示唆するレディーやバドレー，家父長制な愛を強調するリーツ，経済活動に向かう進取の精神を重視するドモラン。これら創始者たちの思想・言説や組織化の実際を根拠にしながら，田園教育舎は，旧来の伝統に従う従順な指導者の養成から転換し，帝国主義段階の国家的・社会的要請に応ずる能動的・積極的な指導者の養成をめざすものであったとされてきている（原　1979：22-44頁）。

さらに最近の研究では，リーツの田園教育舎を対象とした山名淳が，そこでの生活規則，時間編成，空間構成，人間関係などの具体をより微細に分析し，子どもたちの自己活動を通した秩序形成のメカニズムに迫っている。そして，教育意図・思想との間に一定の「ずれ」を伴う教育実践のダイナミズムや，教師間の対立・離反などを契機とした多面性などを丹念に追いながら，特有の綿密な行為規則の設定と違反者への「小さな処罰」，絶えざる監視を可能とする空間秩序，時間割に象徴される網目状の時間秩序，教師による統制の効率を高める教師・生徒集団（ファミリー制）の組織化などを見いだしつつ，「解放と囲い込みの二重戦略」「保護の包囲網の拡大」という，やや多義的な結論をひき出している（山名　2000）。

（２）デューイの思想と実践：２つの観点の交錯

デューイについては，前節で教育の「コペルニクス的転回」に関する一節を引用した。その『学校と社会』は，彼がシカゴ大学付属実験学校（1896年～）で行ってきた実践の成果を報告した講演を中核としている。ここでの検証を経て，彼の教育思想は以後もほとんど骨格を一貫させながら確立してゆくようである。以下，そのデューイの教育思想と実践を，いわば「新教育」の代表に見立て，少々立ち入って整理してみたい。

デューイが教育を考える際には，２つの観点が貫かれていく。教育をあくまで個人の心理過程に即して捉える心理（学）的観点と，常に教育の社会的な意義を考える社会（学）的観点である。そして，実験学校における実践はもちろん，彼の教育思想全体が，この２つの観点の交錯の下で理解できるとすらいえるのである。以下，まず各々の観点の内容を，次に両者の交錯の成果を，順にみていくことにしよう。

まず，デューイの「心理（学）的観点」とは，人間の認識や行為を，主体が環境との相互作用により「適応」をくり返す過程として捉える観点である。環境との間に不適応が生ずると，主体は環境に働きかけ，新たな関係を結び直すことによって，より高次な「適応」状態に到達する。人間でいえば，問題に直面して，解決策の仮説を練ったり，それを実行することによって検証してみたりして，その解決に向かう。その過程において知性の発揮が重要であるため，人間の「適応」は「探究」の過程である。その「探究」のくり返しが「成長」（過去の経験を絶えず再構成する過程）である。そして，問題が主体にとって切実であればあるほど，知性をふるった「探究」も活発なものになりうる。だから問題は，主体の興味をひき，知性の発揮を促すような性質ものであることが望ましい。

他方，「社会（学）的観点」とは，共同生活を通して関心の共有と相互依存・連帯意識の育成を重視する観点である。そしてこの観点は，デューイが当時のアメリカ社会に対して抱いていた問題関心を，直接に反映したものであった。それは，急速な工業化と都市化，「新移民」の大量流入などに伴う社会的な連帯感の喪失に対する危機意識である。とりわけ分業化の進行の下，一人ひとりの行為が社会関係のなかで全体の福祉を支えているという実感が具体的に抱きにくくなっていた。そのような状況に対し，デューイは学校を共同生活の場とすることによって，打開を試みたのである。

さてそれでは，以上で別々にみてきた２つの観点を交錯させると，どのような教育のあり方が打ち出されてくるだろうか。デューイの場合，それはまずもって学校に「仕事（occupation）」を導入すること，すなわち木工や金工，織物，料理その他の協同作業を，「生活および学習の方法」として取り入れることであった。心理（学）的にみれば，それは談話，探究，製作，表現などに対する子どもの自然な興味を刺激する。同時に，とりわけその過程で生ずる探究

（原材料に関する研究やよりよい加工法の工夫など）によって，知性自体が磨かれつつ，科学的な知識や技能も得られる。他方，社会（学）的にみれば，前工業化社会を支えていた共同生活の理想的な要素が，そこに再現される。社会全体を維持する様式や関係のあり方が，子どもたち自身によって追体験される。このように，２つの観点の交錯から，協同的な「仕事」を通して学校を「胎芽的な〔理想〕社会」とする新たな教育のあり方が提示されたのである。

（3）「生活」学校の意味

「新教育」は，その一面において学校を「生活」化する試みであった。

かなり長いスパンで「社会史」的に振り返り，「学校なき時代」，さしあたり前工業化社会を想定するならば，子どもたちは家庭および地域での生活を通して，まずはその未熟な成員（小さな大人）として徐々に参入することを通して，人間形成を遂げていた。そこでの労働や家政，遊び，地域行事や信仰生活などを通して，家庭・地域生活の主体として必要な知識や技能，感性や規範，行動様式を身につけていた。しかし，基底的には生産力の向上に伴って，世代間で伝達・蓄積される文化が高度化し，もはや自生的・無意図的なやり方で伝達されうる限界を超えたときに，意図的・組織的な文化伝達それ自体を目的として「学校」が成立した。つまり，「働く」ことであれ「遊ぶ」ことであれ，およそ「生きる」ことはその随所に自ずと「学ぶ」こと，「身につける」ことを未分化な形で内包していたが，この「学ぶ」「身につける」べき内容＝文化が一定限度まで高度化した時点で，その「学ぶ」「身につける」こと（の一部）が独立・分化し，もっぱら「学ぶ」「身につける」こと（対応して，意図的に「教える」「伝える」こと）を目的とする場，すなわち学校が出現したのである。それは，いささか懐古的・時代錯誤的に慨嘆するなら，「学ぶ」「身につける」ことを「働く」「遊ぶ」ことのうちに溶け合わせ含み込んでいた「生きる」ことの豊かな全体性が損なわれてしまったことを意味するとすらいえるかもしれない。

そして，『学校と社会』の以下のような記述を読むと，やや意味合いは異なるものの，ほぼ同様な（「社会史」的な）視点がデューイにも共有されているかのようにみえる。

> 今日ここでこうして顔を合わせているお互いから一代，二代ないしせいぜい三代さかのぼれば，家庭が実際に，産業上のすべての典型的な仕事がその内部でおこなわれ，その周囲に群がっているような，そんな中心であった時代が見いだされる。……このような生活のなかに含まれている訓練ならびに性格形成の諸要因，すなわち秩序や勤勉の習慣，責任の観念，およそ社会において何ごとかを為し，何ものかを生産する義務の観念などの諸要因を，我々は見逃すことはできない（デューイ／宮原訳　1957：20頁）。
>
> 学習？　たしかに学習はおこなわれる。しかし，生活することが第一である。学習は生活することを通して，また生活することとの関連においておこなわれる（同上：47頁）。

このような認識の下でデューイは，協同的な「仕事」を「生活および学習の方法」として実験学校の中核に据えた。広くみわたせば，彼にとどまらず「新教育」の相当部分が，「労働」や「遊び」の要素を「学習」活動に導入した「生活」学校の試みを提起している。

しかしデューイにあって，こうした「生活」学校化の試みは，一見そうみえてしまいかねないような「過去志向」のものではない点に，注意が必要であろう。たしかに彼は学校を「理想的な」「生活」の場として完結させようとしたが，その創出を自己目的化してはいない。突き放していえば，「理想的な」「生活」の場もまた，彼にとっては手段であった。何のための手段か。子どもたちが前工業化社会における社会・人間関係のあり方に関する認識を得て，それを手がかりに自力で20世紀の新たな社会・人間関係をつくり出していくための。そして，その何よりの武器となる問題解決的な知性を磨いていくための。デューイが理論化してきた「知性」は，社会的知性であるとともに実験的知性だった。彼が練り上げてきた「探究」のプロセスは，実験科学の方法に範を得たものであった。毛利陽太郎は，デューイが教育のあり方を科学技術に支配された社会へと安易に適合させたと批判する（毛利　1985：10-46頁）。森田尚人も，デューイの「テクノロジーの発展に対する無条件的な信頼の念」を指摘して，次のようにいう。

デューイは同時代の多くの社会科学者や改革者と同じように，コミュニティとテクノロジーのあいだの深刻な矛盾・相剋を予見することができなかったのである。いいかえれば，デューイはほとんど最後まで，一方で，顔をつき合わせたコミュニティの人間関係の回復を志向し，他方で，科学・技術の発展がもたらすであろう将来に対する楽天的信仰をもちつづけた（森田　1986：267頁）。

田中智志による，かなり異なった角度からのデューイ再評価については 3 でふれるが，その田中もまた，「科学そのもの，テクノロジーそのものの危険性は，のちに……フランクフルト系の批判理論によって重点的に論じられるが，この時代のアメリカの知識人には充分に認識されていなかった」「デューイにおいても……科学の問題は，科学そのものの問題ではなく，科学の担い手の倫理性の問題である，と考えられていた」などとしている（田中　2009：110頁）。学校による社会変革を唱えたデューイも，その社会批判に不徹底さを残し，問題をはらんだままの現代社会へと，教育を順応させたことになるだろうか。「生活」学校の試みがもちえた，またもちうる意味と有効性・可能性あるいは限界を，今日の社会のなかで，私たちはなお問いつづけていかなければならないだろう。

（4）労作学校，プロジェクト・メソッド

デューイに相当の紙面を費やしてしまった。「生活」学校とまではいわないにせよ，学校に「労働」や「遊び」の原理を取り入れた試みは，「新教育」の随所に見いだされる。重要なものをあと２例あげておこう。

ドイツのケルシェンシュタイナー（Kerschensteiner, G., 1854-1932）は，生産労働に近い作業的な活動をカリキュラムの軸として強調した人物である。ミュンヘン市の視学官として，また主著『労作学校の概念』などを通して，彼は学校における木工・調理・栽培飼育ほかさまざまな「労作（Arbeit）」活動を重視し，子どもの自発性・主体性と作業における即事性（Sachlichkeit）の両面を重視していた。能動的に対象に向かいつつ外的な要請・要件に応ずるという「労作」の訓育的・性格形成的な契機は，保守的と評されることも多い彼の

「公民教育論」との内的な関連性をも示唆していよう。

キルパトリック（Kilpatrick, W.H., 1871-1965）は1918年，世紀転換期以降アメリカの教育界で多様に展開されていた「プロジェクト」と銘打つ教育活動の諸動向をふまえながら，「プロジェクト・メソッド」として独自の定式化を行なった人物である。一般的には，子どもたちが自ら計画をたて，力を合わせてそれを実行していく形式で展開される学習法であり，たとえば目的立て（purposing）→計画立案（planning）→実行（executing）→判断・評価（judging）などといった手順で進行する。キルパトリック自身が「プロジェクト」に対して下した定義は，「社会的環境のなかで展開される，全精神を注ぎ込んだ目的ある活動（whole-hearted purposeful activity proceeding in a social environment）」というものであり，作業への目的意識的な専心没入を通した性格形成が展望されていた。「構案法」や「全我活動」など先人が苦労して産み出した訳語も，その本領をよく伝えている。

（5）「合科」とコア・カリキュラム

「新教育」は，以上のような労作・作業に関連するものだけでなく，学校のカリキュラム編成全体の改革に関しても，さまざまな試みと成果を残している。

ヘルバルト派のツィラー（Ziller, T., 1817-1882）らによる中心統合法以降，教科間の「相関」や「融合」などが主題とされる機運が強まってきており，著名なアメリカのパーカー（Parker, F.W., 1837-1902）による「中心統合法」では，教科としては地理を重視しつつ子どもを「中心」に位置づけたカリキュラムが構想されていた。教科横断的な統一テーマを設定して総合的に学ぶ「合科教授（Gesamtunterricht）」の取り組みとしては，ライプツィヒ市の例が著名である。新教科としては，第一次世界大戦前後におけるアメリカの社会科や家庭科，ドイツの郷土科などが代表的であり，おおがかりな「コア・カリキュラム」として代表的なのは，ヴァージニア州教育委員会が州内の小・中学校で実施した「社会機能法」（縦軸・スコープの「社会生活の機能」／横軸・シークェンスの「子どもの興味の中心」で構成）による「ヴァージニア・プラン」である。このようにして，さまざまな角度から「多教科並立」的な状況の打開・克服がめざされていた。

（6）教授の個別化と社会化

学習（授業）形態のうえでも，「個」の尊重と「集団」への着目が，新たな展開と成果を産んでいた。

まず，一斉教授的な方式が有する弊害の克服策として，各個人による主体的な個別学習を徹底・重視する動向が，アメリカ合衆国を中心にみられた。パーカースト（Parkhurst, H., 1887-1973）による「ドルトン・プラン」は，子ども自身が教師と協議しながら各自の学習進度配当表（assignment）を作成し，それに従って教科別の実験室（laboratory）に移動して，各自のペースで自学自習を基本に学習を進める，という自立した学習者の姿を志向していた。ウォシュバーン（Washburne, C.W., 1889-1968）が考案・実施した「ウィネトカ・システム」も，自己訂正を重ねながら「コモン・エッセンシャルズ」の学習を個々に進めていけるよう入念に作成されたワークブック教材などを駆使し，市をあげての成果を示していた。「個別化」策といっても，前者の実験室における「協働」の重視，後者の「集団的創造的活動」など，「関係」や「集団」も等閑視されていたわけではない。

さらに，「集団」の構成と活動に深く踏み込んだ成果として重視されるべきなのが，ペーターゼン（Petersen, P., 1884-1952）らによる「イエナ・プラン」である。形式的な年齢別学年・学級制を廃し，発達に応じながら人格的相互作用を行う「基幹集団」に再編成して，個性の発達と集団の発達を主軸に学校組織を著しく改編した。第2章に詳しい記載があるので，参照してほしい。

（7）「新教育」の帰結をめぐって

前節で「新教育」の概念を論じた際，それが20世紀の前半あるいは半ばすぎをもって終結したかのように書いた。それは，たしかに現象的には事実である。多くが「子ども中心」，「子どもから」をうたい，人々の耳目を集めた「新教育」の学校の，その少なからぬ部分は，方針の転換を迫られたり，ときには経営難や閉鎖に追い込まれたりしてきた。人々の支持を失った要因はさまざまであるが，系統的な知識の伝達や認識の形成がおろそかになったという知育面，規律を軽視して社会化に失敗したという訓育面の弱点などを想定することは，さほどむずかしいことではないだろう。加えて経済不況やファシズム，戦争といった社会状況が，その少なからず牧歌的なブームに水をかけることになった。

しかし，「新教育」はそれで終わったのではない。伝統的な学校教育のうえにさまざまな遺産あるいは痕跡を残し，それらの多くは今日まで残存している。たとえば，用具教科や内容教科の教授においても子どもの興味や個性が顧慮され，作業・表現・探索・体験などの自己活動が部分的に取り入れられるようになった。全般的に表現教科の比重が増し，創作的な方法が採用された。体育も重視され，器械体操的なものに加えてゲーム的なものが多く採用されるようになった。カリキュラム全体にわたって総合化や合科が進み，コア・カリキュラムなどの新編成法や社会科や家庭科などの新教科が登場したなどである。それらは概して伝統的な学校教育の幅を著しく押し広げるものであったといえよう。

そして今日に至るまで，とりわけ思想史的に，「新教育」全般を対象化する必要性も提起されてきている。多くは3で述べるが，たとえば今井康雄は，「新教育は既成の学校教育に対する批判運動ではあるが必ずしも社会批判をめざすものではなく，むしろ新たに形成されてきた帝国主義や大衆民主主義の状況に学校教育をよりよく適応させようとする運動でもあった」という（今井 2000：420頁）。すなわち，すでにみたとおりレディーやリーツら「田園教育舎」運動の指導者たちは，植民地経営なども視野に入れて，従順であるよりも積極的なエリート指導者の養成をめざしていた。「労作学校」のケルシュンシュタイナーは，いくらか多義的ではあるものの「国家有用の公民」形成を唱えていた。デューイの枠組みに添っていうならば，「新教育」は，「心理（学）的観点」によって子どもの自己活動の掌握を強めたものの，「社会（学）的観点」にあたる社会認識においてしばしば批判が不徹底あるいは保守的であったがために，結局は子どもをいっそう確実に社会追随の方向へ誘導することにもなった。さらに敷衍するなら，「新教育」が書物・権威中心の近代的な学校教育への批判から出発していたとしても，そこから現代的な教育への転換にとっては多分に順接的であったともいえる。今日の学校にもなおみられる詰め込みや体罰などに注目すれば，「新教育」は現代的な教育に対してなお逆接的ともみえるだろう。しかし，現代的な教育のメルクマールを，そうした表層よりももっとソフトな，誘導的な管理などに見いだすならば，「新教育」はむしろ近代的な教育を新たな状況のなかで補完・補強し，現代的なそれへの転換を支えたものとして，捉え直されてくるのである。

20 世紀的な見方からすると，「新教育」の帰結は，およそ以上のように総括され，そこから今日と未来に向けて正負の遺産や教訓，主体，契機などが読み取られることになろう。そして，こうした捉え方がその後すっかり否定し去られ，21 世紀的なそれにとって代わられたわけでは決してない。しかし，その地層の上に，新たな捉え方の層が，少なくともその兆候が生じてきていることも，また確かなようである。次節 3 で概観することとしよう。

3 「新教育」把握の見直し

本章の冒頭で，『選書』を分水嶺とみて，20 世紀的な把握と 21 世紀的な把握を区別するといった位置づけをおおむね教育史学会（宮本）と共有し，そうした前提で本章の叙述も進めてきた。しかし，より厳密にいうなら，その分水嶺は『選書』の刊行によってだけ産み出されたものではない。その前後から，個々の研究者の間にも，「新教育」研究全体の動向にも，一定の枠組みの変動が生じてきており，そのごく一部は『選書』にも反映されているものの，『選書』はおおむねそれまでの（20 世紀的な，といい続けるが）枠組みと研究蓄積によって編まれ，「変動」は『選書』後に，部分的にはその成果の乗り越えという方向性も帯びながら，大半は 21 世紀になってから少しずつ顕在化してきているようだ。『選書』刊行が枠組みの「変動」とほぼ重なるような時機的なめぐり合わせであったといったほうが事実に近いと思われる。その「変動」とは何で，どこに向かうものなのか。本節において，その顕著と思われる表れを

3例ほど手探りで拾い出し，列挙しながら探ってみたい。それらはいずれも主に研究的な角度から提起されているが，研究者にとっても，実践者にとっても，おかれた状況のなかで自ら考えるべき問題について，一定の「問いかけ」を含んでいるにちがいない。

（1）「新教育の地平」

すでに少しだけふれたが，今井は，「新教育」の思考や実践をいわばその前提から問い直す必要を訴える。とくにその「子ども中心」的な思考や実践が，教育的意図や行為に先だって，まず「子どもの自己活動」を独立的なものとして措定していること，そしてそれを前提・出発点として，その目的合理的な制御という形で定式化されていることを重視している。

> 進化論，優生学，発達心理学等からの科学的な言語や研究に支えられることによって，子供の自己活動は，あらかじめ固有の法則性をもって存在する〈事実〉として現れることになる。ルソーにおいてはなお「社会契約論」のあるべき社会の構想と不可分に結びついていた子供の「自然」が，科学的研究によって〈事実〉化されるわけだ。この〈事実〉は，ある場合には大人からは失われてしまった子供の天才を示すものとして教育による保護・育成の対象とされ（児童中心主義，芸術教育運動），またある場合にはその即事化・理性化として教育が構想される（ケルシェンシュタイナー，自由教育）。いずれにしても教育は，〈事実〉としての子供の自己活動を目的合理的に統御する活動として構成されることになる（今井　1998：22-23頁）。

子どもの自己活動がその基盤・基底から切断され単独で取り出されるという経緯は，ナンが個体性の「自己表現」をもって理想主義の影響下にあった「ふるい新教育」を転換させたとみる三笠の指摘とも，通じるところがあろうか。そして，そのように教育を，子どもの自己活動を目的合理的な制御・コントロールとみなす発想様式が，強い自明性をもって私たちの思考を強く規定し拘束しつづけている。今井はこの状況を「地平」化と表現して，「新教育の地平」を批判的に吟味し，それに代わる新たな地平を求めて，その乗り越えを以下のように提起している。

新教育が「よき実践」のモデルとして今日まで通用しているのは，教育を〈子どもの自己活動の目的合理的コントロール〉と理解するこの教育観の通用力によると考えられる。このことは，われわれが新教育が生み出した教育についての自明性の地平に，いわば〈新教育の地平〉に今なおとどまっていることを示している。実際，「校内暴力」「いじめ」「登校拒否」といった，新教育的な教育観では対応困難と思われる教育問題が登場し，なおかつ対応困難という事実が理論的には了解されているような場合でも，問題解決の処方箋を問われたときには，子どもの自己活動の究明（「子ども理解」）とその目的合理的コントロール（「適切な指導」）という形でわれわれは絶えず〈新教育の地平〉に回付されてしまうのである。いずれにせよ，〈新教育の地平〉に収まりきらない問題の所在が了解され始めたということは，われわれがこの地平の限界に近づきつつあるということ，またそのことに薄々気づきつつあることを意味している。しかし言うまでもなく〈新教育の地平〉の果てが世界の果てなのではない。このことを明示するために，教育についての〈新教育の地平〉に代わるべき了解の地平を構想することが，現代の教育学には求められているといえよう（今井　2000：421-422 頁）。

「新教育の地平」という把握をめぐっては，山名らから異なる見方も提起されている（山名　2000：9 -11 頁，386-387 頁）。しかし，いずれにせよ「新教育」は，私たち自身の教育的な思考様式や実践志向をなお枠づけているという点で，過去の事象ではあってもなお「同時代史」に属するものとみなければならないだろう。

（2）ポストモダンと「新教育」

下司晶は，個別研究としては精神分析運動とそれを受けた教育界の動向を対象に，〈精神分析的子ども〉の析出過程を追跡した。精神分析理論はフロイト（Freud, S., 1856-1939）以降，子どもの個体としての経験を基礎づけるメタレベルの基盤（メタ心理学的なもの）を喪失し，個体の理解に不可欠なはずの外部との関係性を抜きに「子どもの発達」がそれ自体として，外部との関係性から切断されて「事実化」されるようになり，子どもは〈精神分析的子ども〉として析出されるに至ったこと。これに添ってイギリスの進歩主義教育者アイザックス（Isaacs, S., 1885-1948）らが子どもの「内的本性」それ自体に内在的であるかのようにして語る際には，じつは彼女ら自身の社会的な価値観が恣意的に混入されていたことなどを指摘した（下司　2006）。この業績自体，「事実化」

という，今井の「自己活動」の場合と同型性を帯びた把握になっている点が示唆深く，「新教育」史研究の重要な成果であるといえよう。

しかしそれ以後，下司自身の射程は，もはや「新教育」にのみとどまらない広がりをみせて，彼が「教育思想のポストモダン」と呼ぶ，「近代」を準拠枠にできなくなった教育思想の状況全体へと向けられ，「戦後教育学」および「近代教育学」総体に批判的な検討が加えられる。そこでは「新教育」固有の問題が切り取る局面は多くないものの，たとえば以下のような論述がなされる。

> 近代教育には，教育を成立させる根拠が確かに存在した。それは西欧的な「自然」概念である。コメニウス，ロック，ルソー，ペスタロッチ，フレーベル，ヘルバルト，デューイ……等々。教育学説史に名を残す思想家たちは，みな「自然」によって教育を基礎づけている。近代教育思想において「自然」とは，世界の神学的な秩序であり，教育の目標かつ源泉であり，個人と社会の発達・発展の原理であり，場合によっては神の意志であり，……存在論的基盤を含むものであった。だが，近代教育思想が新教育の時期に児童中心主義として読み替えられることによって，「自然」は，子どもに関する部分は生物学や生理学，心理学の用語に置き換えられ，社会に関連する部分は政治思想に置き換えられた。それによって「自然」が示していたはずの秩序ある一つの教育目標も失われる。……教育目的が曖昧になり，教育可能性ばかりが取り沙汰される方法至上主義には，大まかにいってこのような思想史的な背景があると考えられる。存在論的基盤と呼ぶにせよ，自然と呼ぶにせよ，現代の教育思想の背後には。「根源的に失われた何か」がある。むしろ，そのような統一的な秩序を欠いた状態がポストモダン状況といえるかもしれない。では何が失われたのか。その探求は，思想史的な課題として今も私たちの前にある（下司　2016：278-280 頁）。

このように「失われた」とされる根源的なものが何であるか，理論レベルや思想史的な展開などさまざまな形式と角度で示唆されはするものの，必ずしも確定的に明示されない。下司自身の論述のなかからさらに，敢えてそれを探し求めるならば，たとえばまた以下のように「社会思想」がそれにあたるものとされることもある。

> 教育学は，ある時は既存社会への適合を暗黙の思想としてその下請け機能を果たし，ある時は社会変革の願望を持ちつつも，社会思想を隠したまま「教育の自律性」を強弁することで，対抗勢力となってきた。前者はみずから社会改革のヴィジョンを持たないため，あるいは既存の社会秩序を受け入れるため，現状適応のために教育を用いる。後

者は暗黙に社会改革の像を保持しているが，それを前面に出すことなく，教育という領域の自律性……を担保として，文教政策と戦ってきた。だが今や教育・教育学の自律性を主張しても，現代の教育改革の趨勢に対抗し得ない。であるならば私たちが取り得る戦略は，教育思想を再び社会思想を含むものとして提示することであろう（同上：286-287頁）。

（3）新たな契機の抽出：存在論的基盤へ？

田中智志の『社会性概念の構築：アメリカ進歩主義教育の概念史』は，リヴィジョニスト的な「新教育」（進歩主義教育）把握（政治・経済的なエリートによる規律化と効率的な労働者育成をめざす社会統制とみる）に代えて，「フーコー，ルーマン的な進歩主義教育像」を描きたいとの意図に由来している。そこで田中は，20世紀前半の社会の特質をメリトクラシーの下で競争や個人の有用性が偏重される状況と捉え，ブランボー（Brumbaugh, M.G., 1862-1930），カウンツ（Counts, G.S., 1889-1974），およびデューイによる，子どもの批判的・社会的知性や愛他性などの「社会性」を発達させ，既存の社会を協同的社会に変革・再構築しようとする試みに，改めて注目した。そして，彼らの改革を支えた駆動力をその思想的根底・基底から探り，それぞれに即して，階級的利害とは無縁のプロテスタンティズム（魂の救済），農村的互恵関係によるキリスト教的な生き方（完全化への信念），メリオニズム（完全化をめざしつづけるキリスト教的思考）などを見いだしている。

そうした解釈・評価に際しては田中自身，自らの問題関心が強く反映していることを隠さない。のちの「新教育」批判も含めた，現代の教育的思考に内在する前提価値の多く，すなわちメリトクラシーにおける有用性や競争至上主義的な発想，個々人の能力の（ときに優生学的な）優秀性・卓越性への囚われ，作為の力や交換的な目先の利益，応報の予想・計算能力などの偏重，コンペタンス（制御能力）という強さこそが力であるという平板な思考などが総じて「ヘレニズム的完全化論」などとして批判的に斥けられ，デューイらの倫理的な「社会性」概念再構築への志向と情熱の背後に確認された，倫理的な完全性をめざしつづける「キリスト教的完全化論」の発想がこれに対置されるのである。そのより根本的な契機として，総じてキリスト教的な思考に含まれる，生に対する２つの態度である「敢然への意志」と「一命への畏敬」が見いだされている。正確に理解することはむずかしいが，前者は，圧倒的な主導言説や状況に屈することなく世界の倫理的な再構築に尽力しつづけること，後者は，世界全体と内的につながるものとして各個の生（＝知性的・道徳的な成長）に意義と使命を見いだすこととでも言い換えることができるだろうか（田中　2009）。

このような田中のアプローチをいぶかる向きも少なくない。たとえば，デューイの本領をルーマン的に「相互活動（interaction）」と規定しながら，もっぱら「キリスト教的完全化論」という宗教的な軸を前面に出して彼を理解することへの違和感（本章 2 においても，非宗教的な「社会（学）的観点」を基盤的な軸としてデューイを説明してきた）や，彼らのなかに立ち返るべき規範的な契機を探し求めようとするスタンスが戦後教育学などのそれと大差なく，同じ轍を踏む方向に向かいかねないのではないかといった疑問などである。

しかし田中は，さらに，オランダ生まれの教育哲学者で教育目的としての「主体化」を重視するビースタ（Biesta, G., 1957-）や，デューイをも援用しながら，「共存在」と「超越性」を根本概念とした独自の思想構築に取り組んでいく（田中　2017）。批判（脱構築）から提起（再構築）に方向転換したとされる田中は，これも「新教育」の範囲内に収まりきらないスケールと視野においてであるが，「失われた」とされる存在論的基盤，その再構築のための契機を求めながら，新たな（「新教育」のそれをも乗り越える）「地平」に向かっている，と整理することも可能であろう。

深い学びのための課題

1. デューイほか「新教育」の担い手を１人選んで，その人物の子ども観・発達観，教育観，社会観と教育の実際および同時代・後世への影響について調べ，あなた自身が受ける示唆についてもまとめてみよう。
2. 「新教育」の全体像を整理・考察するとともに，それに照らして今日の教育状況について考えよう。ここでは，「生きる力」「社会に開かれた教育課程」「資質・能力」「主体的・対話的で深い学び」などがキーワードになりうるかもしれません。

引用・参考文献

今井康雄（1998）『ヴァルター・ベンヤミンの教育思想：メディアのなかの教育』世織書房
――（2000）「新教育」教育思想史学会編『教育思想事典』勁草書房，419-422 頁（同（2017）『教育思想事典 増補改訂版』勁草書房，451-454 頁）
梅根悟（1977）『梅根悟教育著作選集 4　生活学校の理論他』明治図書
ケイ，E.／小野寺信・小野寺百合子訳（1979）『児童の世紀』冨山房
下司晶（2006）『〈精神分析的子ども〉の誕生：フロイト主義と教育言説』東京大学出版会
――（2016）『教育のポストモダン：戦後教育学を超えて』勁草書房
田中智志（2009）『社会性概念の構築：アメリカ進歩主義教育の概念史』東信堂
――（2017）『何が教育思想と呼ばれるのか：共存在と超越性』一藝社
デューイ，J.／宮原誠一訳（1957）『学校と社会』岩波書店
デューイ，J.／大浦猛編，遠藤昭彦・佐藤三郎訳（1977）『実験学校の理論』明治図書
長尾十三二監修（1983～90）『世界新教育運動選書』（全 30 巻＋別巻 3 巻）明治図書
　三笠乙彦／ P.ナン（1985）『自己表現の教育学』
　毛利陽太郎／ J.デューイ（1985）『学校と社会』
　平野正久他／ H.ノール（1987）『ドイツの新教育運動』
原聡介（1979）「田園教育舎の思想」吉田昇他編『近代教育思想』有斐閣，22-44 頁
宮本健市郎（2018）「欧米の新教育」教育史学会編『教育史研究の最前線Ⅱ―創立 60 周年記念』六花出版，151-173 頁
森田尚人（1986）『デューイ教育思想の形成』新曜社
山名淳（2000）『ドイツ田園教育舎研究―「田園」型寄宿制学校の秩序形成』風間書房

第4章

近代日本における〈国民教育制度〉の形成と展開

1 明治期の学校制度の整備と立身出世主義

（1）「学制」の制定とその理念

近代化後発国である日本にとっての至上命題は，真に独立・自立した国家である「不羈独立《ふきどくりつ》」を達成することであった（佐々木　2002)。「富国強兵」「殖産興業」など，明治維新でよく知られているスローガンは，政治的・経済的・軍事的に劣位にあった日本の地位向上をめざした点で一貫している。

教育政策においても同様に，これらの課題を理解し，実行・実現できる人材育成がめざされた。1871（明治４）年に設置された文部省は，翌1872（明治５）年９月に日本初の近代国民教育制度として「学制」を定める。全109章の条文（「学制章程」）とともに全国に配布された「学制布告書」には，「学問は身を立るの財本」＝「立身出世」や，「必ず邑に不学の戸なく家に不学の人なからしめん事を期す」＝「国民皆学」といったスローガンが掲げられた。これは同年２月に出版された福沢諭吉（1835-1901）『学問のすゝめ』初編で，「天は人の上に人を造らず人の下に人を造らずと言えり」として，人は生まれながらにして平等で自由であり，実際に役立つ学問をして一身独立が大切であり，その先に一国独立を論じた主張と，きわめてよく類似していた。

「学制」下では，入学した者はまず「下等小学第８級」に所属し，「小学教則」で定められた一日５時（一週30時）を標準とする時間割に基づき学ぶこととされた（佐藤　1987)。現在のような学年制ではなく「等級制」が導入されており，半年ごとの進級試験で進級・落第・飛び級が決定された。成績優秀者には上等小学～中学～大学へと進学するチャンスが開かれていった（図4.1)。「国民皆学」を呼びかけつつ「より早く多く記憶した者」を選抜するこのシステムは，人材をいち早く得たいという明治新政府の意図を色濃く反映したものであった。

教育方法においても，江戸期に一般的だった個別指導から「号令」や「掛図」を用いた「一斉教授法」への転換が図られた。アメリカ人・スコット（Scott, M. M.）をお雇外国人として招いた東京の師範学校では，スコットの教えをもとに師範学校初代校長・諸葛信澄（1849- 1880）『小学教師必携』をはじめ師範学校関係者により多数の出版物が刊行され，効率性を重視した近代学校の教育方法が全国に広められていった。

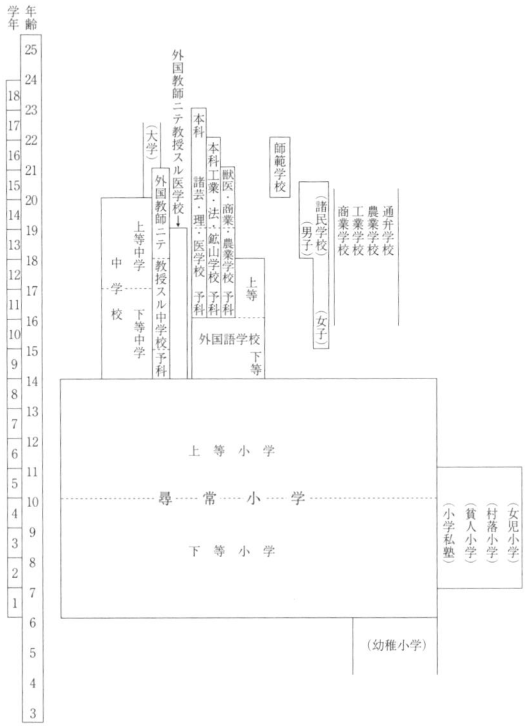

図 4.1　明治 6 年の学校系統図
出所：文部省『学制百年史』

教育内容においても，江戸期の四書五経（藩校・郷学）や日常生活に密着した『往来物』（手習塾・寺子屋など）に代わり，欧米の翻訳書を多く用い，アメリカのカリキュラムを直輸入したものが採用された。教科のバランスが著しく近代自然科学に傾斜し，人文・社会科学的教育内容が少なかった（水原　2010）。

「学制」では，全国を 8 大学区・32 中学区・210 小学区に分け，全国 5 万 3760 小学区に小学校を設立する構想を掲げた（2018 年度学校基本調査の小学校数 1 万 9892 校と比較すると，その壮大がわかる）。明治初年の財政状況のなかで，小学校設立は民費負担によるところが大きく，『学制百年史』（文部省　1972）によれば表 4.1 のような学校数・教員数・児童数であり，「学制」は構想に及ぶべくもないスタートであったことがわかる。

1875（明治8）年当時設置されていた小学校の校舎は多くが寺院や民家の転用であったが，なかには筑摩県松本（現：松本市）に設けられた開智学校のように，地域住民の多額の寄付により，「近代化」を先取りすべく「擬洋風建築」によって新築される校舎もあった。しかし全国的には就学率は伸び悩み，暴動（学校打ちこわし）が起こった地域もあった（千葉　1990）。

図 4.2　明治初期の一斉教授法
出所：青木輔清編／榧木寛則閲『師範学校改正小学教授方法』1876 年

(2)「開化」派と「保守」派の間でゆれる教育政策

民衆の実態にそぐわない「学制」の問題点を克服すべく，アメリカ視察から帰国した文部大輔・田中不二麿（1845-1909）主導で 1879（明治 12）年に「学制」を廃して「教育令」が制定された。地方の実情に即して最低修学年限の短縮や教科目編成の簡略化などを認め，「自由教育令」といわれた。しかし，①「教育令」公布の前に明治天皇から「教学聖旨」が出されたこと，②「教育令」による行政権限の低下と就学率の停滞に対し地方長官から批判があがったことなどが重なり，翌 1880（明治 13）年に教育内容の国家的統制（就学義務の延長，「修身」を筆頭科目）を図る第二次「教育令」に改められている。①の「教学聖旨」とは，明治初年以来の教育が欧米の知識技芸の移入に力を注ぐあまり，「仁義忠孝」をないがしろにしていると批判するものであった。このとき明治天皇の侍講・元田永孚（1818-1891）と「開化」派の内務卿・伊藤博文

表 4.1　学制期の学校数・教員数・児童数

年次	学校数	教員数	児童数
		人	人
明治 6	12,558	25,531	1,145,802
7	20,017	36,866	1,714,768
8	24,303	44,664	1,928,152
9	24,947	52,262	2,067,801
10	25,459	59,825	2,162,962
11	26,584	65,612	2,273,224
12	28,025	71,046	2,315,070

出所：文部省『学制百年史』

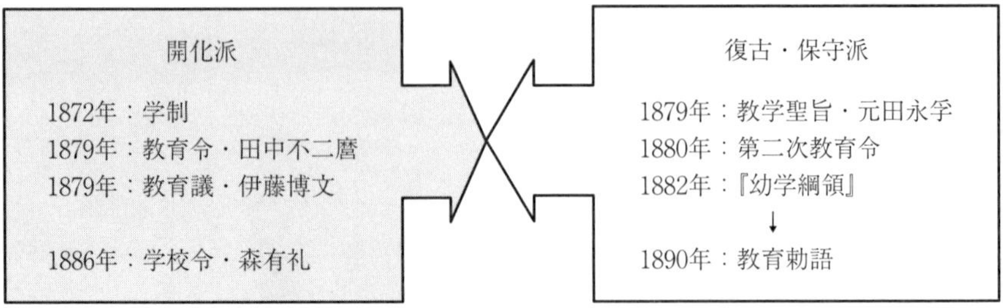

図 4.3　「学制」～「学校令」までの開明派 VS 復古・保守派の構図

(1841-1909) との間で論争が起こっている。②の地方長官からの批判とは，「学制」以来少しずつ進んできた学校設立の努力を崩すものとして，文明開化・地方分権を進める「開化」派の方針を厳しく問うものであった。

明治 10 年代は，こうして「復古・保守」派と「開化」派の間で論争を含みつつ国民教育のあり様が模索された時代であった。「復古・保守」派の働きかけも影響して改定された第二次「教育令」を受け，翌 1881（明治 14）年の「小学校教則綱領」では「尊王愛国」の重視が打ち出される。そして，1882（明治 15）年には元田永孚が中心となり「孝行」「忠節」「友愛」「信義」などを盛り込んだ修身書『幼学綱要』が編纂され，全国の小学校に頒布された。

対する「開化」派では，伊藤博文と意気投合し，伊藤内閣の初代文部大臣に抜擢された森有礼（1847-1889）により国家主義的な教育改革が推進された。森は 1886（明治 19）年に小学校令・中学校令・帝国大学令・師範学校令の 4 つからなる学校令を定めた。森が重視したのは「国家富強」の土台としての小学校であり，その教育を担う教師を養成する師範学校の改革であった。そして小学校や師範学校では，気力と体力の充実を図るため「兵式体操」が導入されたが，「修身」を重視する元田永孚ら「復古・保守」派からは不評であった。

明治 10 年代は自由民権運動の高まりを背景に，政府部内で政情不安や徳育に関する議論が活発に行われた時代でもあった。それは，やがて両派の対立を越えて「天皇」による教育の基本方針策定，すなわち 1890（明治 23）年 10 月 30 日発布の「教育勅語」（図 4.4）へと結びついていく。その策定を担ったのは「開化」派の井上毅（1843-1895）と「復古」派の元田永孚であった。前年に制定された大日本帝国憲法第一条の「万世一系ノ天皇之ヲ統治ス」る天皇制国家を支える「臣民形成」を目的とし，特定の宗教に偏ることなく，普遍的かつ立憲政体とも調和する内容とするために非常な苦心が重ねられた。具体的には，忠義・孝行・友愛などの儒《じゅ》教《きょう》的な道徳を説く一方で，公益や国憲を守ることなど近代国家の理念を盛り込んだ。それらが「以《もっ》て天壌《てんじょう》無《む》窮《きゅう》の皇運《こううん》を扶翼《ふよく》すへし」という一点に集約され，日本や皇室の永続的な発展を担う生き方を，教育を通じて人々に求めたのである。

その趣旨を徹底させるため，文部省では中心校や就学率の高い小学校から順に，勅語の複製である勅語謄本《とうほん》を下賜《かし》していった。翌 1891（明治 24）年には「小学校祝日大祭日儀式規程」を定め，新年 1 月 1

朕惟フニ我カ皇祖皇宗國ヲ肇ムルコト宏遠ニ徳ヲ樹ツルコト深厚ナリ我カ臣民克ク忠ニ克ク孝ニ億兆心ヲ一ニシテ世々厥ノ美ヲ濟セルハ此レ我カ國體ノ精華ニシテ教育ノ淵源亦實ニ此ニ存ス爾臣民父母ニ孝ニ兄弟ニ友ニ夫婦相和シ朋友相信シ恭儉己レヲ持シ博愛衆ニ及ホシ學ヲ修メ業ヲ習ヒ以テ智能ヲ啓發シ徳器ヲ成就シ進テ公益ヲ廣メ世務ヲ開キ常ニ國憲ヲ重シ國法ニ遵ヒ一旦緩急アレハ義勇公ニ奉シ以テ天壤無窮ノ皇運ヲ扶翼スヘシ是ノ如キハ獨リ朕カ忠良ノ臣民タルノミナラス又以テ爾祖先ノ遺風ヲ顯彰スルニ足ラン

斯ノ道ハ實ニ我カ皇祖皇宗ノ遺訓ニシテ子孫臣民ノ倶ニ遵守スヘキ所之ヲ古今ニ通シテ謬ラス之ヲ中外ニ施シテ悖ラス朕爾臣民ト倶ニ拳々服膺シテ咸其徳ヲ一ニセンコトヲ庶幾フ

明治二十三年十月三十日

御名御璽

図 4.4　教育勅語

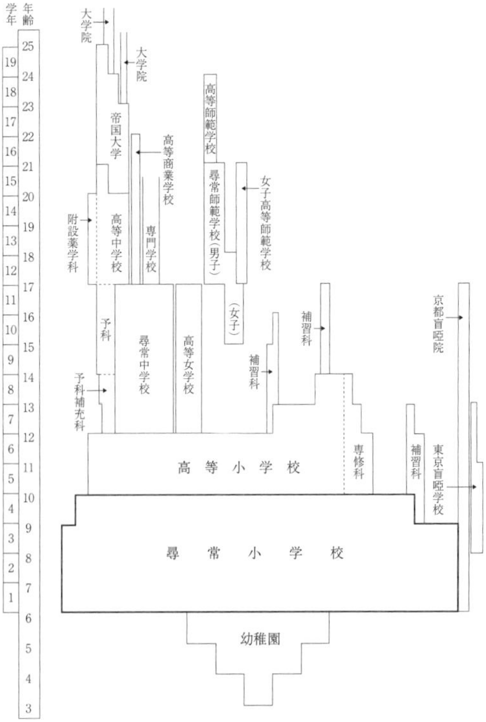

図 4.5　明治 25 年の学校系統図

出所：文部省『学制百年史』

日，紀元節《きげんせつ》（2月11日），天長節《てんちょう》（明治天皇誕生日：11月3日）の「三大節」に勅語奉読式《ほうどくしき》を行うこととした。さらに1893（明治26）年には学校儀式に用いる歌詞や楽譜（君が代など）が定められた。併せて「御真影」（天皇皇后の肖像写真）も公布されていき，明治20年代には，天皇制国家を支える教育制度が確立していった（図4.5）。

2 義務教育制度の拡張

（1）日清戦争後の教育への関心

近代化後発国である日本にとって，旧幕府が西欧諸国と結んだ不平等条約の改正と，地政学上で重要とされた朝鮮半島への強い影響力の獲得は積年の課題であった。1894（明治27）年7月は，日英通商航海条約の締結（16日）と日清戦争の開戦（25日）という出来事が相次ぎ，明治政府発足以来の最大の関門を迎えていた。

こうした状況下において，愛国心が鼓舞され国民意識の高まりがみられたのも自然の成り行きであった。教育現場では小学校生徒が参加しての入営見送り・必勝祈願といった行事が行われた。戦勝後には，よく訓練された兵隊が勝因である，など義務教育の普及を軍事力と結びつける論調が生まれ，わずかではあるが賠償金の一部が教育基金に当てられたのである。1891年になってようやく学齢児童の男女平均就学率が50%を超えていた状況が，日清戦争後，次第に上昇を示していった。

（2）義務教育制度の確立

1900（明治33）年，こうした機運を背景に第三次小学校令が公布された。それまで最短で3年であった尋常小学校の年限が4年に統一され，市町村の学校設置義務，保護者による学齢児童の就学義務や猶予・免除の条件などが明確化され，さらには特別の場合を除き授業料不徴収が定められた。

この改革を推進した普通学務局長・沢柳政太郎（1865-1927）は，授業時数の多さや試験による落第などが就学率向上の妨げであると考えていた。毎週授業時数を尋常小学校で30時から28時に，高等小学校では36時から30時に減らしたほか，試験による席順の上下や卒業試験を廃して「平素ノ成績ヲ考査」することを推奨し，児童の負担軽減を図ったのである。また，読書・作文・習字を「国語科」に統一して，尋常小学校で用いる漢字を1200字に制限，変体仮名の使用を禁止したほか，仮名づかい簡略化のため棒引き仮名づかい（あう，あふ→おー）を採用した。ここには言語的に統一された「国民」形成の意図も含まれていた。以後，「主トシテ東京ノ中流社会」を「国語ノ標準」とし，特定の方言を「矯正」の対象とする国語教育が展開していくことになる。

教科書に関して，1886年の学校令時代から教科書検定制度が導入されていたが，明治20年代後半になると検定教科書への批判や，主要教科の文部省著作に関する要望が出されてもいた。1902（明治35）年12月に検定教科書の売り込み競争から起こった「教科書疑獄事件」（梶山，1988）を機に，1904（明治37）年度より修身・国語読本・同書き方手本・日本歴史・地理，1905（明治38）年度より算術・図画，1906（明治39）年度より理科が国定教科書へと切り替わり，教育内容の国家統制が強化される転機になった。

（3）就学率の向上と学校の地域社会への定着

第三次小学校令で掲げられた授業料不徴収は就学率向上を促し，1902年には男女平均の就学率が90%を超えた。日清戦争開戦の1894年から日露戦争開戦の1905年までの10年間に，61%から94%へと30ポイントを超える驚異的な上昇を示したのである。

しかし，実際の出席率はまだまだ低く，文部省はさらなる就学勧奨を推進した。福島県の場合，1901（明治34）年の「教育ニ関スル奨励規程」により就学成績が良好な学校に「就学旗」が与えられた。就学督促や欠席児童の出席督促のため教員が地域を巡回訪問することも行われ，女子就学率の向上がみられた。日露戦後は先進国並みをめざし義務教育年限の延長が強く要望された。1907（明治40）年の小学校令一部改正では尋常小学校が4年から6年に延長され，高等小学校は原則2年制（3年も可）となった。いっぽうで，「瘋癲白痴又ハ不具廃疾」の場合は就学義務免除,「病弱又ハ発育不完全」の場合は猶予,「貧窮」の場合は状況により免除または猶予など,心身に障害をもつ子どもや貧困の子どもが排除されていたことも忘れてはならない。

写真 4.1　1909(明治 42)年の運動会
出所:東京都文京区立明化小学校所蔵

この間に大きく様変わりしたものに運動会がある。日清戦争後の1896(明治29)年には,激しい陸戦となった「平壌の戦い」の模擬戦が東西二軍に分かれて演じられたり,女子就学率向上が図られていた1902年には女子の綱引や戦地で負傷者を救護する看護婦になぞらえた演技など,関心を呼び,かつ国家意識を高めるような演目が加えられるようになった。第三次小学校令で「体操場」が必置と定められたのを機に,近隣の野原などで行われていた数校合同の連合運動会に替わり,次第に「校庭」運動会が普及していった。住民参加・地区対抗競技などが可能となり,年に一度「校庭」に集う新たな「マツリ」として地域社会に学校が定着していった(山本・今野　1987,吉見　1999)。

3　実業教育の振興と中等教育の拡大

(1)実業補習学校

1893年に文部大臣に就任した井上毅は,直に戦火を交えるよりも,むしろ国力=国家の総資本が国の優劣を決めると考えていた。就任後まもなく公布された「実業補習学校規程」は,第1条に「小学校教育ノ補習ト同時ニ簡易ナル方法ヲ以テ其ノ職業ニ要スル知識技能ヲ授クル所トス」と定められ,小学校卒業後の青年層に補習教育・実業教育の機会を保障する教育機関の設置を打ち出していた。

1902年の改正で入学資格は小学校卒業程度に統一,修業年限,授業時数,開設季節などの条件も緩やかとなり,小学校長が教員を兼任する小学校附設の形で拡大した。小学校卒業後の就学督促も盛んに行われ，就学者数を増やしていったが，20歳の徴兵検査（壮丁）まで義務教育の効果を保持するという軍事目的の側面も強かった。

（2）実業学校令の公布と中学校令の改正

井上の構想は，1899（明治32）年2月公布の実業学校令にも結びつく。実業学校は尋常中学校とおなじ中等教育機関と位置づけられ，実業補習学校とは異なり全日制で単独校舎が必要な甲種（5年制）と，これよりやや簡易な乙種（4年制）が設定された。実際には産業構造を反映し，かつ比較的小規模・簡易で設置できる乙種農業学校や徒弟学校などの普及が目立った。

実業学校令と同時に，中学校令の改正や高等女学校令が公布され，男女別および進路別に細かく分かれる「複線型」の学校体系が完成された。改正中学校令では，第一条に「中学校ハ男子ニ須要ナル高等普通教育ヲ為スヲ以テ目的トス」と，高等教育機関に接続するエリート・コースとしての役割がはっきりと定められた。尋常中学校は，1886年の制定時には1府県1校とされていたが，1891年に制限が撤廃され，明治末には約300校に迫るほどに増加していた。

この時期の中等教育要求の高まりは著しく，各地で設置競争が起こり，図4.6のように実業学校，次いで中学校，高等女学校といずれの中等教育機関も増加を示している。明治末には，多くの人々が尋常小学校卒業後も学びつづける姿が広がりをみせていたのである。そうしたなか，上位の高等

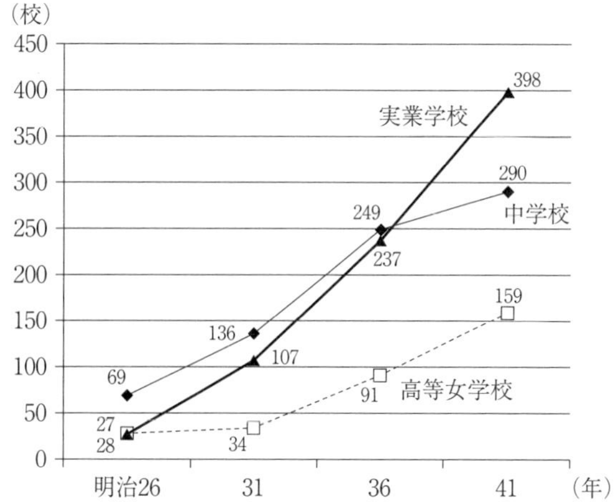

図4.6　明治期中等学校の推移
出所：文部省『学制百年史資料編』1981年から作成

教育機関に接続する中学校は，入口・出口（受験・進学）ともに激しい競争を引き起こしていた。この時代，小学校高学年からの受験勉強・補習教育の過熱や，中学校・実業学校の序列化といった「学歴」社会の形成も始まっていたのである。

4 高等教育の整備・拡充および社会教育の整備

（1）高等学校・帝国大学・私立学校

1886年の中学校令で設けられた高等中学校は，1894年の高等学校令によって「高等学校」へと改称された。一高（東京），二高（仙台），三高（京都），四高（金沢），五高（熊本），六高（岡山），七高（鹿児島），八高（名古屋）など各地方の中心都市に全寮制で帝国大学への進学が保障された3年制の高等学校が設置された。いっぽう1894年には，それまで東京にしかなかった帝国大学が京都に増設され，それ以後1907年に東北，1911（明治44）年に九州，1918（大正7）年に北海道，1924（大正13）年に京城，1928（昭和3）年に台北，1931（昭和6）年に大阪，1939（昭和14）年に名古屋の各帝国大学が設けられていった（天野　2017）。

しかし中等教育機関の数や進学希望者数の急増に対し，高等教育機関の整備は遅かった。こうした状況の隙間を生めるように，特定分野に専門特化した私立学校が発展し，人々の進学要求を受け止めていった。1903（明治36）年には専門学校令が公布され，これら私立学校が「高等ノ学術技芸ヲ教授スル」3年制の教育機関として，高等教育の一画に位置づけられることになる。文部省は一年半程度の「予科」をもつ専門学

表4.2　専門学校令下において「大学」と称した私立学校

法律・経済	東京法学院大学（現中央大学）・明治大学・法政大学・京都法政専門学校（現立命館大学）・関西法律学校（現関西大学）・専修学校（現専修大学）・慶応義塾大学・日本大学・早稲田大学
文学・宗教	哲学館大学（現東洋大学）・明治学院・青山学院・日本女子大学・東北学院・同志社専門学校（現同志社大学）
宗　教	天台宗大学（現大正大学）・真宗大学（現大谷大学）・仏教大学（現龍谷大学）・曹洞宗大学林（現駒澤大学）・日蓮宗大学林（現立正大学）

出所：文部省『学制百年史』

校に「大学」と称することを認めたため，明治初期からの多くの私立学校が「大学」と改称した。

（2）戊申詔書の発布と青年層の統制

日露戦争による度重なる増税は国民生活を疲弊させ，労働問題や社会主義思想の浸透などが広がりをみせていた。政府は1908（明治41）年10月に戊申詔書を発布し，皇室と国民が心を1つにして勤倹節約に努め，国運発展を期すべきことを呼びかけた。

内務省が主導した地方改良運動では，戊申詔書の趣旨を実現するため町村社会の基盤強化，そして二宮尊徳の報徳主義の強調により「公共心」「公徳心」の浸透が図られた。この具体的な展開に際し，学校は地域社会の「教化」センター的な機能を担うようになる。たとえば，地域社会には近世以来，若者組や娘組という若者組織があって「一人前」になるための学びの場となっていたが，1905年には内務省と文部省とがそれぞれ青年団体の指導・奨励を指示し，村長や小学校長が会長・副会長を務める一村単位の青年会・処女会の組織化が図られていった。これをうけ，地方改良運動下では小学校長の指導により青年団・婦人会への再編が進められ，「町村民教育」に重点をおいた学習会や行事が展開されていったのである（笠間　2003）。

5 大正初期における教育制度改革

（1）国内事情と臨時教育会議の設置

日清・日露戦争での勝利は，「日本は世界の一等国になった」という国家主義の高まりを呼び，また植民地の獲得により紡績業・製糸業を中心に海外進出の機運を高めた。言論界では国民的自覚の論調が高まり，産業界では賃金労働者の急増と労働運動の組織化が進展する。1911年の「大逆事件」を機に社会主義運動は厳しく取り締まられたが，不況と物価高による生活状態の低下に不満は蓄積されていった。

これら民衆の「自覚」と不満は，「大正政変」をめぐる憲政擁護運動や労働組合運動（ストライキ），社会主義運動，学生運動，女性解放運動，水平社運動（部落解放運動），無産政党運動，普通選挙運動，米騒動，小作争議などさまざまな形で噴出し，大きな社会的影響力をもって展開された。政府は要求を受け止める一方，既存の枠組みの改編・強化を図ることでこの事態に対応していく。1925（大正14）年に普通選挙法と抱き合わせで治安維持法を成立させたことは，政府の「アメとムチ」的な対応を象徴する出来事といえよう。

これは教育分野においても例外ではなかった。政府内部では，人々の教育要求に応じつつ「世界の一等国」を担いうる人材育成を実現するため，義務教育年限の延長問題や高等教育機関の拡充が論議されていた。

1917（大正6）年9月，寺内正毅内閣は総理大臣監督下に臨時教育会議を設置する。これは総裁・副総裁以下36名の委員によって構成され，首相の諮問に応じ答申や建議をすることができる，政策への影響力が大きい組織であった。臨時教育会議は，小学校教育をはじめ高等普通教育，大学および専門教育，師範教育，女子教育など教育制度の全般について審議し，9つの答申と2つの建議を行い，1919（大正8）年5月に廃止された。学校体系を根本的に変えるような案は示されなかったものの，民衆運動の高揚や教育の大衆化に対し，国家主義的な教育制度再編をめざす答申・建議を発し，その後の教育のあり方を決定づけたのである（海後　1960）。

（2）義務教育をめぐる論議

当時，欧米先進国では8年制を標準として義務教育の整備を進めており，こうした趨勢をにらんで義務教育年限の2年延長が論議された。委員らは国語国字の習得が欧米に比べてむずかしいこと，「国民皆兵」の立場からの必要性などをさまざまに論じたが，結果として答申には時期尚早と記載された。そもそも1907年に就学年限が2年延長されたばかりで，市町村は教室・校舎の増設や教員の確保に追われて地方財政はひっ迫しており，さらなる延長は現実的に困難であった。また，農業・工業ともに年少労働者に依存する構造があり，中途退学者も少なからぬ数存在する状況にあった。

なにより急務であったのは市町村教育費への補助であった。そのひずみは小学校教員待遇の劣悪化に及び，低賃金や受持ち児童数急増の負担に耐えかねた教員の離職や，師範学校入学志望者の減少が憂慮される事態となっていた。臨時教育会議では 1917 年 11 月の「小学教育ニ関スル件」（第 1 回）で「教員俸給国庫支弁並びに教員待遇等に関する諸問題」に関する答申を出し，「至急実施セラルル必要アリ」と早期実現を促した。これが翌 1918 年 3 月の市町村義務教育費国庫補助法の公布へと結びつく。

続いて打ち出されたのは，「国民道徳教育ノ徹底」をめざす具体的な改革案であった。修身，国語，歴史教育の内容に「国民たるの精神」を充実させるため，日本歴史は「国史」と改称され，1920（大正 9）年改訂の国定教科書『尋常小学国史』は人物中心主義の内容構成となった。とくに「明治天皇」に多くのページ数が割かれ，明治以後の近代化を礼賛する内容が盛り込まれた。

（3）高等教育制度の拡充

臨時教育会議の成果として最も注目されるのは，高等教育制度の拡充に関する答申である。当時，法令の上で専門学校の扱いであった私立大学は帝国大学並みの待遇を求めており，また高等教育機関の入学難や「浪人」の急増なども問題視されていた。臨時教育会議では 1918 年 1 月に「高等普通教育ニ関スル件」（第 1 回），同 5 月に「高等普通教育ニ関スル件」（第 2 回）で，大規模な高等教育機関の増設を答申した。同年 12 月には，ほぼ答申のままに改正「高等学校令」が公布され，七年制高等学校（尋常科 3 年・高等科 4 年）が創設された。同時に高等教育機関拡張六か年計画が立案され，高等学校 10 校・高等工業学校 6 校・高等農業学校 4 校・高等商業学校 7 校・外国語学校 1 校・薬学専門学校 1 校を官立学校として新設することになった。

また，同年 6 月の「大学教育及専門教育ニ関スル件」答申をうけ，12 月に「大学令」が公布された。これにより，従来官立の帝国大学のみであった制度を改めて単科大学の設置を認められた。官立の医学専門学校・高等商業学校・高等工業学校を大学に昇格させる方針も定められ，1920（大正 9）年には東京

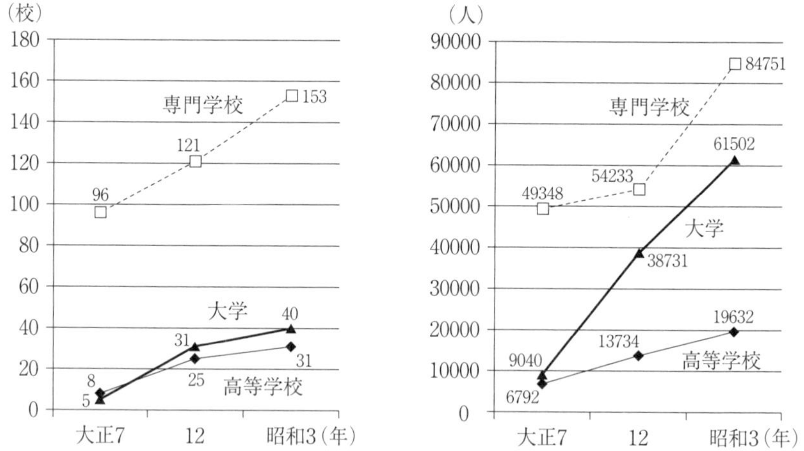

図 4.7　高等教育機関と在学者の推移

出所：文部省『学制百年史資料編』1981 年から作成

高等商業学校が初めて東京商科大学（現一橋大学）に昇格した。また，公立・私立の大学の設置も認め，慶応義塾や早稲田，同志社など私立学校が正式に大学となった。これ以後，大正時代後半から昭和初期にかけて，高等教育機関の拡充が実現し，とくに専門学校・大学の在学者数が急増したのであった。

6 昭和戦時下における皇国民錬成

（1）昭和恐慌から戦時へ

昭和初期は，教育勅語謄本や御真影を納める奉安殿を備えるなど，国家主義的な教育が強化されていく時期でもあった。1929（昭和 4 ）年の昭和恐慌の際，とくに凶作に見舞われた東北各地を中心に全国各地で，弁当を持ってくることができない欠食児童や娘の身売りが問題化し，税収悪化に伴う教員給与の不払いも広がった。その困窮の厳しさは大正新教育以来の「自由」や「児童中心」といった流れを打ち消し，郷土教育，勤労・増産に直結する労作教育や全村教育，二宮尊徳の「至誠・勤労・分度・推譲」を援用した報徳教育といった生活指導実践が生み出されていった（森川　1997，須田　2008）。

1931（昭和 6 ）年 9 月の満州事変ののち，日本は対外戦争による植民地開拓をめざすことにより，国内の経済的・政治的危機を乗り切ろうとする道を選んでいく。1933（昭和８）年には「満蒙開拓青少年義勇軍」が始まり，多くの小学校教師が男子卒業生を満州へと送り出す役割を果たすこととなる。1935（昭和10）年の天皇機関説事件を受け，同年８月には政府が「国体明徴ニ関スル件」を発し，天皇による無限の歴史性をもつ史実こそ「国体」とする見解を示す。これをうけ，1937（昭和12）年５月には文部省が『国体の本義』を刊行して全国の学校に配布し，国体を特徴づける日本精神の真髄が「和」であることや，「忠」が「我が臣民の根本の道」であることなどが強調されていった。

（２）皇国民の錬成と国民学校令

1937年７月の日中戦争勃発後には国民精神総動員運動が展開され，戦時下への傾斜を深めていく。同年12月には内閣総理大臣直属の教育審議会がおかれ，学校制度全般にわたる改革案が審議・答申された。とくに注目されたのは，従来の小学校を国民学校とする答申であった。これにより施行された国民学校令下の６年間（1941年４月１日～1947年３月31日）は，明治の学制以来現代に至るまで，日本の初等教育機関が「小学校」と呼ばれなかった特異な時代である（図4.8）。

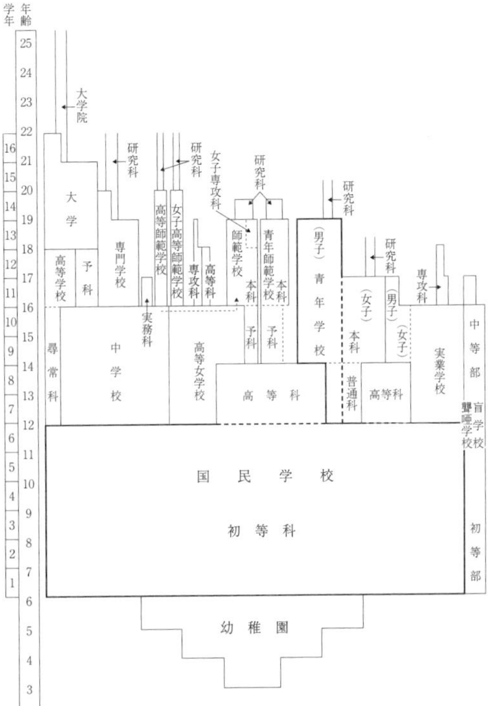

図4.8　昭和19年の学校系統図
出所：文部省『学制百年史』

その特異性は国民学校令第

一条の「皇国ノ道ニ則リテ初等普通教育ヲ施シ国民ノ基礎的錬成ヲ為スヲ以テ目的トス」にも見て取れる。「錬成」とは，「錬磨育成」という字義もさることながら，これをためらうことは「皇国臣民」にあらず，という同調圧力を含む文言であった。物心両面の総動員を伴う「総力戦体制」を支えうる人間像を理想においたとき，教育は「錬成」に置き換えられたのである。国民学校令ではそれまでの尋常・高等の別を踏襲し，初等科6年，高等科2年として8年間を義務教育と定めた点も注目された（1944年4月からの実施が予定されたが，戦争激化のため延期のまま敗戦を迎えている）。

また，それまでの小学校教科は表4.3のように再編された。文部省は1941～1943（昭和16～18）年にかけて初等科の国定教科書を改訂し，軍国主義的な内容を多数盛り込んでいった。内容が最も変わったのは国史の教科書であった。『初等科国史　上』では第一課「神国」で，これまで人々にあまり知られていなかった天孫降臨神話が登場していた。これは，政府が1935年の「国体明徴」声明の際に「天孫降臨の際下し賜える御神勅に依り昭示せらる…」述べたことを承けての変化であった。『初等科国史　下』では「日清戦役」「日露戦役」「満州事変」「大東亜戦争」など対外戦争を礼賛する教材が配置されていた。『初等科地理』では，世界地理を扱う下巻でヨーロッパやアメリカが省かれ，「大東亜」の範囲を中心に内容が構成されていた。

これに比べると，算数や理科では戦争教材は少なかった。理科は第三学年ま

表4.3　国民学校教科の構成と目的

教科目	目　的
①国民科（修身・国語・国史・地理）	国民生活を体認し，国体に対する確固とした信念をもち皇国の使命に対する自覚をもたせる
②理数科（算数・理科）	透徹した理知的能力をもち，合理創造の精神を体得しもって国運の進展に貢献する
③体錬科（武道・体操）	闊達剛健な心身と献身方向の実践力をもつ
④芸能科（音楽・習字・図画・工作，初等科女子に裁縫，高等科女子に家事・裁縫）	高雅な情操と芸術的技能的な表現力をもち，国民生活を充実させる力をもつ
⑤実業科（高等科のみ，農業・工業・商業・水産）	産業の国家的意義を明らかにし，勤労を愛好し，職業報国の実践力をもつ

では児童用教科書がなく，教師用の『自然の観察』のみが編纂されていた。そこには「自然の観察に教科書は不要。強いてつくれば教師は教科書で指導して，子どもを野外に連れ出すことをしなくなる」と，知識伝授型に陥っていた理科教育のあり方を大きく転換する意図が込められていた。こうした改革志向は，「話し方」領域の新設により自由な発表・表現を設定した国語にもみられる。

国民学校教育は生活と教育の結合をめざしており，大正新教育以来の教授法改革を受け継ぐ一面もあったといえる。とはいえ，全体として軍国主義的内容に染め上げられていたことにはまちがいない。

（3）教科外活動・学校儀式・学校少年団

「修練道場」ともいわれた国民学校では，「行」や「型」を重んじる教育活動が展開された。たとえば神奈川県小田原市城内国民学校では礼法室を特設し，文部省制定の国民礼法が学ばれたほか，宮城遥拝，朝礼，諸儀式，国旗掲揚，靖国神社遥拝などが日常的に行われた（城内国民学校　1942）。また，「児童の内より盛上る団結心・気概と指揮者の命令統制が一体となり，厳然たる規律の下に行はれねばならない」として集団訓練も行われた。毎週2回（月曜・木曜），国民保健体操・建国体操のあとに全校行進が行われたほか，学年ごとに近隣の目的地まで「四列の縦隊を編成し，特に規律を厳正に姿勢と歩行」を行う「強歩」が行われた。錬成の名の下，脱落や乱れが許されない緊張が強いられた。

1941年3月に文部省は訓令「大日本青少年団ニ関スル件」を発し，学校少年団の設置義務化を示した。そこには「団体的実践鍛錬ヲ施シ共励切磋不抜ノ国民的性格ヲ錬成」することが掲げられ，国民学校教育の「基礎的錬成」で身に付けた知識や心構えを，日常生活場面で自ら実践することがめざされた。実際に，地域分団ごとの登下校訓練や分団常会（定例会合），神社参拝，道路清掃などが「自治」的に行われた。学校少年団の取り組みは多彩であり，野営訓練や防空防火訓練，救急訓練など軍事的な訓練が行われる例もあった。

（4）「総力戦体制」下における学校教育

「総力戦体制」や「錬成」は，中等教育機関・高等教育機関に学ぶ学生にも勤労動員や学徒出陣など多大な影響を及ぼした。勤労動員は，1938年6月に政府が中等学校以上の学生・生徒による夏季休業中3～5日の勤労作業を求めるという，些細なものから始まった。これが1941年2月の文部・農林次官通牒による「青少年学徒食料飼料等増産運動」への参加指示では，夏季休業中の3週間に拡大している。1943年6月には「学徒戦時動員体制確立要綱」が閣議決定され，「有事即応体制」に学徒動員が位置づけられることとなった。戦時色深まる1944年1月には「緊急学徒勤労動員方策要項」により勤労動員の年間4カ月継続が求められ，翌2月の「決戦非常措置要綱」では原則として中等学校以上の学生生徒はすべて通年動員することへと，あっという間に急展開してしまう。

1945（昭和20）年3月の閣議決定「決戦教育措置要綱」では国民学校初等科以外の授業が停止とされるが，これは現状を追認したにすぎないものであった。そして同年5月の「戦時教育令」では，その第一条に「学徒ハ尽忠以テ国運ヲ双肩ニ担ヒ戦時ニ緊切ナル要務ニ挺身シ」と，国民学校児童も含めすべて総力戦体制を担うことが定められる。この公布に合せて文部大臣は，「教育史上未曽有ノ転換ヲ敵前ニ断行セントス」と述べた。教育史上未曽有の転換とは，軍事的目的のまえに子どもを人的資源や戦力としてのみ扱うことであり，人間としての成長・発達を図る教育とはかけ離れた政策であることを自ら認めたことでもある。無限定な国家権力の拡大が教育を崩壊させる結末に至った（寺﨑1987）。このことは決して忘れてはならない史実として，永く記録・記憶されるべきである。

7 戦後教育改革

（1）敗戦直後の模索―国体護持か民主化か

1945年8月14日，日本はポツダム宣言を受諾した。8月15日のいわゆる玉音放送の翌16日，政府・文部省は学徒動員の解除を通達し，同28日には地方長官・学校長宛て「時局ノ変転ニ伴フ学校教育ニ関スル件」によって学校での授業再開を指示する。9月15日には文化国家・道義国家建設と「国体護持」を明記した「新日本教育ノ建設方針」が示され，同20日には国定教科書のなかで不適当と判断される個所を削除する通達がなされた。いわゆる「墨塗《すみぬ》り教科書」は，日本側から始められたのである。

10月2日に東京に設置された連合国軍総司令部（GHQ/SCAP）は，文部省の国体護持を掲げた戦後措置を不十分なものとみなし，12月にかけて教育の自由化・民主化推進を図る「四大教育指令」が発せられていく。その趣旨は軍国主義的な教育の排除と徹底した民主化であった。10月22日の「日本教育制度に対する管理政策に関する件」と同30日の「教員および教育関係者の調査，除外，認可に関する件」により，教職の適格審査が本格的に開始され，2623人が不適格者とされたほか，2717人は審査をすることなく追放された。多くが校長や視学といった戦前の教員社会において権威的な地位に就いていた者たちであった。さらに12月15日の「国家神道，神社神道に対する政府の保証，支援，保全，監督並に弘布の廃止に関する件」では，「皇国の道」に連なる極端な国家主義と軍国主義の解体が指示され，これを推進したとされる3教科が12月31日「修身，日本歴史及び地理停止に関する件」で学校教育から排除された。

（2）教育基本法・学校教育法の公布

戦後教育改革の方針を大きく枠づけたのは，1946（昭和21）年3月に来日した米国教育使節団である。これに応じた「日本側教育家委員会」と協議をしつつ日本の教育制度を調査研究し，3月30日付で第一次「使節団報告書」をまとめている。そこでは中央集権的，官僚的画一主義・形式的な教育行政や，画一的な詰め込み教育が批判され，「個人の価値の尊厳」を大切にし，教育の機会均等のもとで個人のもつ能力を最大限のばすために六・三・三・四制の単線型学校体系や9年間の無償義務教育，男女共学，高等教育の拡充，民意を反映させた教育委員会制度などが提言されていた。

この方向性は，まず同年 11 月 3 日公布の日本国憲法前文に反映された。

> そもそも国政は，国民の厳粛な信託によるものであつて，その権威は国民に由来し，その権力は国民の代表者がこれを行使し，その福利は国民がこれを享受する。これは人類普遍の原理であり，この憲法は，かかる原理に基くものである。われらは，これに反する一切の憲法，法令及び詔勅を排除する

日本国憲法では具体的に「思想及び良心の自由」（第 19 条），「学問の自由」（第 23 条），「教育を受ける権利」（第 26 条）が定められた。そして，これをうけて，1947（昭和 22）年 3 月 31 日に教育基本法と学校教育法が同時公布されたのである。「戦時教育令」に至った体制が天皇による臣民への「勅令」であったのに対し，「法律」という形で，人間や教育のあり方を国民自らが決めていく民主主義の教育体制への大転換であった（なお，この流れのなかで 1948 年 6 月には，衆参両議院で教育勅語の排除・失効が決議されている）。

教育基本法では，法律としては異例の「前文」で「日本国憲法の精神に則り，教育の目的を明示して，新しい教育の基本を確立するため」と，以下のように宣言した。

> われらは，さきに，日本国憲法を確定し，民主的で文化的な国家を建設して，世界の平和と人類の福祉に貢献しようとする決意を示した。この理想の実現は，根本において教育の力にまつべきものである。
>
> われらは，個人の尊厳を重んじ，真理と平和を希求する人間の育成を期するとともに，普遍的にしてしかも個性ゆたかな文化の創造をめざす教育を普及徹底しなければならない。

そして第 2 条「教育の目的は，あらゆる機会に，あらゆる場所において実現されなければならない」，第 3 条「すべて国民は，ひとしく，その能力に応ずる教育を受ける機会を与えられなければならない」の理念を具現化するため，学校教育法では，すべての人に小・中・高・大の就学を開放する単線型の学校体系が定められたのである（寺﨑　2000-2001 年）。

その転換をまとめたのが表 4.4 である。一度は無限定な国家権力の拡大により崩壊した日本の教育制度は，こうして私たち自身に大きく委ねられる形で再

出発した。この理念は，2006（平成18）年に「改定」された現行教育基本法にも概ね継承され，現在に至っている。しかし「改革」の荒波のなかでさまざまな「法律」「通達」類が発せられるなか，形を変えてしまう可能性は常にある。戦後教育改革のバトンは，21世紀に生きる私たちにリレーされていることを胸にとどめたい。

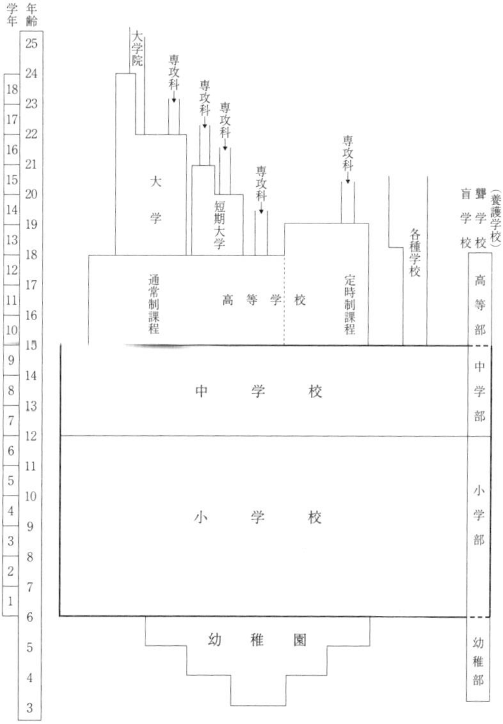

図4.9　昭和24年の学校系統図
出所：文部省『学制百年史』

表4.4　戦後教育改革における学校制度の転換

	戦　前	戦後改革
義務教育	国民学校尋常科6年 男子のみ青年学校5年	国民学校尋常科を母体に小学校 国民学校高等科・青年学校を母体に新制中学校
中等教育	「男女・進路別に複線型」尋常中学校・高等女学校・実業学校	1948年4月発足の新制高等学校 高校3原則「男女共学」「総合制」「小学区制」
高等教育	帝国大学・官立大学・私立大学・高等専門学校・専門学校・高等学校	1949年度発足。広く国民に開放。 各都道府県に原則一つの国立大学を設ける
師範学校	「師範タイプ」明朗闊達の気質を欠き，視野が狭く，偽善的であり，陰湿，卑屈，偏狭	大学における教員養成 「開放制」を原則とし，自由な発想と学問研究の姿勢を養う

深い学びのための課題

1．明治から昭和戦前期までの教育制度で，最もすぐれ現代にも継承すべきと考えることは何か。反対に二度と繰り返してはならないと考えることは何か。本文中の具体例をあげつつ，あなたの考えを論じてみよう。
2．あなたのこれまでの教育経験（家庭，学校，学校外）を振り返り，戦後教育改革の理念が生かされている点と生かされていない点を両方あげ，その要因や改善・発展策を考えてみよう。

引用・参考文献

天野郁夫『帝国大学―近代日本のエリート育成装置』中央公論新社，2017年
海後宗臣編『臨時教育会議の研究』東京大学出版会，1960年
笠間賢二『地方改良運動期における小学校と地域社会―「教化ノ中心」としての小学校』日本図書センター，2003年
梶山雅史『近代日本教科書史研究』ミネルヴァ書房，1988年
神奈川県小田原市城内国民学校『報徳教育の実践』1942年
佐々木隆『明治人の力量』〈網野善彦編『日本の歴史』第21巻〉講談社，2002年
佐藤秀夫『学校ことはじめ事典』小学館，1987年
須田将司『昭和前期地域教育の再編と教員―「常会」の形成と展開』東北大学出版会，2008年
千葉昌弘「「学制」学校の創設事情と紛擾」『高知大学教育学部研究報告』第1部（42），1990年，113-120頁
寺﨑昌男・戦時下教育研究会編『総力戦体制と教育：皇国民「錬成」の理念と実践』東京大学出版会，1987年
寺﨑昌男責任編集『戦後教育改革構想』（日本現代教育基本文献叢書）日本図書センター，2000-2001年
水原克敏『学習指導要領は国民形成の設計書―その能力観と人間観の歴史的変遷』東北大学出版会，2010年
森川輝紀『大正自由教育と経済恐慌―大衆化社会と学校教育』三元社，1997年
山本信良・今野俊彦『近代教育の天皇制イデオロギー―明治期学校行事の考察』新泉社，1973年
吉見俊哉他『運動会と日本近代』〈青弓社ライブラリー 6〉青弓社，1999年

第5章
学歴社会と〈教育の機会均等〉

1　学歴社会と機会均等の複雑な関係

「学歴社会」という言葉を聞いて，あなたはどのようなイメージをもつだろうか。学歴社会とは，「人々の社会的地位を規定する要因として，教育ないし学歴が，他のどの要因にもまして重要性を持つ社会」（天野　2006：17頁）であり，平たくいえば，「学歴がものをいう社会」といえるだろう。日本社会は，学歴社会であるとしばしば特徴づけられ，その「問題性」が指摘されてきた。たとえば，「就職活動で学歴（学校歴）フィルターがある」「子どもたちが受験競争に駆り立てられ，教育がゆがめられている」というように，学歴差別や受験競争といった「問題」と関連づけられて，しばしば批判的に語られてきたのである。学歴社会には，人間の自由や平等，本来の教育を阻害するものという，不名誉な位置づけが与えられているように見受けられる。

以上の学歴社会批判から，もう少しイメージを膨らませてみよう。日本の場合，学歴社会というとき，２つの含意があるように思われる。第一に，冒頭の定義どおりの「学歴がものをいう社会」（A）である。そこには，「学歴は本人の実力（仮にここでは実際の仕事遂行能力と捉えておこう）を表しているとは限らないにもかかわらず，優遇されている」というルサンチマン（うらみの感情）が少なからずビルトインされているように思われる。すると第二に，多くの人がより高い学歴を求めようとするのは避けがたく，「受験競争が大衆化した社会」（B）が到来する可能性が高いのではないだろうか。

日本の学歴社会は，A から始まり，B を伴って現在に至り，そうした状況下で冒頭のような批判を受けている状態である。しかしながら，「学歴が他のどの要因にもまして重要性を持つ社会」といっても，「他の要因」に何を想定するかによって印象はガラリと変わってくるだろう。もしもその要因に「実力」を入れるならば，学歴社会は，個人の自由な能力の発揮を，学歴を基準に不平等に制約する天井のようなものにみえるだろう。他方で，その要因に「生まれやコネ」を入れるならば，多くの人々が少なくとも名目上は平等に受験競争に参加できる学歴社会は，「生まれやコネ」がものをいうような社会に比べれば，職業選択の自由と平等が相対的に保障された社会のようにみえる。

それでは，学歴社会はどのように成立するのだろうか。もし「機会均等」という原則がなければ，少なくとも受験競争が大衆化した社会（B）は生じなかっただろう。いや，次節で検討するように，「教育の機会均等」原則は，学歴がものをいう社会（A）の成立においても，重要なファクターであった。

以下ではまず，学歴社会の成り立ちからみていくと，それが産業化と「教育の機会均等」原則のもとで発展してきた社会現象であることを確認できるだろう（2）。しかるに学歴社会は，一方で，「教育の機会均等」原則に照らしたときに，常に不完全な社会として認識される宿命にあった（3）。だからこそ，学歴社会のなかで，学歴を実力とみなすことを疑うまなざしが共存してきた。しかし，このような批判的まなざしはしだいに薄れ，近年では「機会均等」という理念を名目どおりに受け取り，学歴を実力と同一視するような傾向が強まってきているようだ（4）。こうして以下では，近年みえにくくなった学歴社会と「教育の機会均等」の複雑な関係を，時代をさかのぼって解きほぐしていくことで，日本社会における教育と社会の独特な結びつきがみえてくるだろう。これにより，学歴社会のなかに学歴社会批判が寄生してきたことにも意味があったことに気づくはずだ。

本章は，日本社会がどの程度の学歴社会か否かを言い当てるのが目的ではない。「学歴社会」を正当化して終わるのでも，それを批判して終わるのでもない。そうではなくて，学歴社会は「教育の機会均等」の原則と不即不離の社会現象として誕生し，それとの関係が常に問い直されてきたものだったということを明らかにすることで，読者が翻って自らの学歴意識を問い直す機会をつくりたい。さらに本章は，最後にもう1つ，学歴社会とかかわる重要な論点を用意している。「教育の機会均等」原則を阻害するかにみえる，商品としての教育，教育産業がなぜここまで広がったのかという論点である（5）。この節を加えることで，選抜・配分機能が肥大化した学校教育制度の問題点や，形式的な「教育の機会均等」の問題点が明確になるだろう。

2 学歴社会の形成

（1）産業化と学歴社会の成立

ドーア（1976）は，「追いつき追い越せ」型近代化によって遅れて産業化を開始した国々で，学歴主義がそれだけ根深く急速に進行する現象を「後発効果」と呼んだが，この特徴は日本にもあてはまる。戦前に始まる日本の学歴社会化の歴史は，天野郁夫の歴史社会学的研究によって，おおよそ次のような過程として描かれている（天野　2006：275-290 頁）。

下級武士による「革命」（＝明治維新）を経た日本では，学校教育制度は伝統的な階級構造を維持するよりも，新しいそれを創出する装置としての役割を果たした。それはヨーロッパ諸国と違って，学校が旧支配階級の身分文化と断絶する形で制度化されたためである。これにより，日本の学校教育の「正系」は，ヨーロッパで「傍系」視された，産業化の担い手である新しい中産階級のための学校で占められた。階級構造の開放性に対応して，日本の学校制度も開放的であり，その開放性が人々の上昇移動への「野心《アスピレーション》」をたえまなく「加熱《ウォームアップ》」する役割を果たした。そこでは，「業績」としての知的能力に応じた教育機会の平等化が，産業社会の担い手を効率的に育てる手段として機能するとともに，社会的に支持された教育の政策理念になった。学歴社会と「教育の機会均等」原則は，近代日本の産業化過程に産み落とされた双子だったのである。そして，学校が学力に現れた業績によって人々を評価し，また業績によって人々を競争的に選抜すればするほど，その結果として与えられる学歴（学校歴）は，社会的にも個々人の業績の象徴として認められるようになる。そしてその学歴が，産業化とともに拡大していく近代セクターと，近代的職業へのビザとなるとき，つまり教育資格＝学歴が「疑似職業資格」としての意味をもつようになるとき，そこに学歴主義が成立する。

天野は，学校教育制度を，「産業化の有機的な一部として，産業社会の基本的な制度の一つとして成立し，発展を遂げてきたもの」とみている。天野の歴史社会学的分析により，産業化の要請と，それが産み出した機会均等の理念，この2つが，学歴がものをいう社会（A）の成立にとって重要なファクターであったことがわかる。それでは，受験競争が大衆化した社会（B）はどのように生まれたのだろうか。つぎに，戦後の社会と教育に目を移そう。

(2)「教育の機会均等」原則の明文化

1946（昭和22）年11月3日，「再び戦争の惨禍が起ることのないやうにすることを決意し」（日本国憲法・前文），「国民主権」「戦争放棄」「基本的人権の尊重」が掲げられた日本国憲法が公布され，半年後の1947（昭和23）年5月3日に施行された。1947（昭和23）年3月31日には，「日本国憲法の精神に則り，教育の目的を明示して，新しい日本の教育の基本を確立する」（教育基本法・前文）ため，教育基本法（法律第25号）が公布・施行された。これにより，「すべて国民は，法の下に平等」（憲法第十四条）であるとされ，「教育を受ける権利」（憲法第二十六条）と「教育の機会均等」（教育基本法第三条）が明文化されたのである。ここでは，憲法第二十六条と教育基本法第三条（当時）を確認しておこう。

■日本国憲法（昭和21年11月3日公布，昭和22年5月3日施行）

第二十六条　すべて国民は，法律の定めるところにより，その能力に応じて，ひとしく教育を受ける権利を有する。

2　すべて国民は，法律の定めるところにより，その保護する子女に普通教育を受けさせる義務を負ふ。義務教育は，これを無償とする。

■教育基本法（昭和22年3月31日公布・施行，法律第25号）

第三条（教育の機会均等）　すべて国民は，ひとしく，その能力に応ずる教育を受ける機会を与えられなければならないものであつて，人種，信条，性別，社会的身分，経済的地位又は門地によつて，教育上差別されない。

②　国及び地方公共団体は，能力があるにもかかわらず，経済的理由によつて修学困難

な者に対して，奨学の方法を講じなければならない。

日本国憲法において，「その能力に応じて，ひとしく教育を受ける権利」と義務教育の無償が謳われ，教育基本法（昭和22年法律第25号）では，「教育の機会均等」の実現のための「国及び地方公共団体」の責任が明文化された。2006年に改正された教育基本法（平成18年法律第120号）では，さらに「国及び地方公共団体は，障害のある者が，その障害の状態に応じ，十分な教育を受けられるよう，教育上必要な支援を講じなければならない」という一文が追加されている。「教育の機会均等」原則はこのように憲法と教育基本法で明文化され，戦後一貫して掲げられてきた教育の基本理念の1つだった。

それでは，こうした理念は，戦時中の教育しか知らない子どもたちにどのように伝えられたのか。1947（昭和22）年8月2日文部省が発行し，1952年3月（昭和26年度版）まで中学校一年用の社会科の教科書として使われていた『あたらしい憲法のはなし』[1)]を一読すると，日本国憲法の理念や内容を子どもたちにわかりやすく伝えようと苦心したことが伝わってくる。そのなかには，「人間らしい生活には，必要なものが二つあります。それは『自由』ということと，『平等』ということです」（童話屋編集部編 2001：35頁）という言葉とともに，図5.1のような挿絵が挿入されていた。「教育を受ける権利」は，「自由」「平等」と深くかかわる不可欠な権利として，子どもたちに示されたのである。

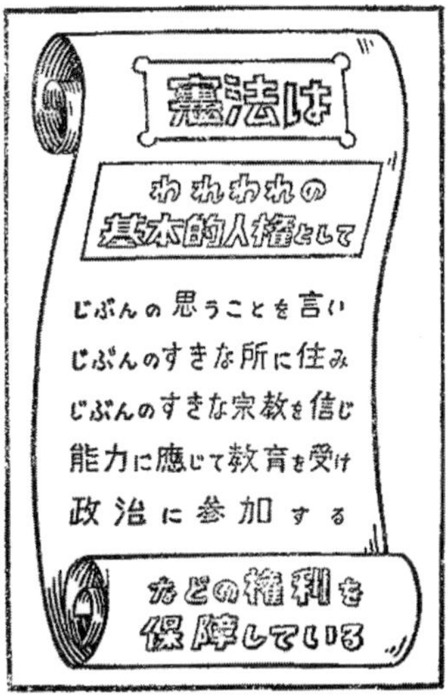

図5.1　基本的人権『あたらしい憲法のはなし』
出所：童話屋編集部編（2001）37頁

（3）教育の拡大と大衆化

「教育の機会均等」原則は，上述のように理念として掲げられただけではない。

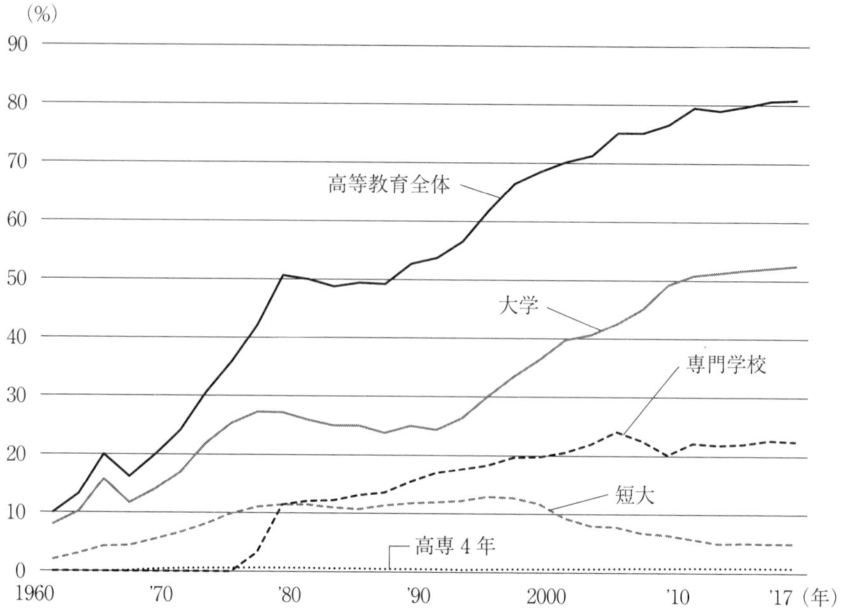

図 5.2　高等教育進学率の推移

出所：文部科学省（2018）「高等教育の将来構想に関する参考資料」より作成

1947 年の学校教育法の施行により 6・3・3 制[2)]に一元化された単線型の学校教育制度ができたことで，中等教育，続いて高等教育が，社会的にも心理的にもアクセスの容易なものになった。これにより，進学率が急速に上昇していく。1955 年に 5 割程度だった高校進学率は，右肩上がりに伸びて 1970 年代半ばには 9 割を超え，その後，現在に至るまでほぼ飽和状態にある。

いっぽう，高等教育進学率（浪人などの過年度卒も含む進学率，以下同じ）は，図 5.2 のように 1960 年には 10% 程度だったが，急速に伸び，1970 年代後半からの 10 年間は約 50% で停滞したが，再び上昇し，近年では 80% に達している。うち，4 年制大学の進学率は，8 % 程度だった 1960 年から徐々に高まり，1970 年代半ばから 1990 年代前半までは 30% 弱に抑制されていたが，その後の規制緩和により再び上昇に転じた。ただし，2009 年に 50% に達してからはほとんど変化していない。近年では 50% 強，短大を含めると 60% 弱あたりを推移している。最新の2017年度学校基本調査では，高等教育機関進学率は80.6%，大学進学率は52.6%，大学・短大進学率は57.3%である[3)]。

天野（2006）は，「いまでは学校教育制度は一つの巨大な，ハイアラーキカルな評価と選抜の機構へと成長をとげ，事実上すべてのものが十八歳まで，その内部で行われる競争的な選抜の過程に参加し，その結果与えられる学校ないし学校歴によって，それぞれの職業や組織に配分されていくようになった。産業化の過程で追い求められてきた評価と選抜の合理化—開かれた，普遍主義的で業績本位の，メリトクラティックな選抜をという理想は，制度的に見る限り，ほぼ完全に近い形で実現された」（291頁）とみている。また，苅谷（1995）は，戦後の教育拡大を支えた人々の心性に注目し，教育が量的に拡大し，多くの人々が長期間にわたって教育を受けることを望み，引き受け，「メリット（業績）」を基準とした教育的選抜の結果を正当なものとして受け入れる社会，すなわち，メリトクラシー[4)]の大衆化した社会を，「大衆教育社会」と呼んだ。その特徴は，「大衆の教育への動員，メリトクラシーの大衆化，形式的平等の追求，明確な文化的アイデンティティを持たない学歴エリートの創出，そして，教育における〈不平等〉を不問に付す平等信仰」（苅谷　1995：199頁）である。日本の学歴社会は，「学歴がものをいう社会」（A）から「受験競争が大衆化した社会」（B）へと発展してきただけでなく，BがAを循環的に正当化する仕組みを兼ね備えた，「大衆教育社会」だったのである（図5.3）。

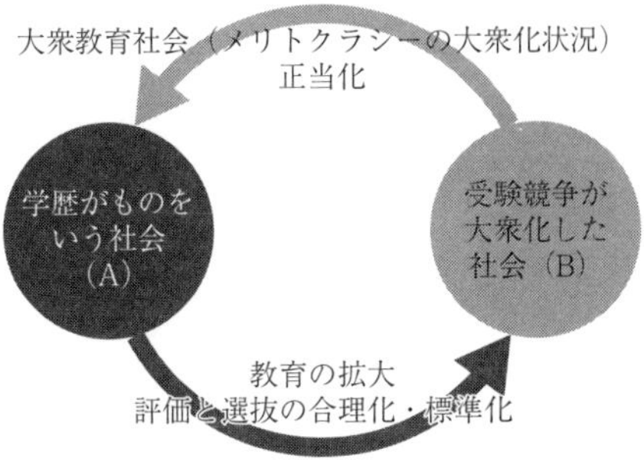

図5.3　日本の学歴社会

（4）大学進学率の停滞

以上のように，戦後の教育拡大期においては，「より高い学歴を求めて競い合う人々の欲求が戦後日本の教育をかたちづくってきた」（苅谷　1995：i頁）

といえるだろう。ただし，大学・短大進学率に関しては，高校進学率の急速な飽和化とは，様相が異なることがみえてきた。前項でみたように，2009年以降，大学・短大への進学率は60％前後で頭打ちの状態が続いている。だが，それは必ずしも，「より高い学歴を求めて競い合う人々の欲求」が競争入試で不合格になって叶えられなかったというわけではなさそうだ。なぜなら，大学・短大への志願率（現役）自体が，2010年に61.8％を記録して以来，ほぼ頭打ちの状態（2017年度の最新調査結果では61.5％）が続いているからだ[5)]。すなわち，大学志願者は大学や学部を選ばなければどこかには入れるという「大学全入時代」が，数字上はほぼ到来しているといってよい。ここにおいて，能力的に大学に入れるか入れないかという問題ではなく，そもそも大学を志願しない（あるいは志願できない）層が析出されたのである。すなわち，大学進学への門戸がどれだけ広がったとしても，「より高い学歴を求めて競い合う」欲求をもたない（あるいはもてない）人々がいるということだ。それでは，誰が大学に進学し，誰が進学しないのか。以下で検討する。

3 教育における不平等

（1）隠蔽された機会の不平等

学歴社会と「教育の機会均等」原則は，産業社会に戦前から産み落とされた双子だった。しかし，悲惨な戦争を経て，戦後の民主国家構築の理念の下で，「教育の機会均等」は，人間の「自由」や「平等」と並ぶ基本的人権の１つとして，それ自体，崇高な意味づけを与えられるようになった。しかしてそれは，優等生の兄のような存在になった。「教育の機会均等」原則は，学歴社会の前提条件であり，学歴社会を正当化する強力な根拠にもなったのである（図5.4）。

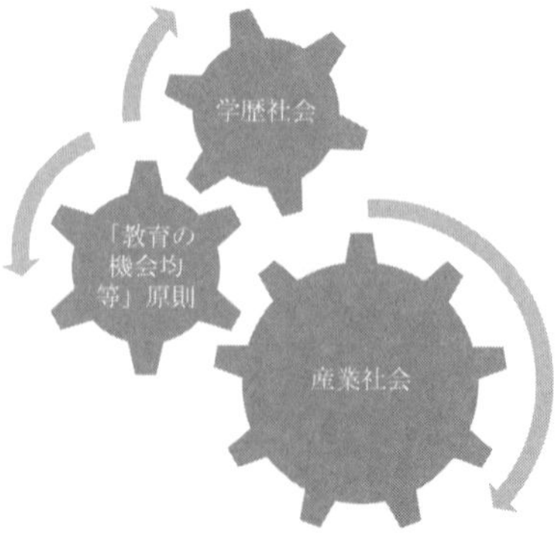

図5.4　産業化・「教育の機会均等」原則・学歴社会

いっぽうで，学歴社会は，「教育の機会均等」原則に照らしたときに常に不完全な弟であった。戦後の教育拡大を経たのちも，教育達成においても職業達成においても，階層間格差が変わらずに残っていたからだ。だが，この事実は，「教育における〈不平等〉を不問に付す平等信仰」（苅谷　1995：199 頁）により覆い隠され，世間では表立って語られることは少なく，ゆえに政策課題にもなかなかのぼってこなかった。そのかわりに，学業面での失敗は，本人の「努力」の欠如に求められ，「自己責任」とみなされる傾向が強かった（これについてはあらためて 4 （1）で言及する）。そのようななか，家庭環境によって，生徒の進学機会のみならず，児童・生徒の学力，さらには学習意欲・学習時間に関しても格差が残り，それが拡大する傾向さえあることが，経年比較可能な調査で示唆された（苅谷・志水編　2004，苅谷　2001）。

（2）誰が大学に進学するか

それでは，誰が大学に進学しやすく，誰が進学しにくいのか。橋本（2018）は，2015 年の SSM 調査データ[6)]を用いて，男性の大学進学率が父親の所属階級[7)]によって異なることを示している。図 5.5 をみると，コーホートを問わず，資本家階級と新中間階級の子どもは大学に進学しやすく，労働者階級と旧中間階級の子どもは進学しにくい。年齢別にみると，60 歳代と 50 歳代は，1970 年代前後の大学進学率が上昇しつつある時期に進学期を迎えた世代で，両者を比べると，父親の所属階級にかかわらず大学進学率が上昇した。これに対して 40 歳代と 30 歳代を比べると，階級による格差は縮小したようにみえる。しかし，20 歳代では格差が拡大し，とくに新中間階級が有利になったようにみえる。

（3）日本社会のバランス感覚

苅谷（1995）の刊行年に 18 歳だった人々は，上述の 2015 年の SSM 調査時点では 38 歳で，図 5.5 の 30 代のコーホートに入る。このことからも，1995 年は，機会の不平等はあいかわらず残っていたものの，階級による進学格差は

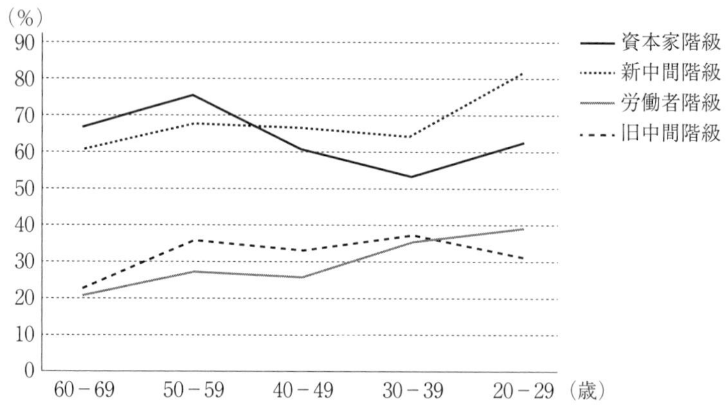

図 5.5　父親の所属階級別にみた本人の大学進学率（男性）
出所：橋本（2018）117 頁

それ以前に比べて縮小傾向にあったといえる。このことが，人々がたとえ教育機会の格差に気づいていたとしても，それほど問題化してこなかった理由の 1 つと考えられる（「格差は縮小傾向にある」ことを言い訳に）。

また，機会の不平等が問題化されてこなかった理由として，次のような解釈もある。近藤（2002：78-80 頁）は，戦後の日本社会を，「学歴主義によって教育の地位配分機能を強化してきたが，それがもたらす報酬差は比較的小さめに抑え，そのことを安全弁として機会の不平等を許容してきた」，すなわち，「機会不平等・結果平等」の社会であると分析している。それと正反対なのは，機会平等を安全弁として学歴主義による大きな報酬差を許容する，「機会平等・結果不平等」の社会であるが，両者とも，それぞれの社会に備わった「安全弁」による，一種の「バランス感覚」を読み取ることができるという。近藤の見立てによれば，機会の不平等は結果の平等によってある程度免罪されていたということが，それまでの日本社会のバランス感覚だったということになる。

しかしながら，近年，日本において「格差社会」が進行しているとすれば，日本社会は「結果平等」という安全弁を失った，「機会不平等・結果不平等」の社会になりかねない。そのような事態は，日本社会が備えていた上述のような，微妙なバランス感覚を失うおそれがある。

（4）「格差社会」の兆候

注視すべきは，図 5.5 において 20 代の若年コーホートで所属階級による進学格差が拡大していることである。とはいえ，「機会不平等・結果平等」の社会であれば，まだ問題は少ないだろう。しかし，いまの日本社会は，非正規雇用の拡大など雇用労働環境の変化や長期的な経済不況によって，むしろ「格差社会」であるという側面がクローズアップされ，問題化している。

表 5.1 は，厚生労働省が 3 年に一度実施している「国民生活基礎調査」のデータを用いて，貧困率の年次推移を示した最新データである。2015 年の貧困線（等価可処分所得[8]の中央値の半分）は 122 万円となっており，「相対的貧困率」（貧困線に満たない世帯員の割合）は 15.6%，「子どもの貧困率」（17 歳以下の人々のうち，相対的貧困状態にある人の割合）は 13.9%である。また，「子どもがいる現役世帯」（世帯主が 18 歳以上 65 歳未満で子どもがいる世帯）の世帯員の相対的貧困率は 12.9%，そのうちいわゆる「ひとり親世帯」の世帯員の相対的貧困率は 50.8%と顕著である。

相対的貧困率や子どもの貧困率は，2012〜2015 年にかけて多少改善された

表 5.1　相対的貧困率の年次推移

	1985	1988	1991	1994	1997	2000	2003	2006	2009	2012	2015
	（単位：%）										
相対的貧困率	12.0	13.2	13.5	13.8	14.6	15.3	14.9	15.7	16.0	16.1	15.6
子どもの貧困率	10.9	12.9	12.8	12.2	13.4	14.4	13.7	14.2	15.7	16.3	13.9
子どもがいる現役世帯	10.3	11.9	11.6	11.3	12.2	13.0	12.5	12.2	14.6	15.1	12.9
大人が一人	54.5	51.4	50.1	53.5	63.1	58.2	58.7	54.3	50.8	54.6	50.8
大人が二人以上	9.6	11.1	10.7	10.2	10.8	11.5	10.5	10.2	12.7	12.4	10.7
	（単位：万円）										
中　央　値（a）	216	227	270	289	297	274	260	254	250	244	245
貧　困　線（a/2）	108	114	135	144	149	137	130	127	125	122	122

注：1）1994 年の数値は，兵庫県を除いたものである。2）2015 年の数値は，熊本県を除いたものである。3）貧困率は，OECD の作成基準に基づいて算出している。4）大人とは 18 歳以上の者，子どもとは 17 歳以下の者をいい，現役世帯とは世帯主が 18 歳以上 65 歳未満の世帯をいう。5）等価可処分所得金額不詳の世帯員は除く。

出所：厚生労働省（2017）「平成 28 年国民生活基礎調査の概況」（http://www.mhlw.go.jp/toukei/saikin/hw/k-tyosa/k-tyosa16/dl/16.pdf）をもとに筆者作成

が，貧困線自体が1990年代や2000年代を下回っており，貧困層の困窮度は高いと思われる。こうした状況は今に始まったわけではないが，1970年代後半から30年近くにわたって，日本人には「一億総中流」意識が広がっているとみなされてきた。しかし，橋本（2018）の統計的分析によれば，2015年のSSM調査では，「一億総中流」意識が分解し，豊かな人々は自分たちの豊かさを，貧しい人々は自分たちの貧しさを，それぞれ明確に意識するようなってきているという（橋本　2018：28-32頁）。つまり，意識面においても，人々は格差をこれまで以上に敏感に感じ取り，自らの位置を自覚するようになったのである。

（5）学歴別就業形態

それでは，格差が拡大しているといわれる社会において，学歴はどの程度ものをいうのか。それは，業種や職種によっても異なり，必ずしも明確になっていない。ここでは，2007年と2014年の学歴別にみた就業形態に注目して確認しておくことにしよう。表5.2は，厚生労働省が公表している「就業形態の多様化に関する総合実態調査」の結果より，2007年と2014年の就業形態のちがいを男女別・最終学歴別に示したものである。

両年度とも，①男女問わず，中卒や高卒より大卒・大学院卒のほうが正社員比率が大幅に高まること，②女性の場合には，すべての学歴で正社員比率が男性の比率を大きく下回ること，は共通している。2007～2014年にかけての変化に注目すると，③正社員以外の職に就く比率が，男性の中学卒で18.5ポイント，男性の高専・短大卒で15.3ポイント，女性の高専・短大卒で6ポイント，女性の大学院修了で14.7ポイント高まり，男女の高卒，大学卒においても微増している。

近年の格差社会は，正社員のなかの給与格差や昇進格差以前に，正社員と非正社員という就業形態の格差としても現れている。しかも，身分の不安定な正社員以外の労働者（非正社員）として就業する割合が，低学歴者や女性の間で依然として高い傾向があるだけでなく，高学歴者や男性を含むほとんどの学歴

表 5.2　最終学歴別就業形態

性別	最終学歴	2007 年調査 正社員	2007 年調査 正社員以外の労働者	2007 年調査 内パートタイム労働者	2014 年調査 正社員	2014 年調査 正社員以外の労働者	2014 年調査 内パートタイム労働者
男性	中学卒	55.8	44.2	15.4	37.3	62.7	21.5
	高校卒	68.5	31.5	15.2	66.6	33.4	13.1
	専修学校（専門課程）修了	78.4	21.6	10.2	80.3	19.7	7.2
	高専・短大卒	84.6	15.4	5.4	69.3	30.7	19.5
	大学卒	87.2	12.8	3.4	83.9	16.1	4.7
	大学院修了	85.1	14.9	1.5	81.2	18.8	4.2
女性	中学卒	12.1	87.9	54.9	15.3	84.7	59.1
	高校卒	35.5	64.5	48.4	32.5	67.5	49.4
	専修学校（専門課程）修了	35.7	64.3	44.1	54.4	45.6	28.5
	高専・短大卒	50.2	49.8	35	44.2	55.8	40.5
	大学卒	69.3	30.7	11.4	66.1	33.9	17.9
	大学院修了	78.6	21.4	10.7	63.9	36.1	16.1

出所：厚生労働省「就業形態の多様化に関する総合実態調査」：政府統計ポータルサイト（e-Stat）のデータをもとに，筆者作成

層で高まりつつある。すなわち，就業形態だけみても，「全員が正社員」という高水準での「結果平等」どころか，非正規雇用が学歴を問わず広がりつつあるなかで，非正社員になるリスクが相対的に高い人々がいるという意味で，低水準での「結果不平等」が進行しているといえる。

（6）社会移動の閉鎖化と新中間階級

図 5.5 を振り返ると，大学進学率に関しては，近年，若年層の間で再び格差が拡大するとともに，新中間階級のアドバンテージが高まったようにみえる。いっぽう，職業的地位達成に関してより細かくみていくと，新中間階級が必ずしも一人勝ち状態というわけではない。橋本（2018：122-146 頁）の SSM 調査

データをもとにした分析によれば，資本家階級出身者は資本家階級になりやすくなり，新中間階級出身者と労働者階級出身者は資本家階級になりにくくなった。すなわち，普通の勤め人の子どもが企業内で出世するかあるいは独立して資本家階級になるといった移動は，かつてはある程度まで存在していたが，近年ではそうしたチャンスは閉ざされてしまった。新中間階級出身者は新中間階級にはなりやすかったが，2015年調査ではその傾向も弱まり，その分，労働者階級に下降移動する割合が高まった。すなわち，「新中間階級の地位が資本家階級や旧中間階級のように生産手段の所有という裏付けをもつものでない以上，その地位の次世代への継承は決して確実なものではない」（橋本　2018：146頁）のである。それでも，生産手段をもたない新中間階級は，親世代から子世代への下降移動をできるだけ回避するために，「いい大学からいい会社へ」という進路をあいかわらずめざすしかない状況におかれているようにみえる。

4 学歴意識の変容

（1）機会の不平等を不問に付す「大義名分」

日本の学歴社会は，「教育の機会均等」原則の下で発展してきたが，この原則に照らすと常に不完全であった。このことが長らく社会問題化してこなかったのは，3（3）で述べたように，これまでの日本社会が「機会不平等・結果平等」によって，「バランス」をとっていたことも一因であると考えられる。

さらに教育界においては，「機会の不平等」という事実，すなわち，学歴社会における不完全性を，覆い隠すような独特の論理が働いていた。それは，教育における平等信仰（生得的な能力の差異をなるべく否定し，「子どもにはだれでも無限の能力，無限の可能性がある」とみる能力＝平等観），努力主義信仰（「どれだけ努力するかが成功をおさめるうえで重要だ」という考え方），自己責任論（「自分が選んだ結果は自分で責任を負う」という考え方）であった（苅谷　1995,2001,2010）。これらはいずれも，「社会における建前としての平等と現実の不平等とを調和させるいろいろな大義名分」（ドーア　1976，訳書：xx頁）のケースと考えられる。だが，以上の３つの論理を絶妙に組み合わせた日本のそれは，失敗を個人の責任に帰すことによって現実の不平等を不問に付すという冷淡なやり方で，建前としての平等を侵すことなく，巧妙に機能してきたと思われる。

とはいえ，私たちがひとたび学校を卒業し，たとえば職場や地域社会を通して，多様な社会文化的背景をもつ人々と出会い，交流し，うまくやっていこうとするならば，以上の「大義名分」が，事実でも正義でもないと気づく瞬間があるのではないだろうか。あるいは仮に事実であったとしても，それらは他者との関係においてどれほど通用するのであろうか。自分がそうであるように，相互行為の相手にも感情や言い分があるのである。

人々が，このような「大義名分」に拠らずとも，「現実の不平等」を不問に付すことなく，「建前としての平等」と「現実の不平等」のバランスをとることを可能とする，より日常的にできる方法とは何だろうか。それは，両者の結節点にある学歴をどのようなものとして位置づけるかにかかっていると思われる。その1つとして考えられるのは，各自が取得した学歴は，「建前としての平等」を前提に決まったものであり，「現実の不平等」を勘案すると実力そのものを表しているわけではないとみる開き直りではないだろうか。以下で参照するのは，平沢（2018）の研究から，人々の学歴意識，なかでも，「学歴と実力の関係に関して一般の人々がどう評価していたか（以下，学歴意識の一側面としてとくに学歴−実力意識という）」（平沢　2018：38頁）である。

（2）学歴は実力を反映しているか

平沢（2018）によると，1995年SSM調査より，「学歴は本人の実力をかなり反映している」という質問に対する分布は，肯定が38.6%，否定が36.6%，「どちらともいえない」が24.8%と，賛否が完全に割れていた。コーホート別では男女とも若年ほど否定の比率が有意に高く，学歴別では男女とも学歴の高いほうが有意に否定的であった。とくに男性の大卒は48.7%が否定的で，肯定や「どちらともいえない」を凌駕している（図5.6）。また，以上の学歴−実力意識を従属変数にした回帰分析により，ほかの要因を統制した結果をみても，中卒者や高卒者に比べて大卒者のほうが「学歴は実力をかなり反映している」

と思っていないことが判明した。ところが，同じ質問に対する2010年SSP-P調査（格差と社会意識についての全国調査）の結果をみると，コーホート・学歴ともに，学歴－実力意識と有意な関連がみられなくなったという。

学歴－実力意識をめぐっては，「学歴は本人の実力をかなり反映している」という考えに肯定的な潮流と否定的な潮流が絶えず共存しながら渦巻いてきた。高学歴層に関しては，1995年には否定的な潮流が強かったが，1995年以降ベクトルが逆転して肯定的潮流が強まり，2010年の時点で肯定的潮流が否定的な潮流に拮抗して学歴差がなくなったというのが平沢の見立てである。

平沢は，1995年の調査時点に表れた，高学歴ほど学歴－実力意識に否定的という「不思議な現象」について，村澤（2002）の解釈を参照しながら，上位

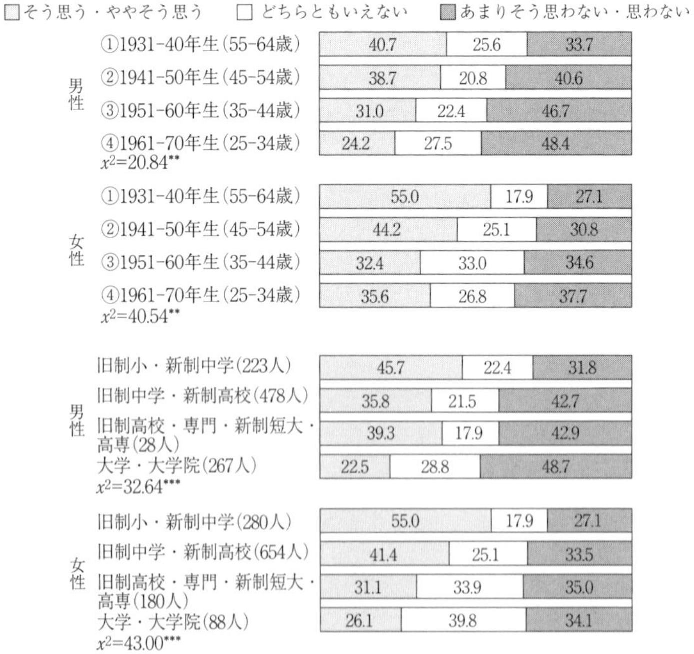

図5.6 「学歴は本人の実力をかなり反映している」に対する回答分布（1995年SSM調査）

注：数値は%，**：p＜.01，***：＜.001。

出所：平沢（2018）42頁より

階層が「学歴は実力ではない」という意思をたとえ建前であっても表明することで下位階層の心証がよくなり，今度は下位階層が上位階層へ向けてあえて「学歴は実力だ」と評価するという循環によって，階層間の緊張を緩和しているのではないかと考察した（平沢　2018：43頁）。さらに，近藤（2002）を引用しつつ，次のように解釈している。「戦後の日本社会は高等教育を受ける機会は不平等だが，学歴による報酬差は小さい『機会不平等・結果平等』を特徴」とし，「能力に基づいて地位を配分することに常に疑いの目」を向けてきた。そこに，「メリトクラシーに対するわれわれなりの知恵」が含まれていたのではないかと。そして平沢は，2010年調査の結果は，その「微妙なバランス感覚」が失われつつあるように思えてならないと問いかけた（平沢　2018：50頁）。

1995年の興味深い結果では，学歴社会において最も恩恵を受けてきたはずの高学歴者を中心に，学歴を実力とみなすことを疑うまなざしが共存していた。それは単なる高学歴者の謙遜や，下位階層への気配りあるいは「処世術」だろうか。いや，むしろ学歴が「建前としての平等」を前提に決まったものにすぎないことに気づいたうえでの実感だったのではないか。だからこそ，「機会不平等・結果平等」の社会が長らく支持されてきた。高学歴者のこのように正直で，バランスのとれた洞察によって，「建前としての平等」と「現実の不平等」の矛盾から生じる緊張関係はなだめられ，社会の多様な人々がぎすぎすせず，何とかやっていくことが可能になっていたと推測されるのである。

しかし，高学歴者の間で保たれていた学歴に対するこのような批判的まなざしはしだいに薄れ，近年では「機会均等」という原則を，それこそ文字どおり名目どおりに受け取り，学歴を実力と同一視するような傾向が強まってきている可能性がある。だとすると，高学歴者の間でかろうじて維持されていた，異なる他者を知り，尊重する態度や，社会的責任感が失われ，階級間の緊張を緩和する働きかけも期待できなくなるおそれがある。もしそうだとすると，異なる学歴の人々の間の分断がますます深まると思われる。

以上のように，人々の学歴意識の機能について仮説的に考察を進めてきた。

ここにおいて，学歴社会のなかにあって，学歴の価値を限定的に捉える見方は，学歴社会内部の階級間の決定的な分断を避ける潤滑油のような働きをしていた可能性がある。そう考えると，学歴社会のなかに，これを正当化する論理のみならず，その問題点を指摘する「学歴社会批判」が常に寄生してきたことにも，同じく大きな意味があったと考えられるのである。

5 「商品としての教育」はなぜ広がったのか

（1）「商品としての教育」とは

本節では，「学歴社会」と「教育の機会均等」原則について，「商品としての教育」という視点を新たに加えて考えよう。学歴社会は，人々の教育に対する欲望をより駆り立てる社会である。前節が指摘した学歴と実力の同一視の傾向が今後より深まるのであれば，より高い学歴や学校歴を得たいと考える人々にとって，私費を費やしてでも教育を受けたいという傾向も強まると推測される。本節では，「教育を商品として扱う」現象や価値観，概念について検討する。「商品としての教育」とは，広義ではお金と引き換えに得られる教育，すなわち購入可能な教育全般をさす。本節では，学歴社会とのかかわりで「商品としての教育」を考察することから，個人が補習や進学準備を目的に購入する教育（サービス）という狭義の定義を採用する。具体的には，塾[9)]を想定する。

読者のなかにも，通塾経験がある者も一定数いるであろう。ここではまず通塾の状況と，塾での学びについてみてみよう。表5.4は，2017年度の「全国学力・学習状況調査」において，児童・生徒に「学習塾（家庭教師を含む）で勉強をしていますか」とたずねた結果である。「商品としての教育」のニーズは，学年によって異なることが読み取れる。中3の通塾率は6割を超え，小6（46.3%）よりも高い。小6では学校の勉強より進んだ内容を勉強しているケースが多いのに対し，中3ではそれだけでなく，学校の勉強よりも進んだ内容と学校の勉強でよくわからなかった内容の「両方の内容を勉強している」ケースがさらに多い。中3は「学校の勉強」が高度になるというだけでなく，ほとんどの者が高校受験を控えているという理由があろう。塾は通塾の義務も

表5.4　学習塾（家庭教師を含む）の利用状況　(%)

	学習塾に通っていない(①)	学校の勉強より進んだ内容や，難しい内容を勉強している（②）	学校の勉強でよくわからなかった内容を勉強している(③)	②，③の両方の内容を勉強している	②，③の内容のどちらともいえない
小6	53.3	23.8	6.9	8.8	6.8
中3	38.7	20.2	8.8	28.0	4.2

出所：平成29年度「全国学力・学習状況調査」報告書，http://www.nier.go.jp/17chousakekkahoukoku/report/data/17qn.pdf

ない場でありながら，生徒にとって比較的身近な学習の場といえる。つまり，教育サービスを購入するという価値観や，それを実際に利用するという経験は，現代の児童・生徒にとって比較的ありふれたものと推測される。

（2）受験＝学歴獲得競争に勝つための戦略の提供

なぜ，「商品としての教育」としての塾が，これほどまでに広がったのか。日本社会が学歴がものをいう社会，すなわち「学歴社会」であるならば，学歴獲得競争において少しでも有利でありたいと考えるのは当然である。それは受験に臨む本人のみならず，その保護者の切なる願いでもある。いかに周囲の受験生に差をつけるか。いかに苦手分野を克服し，合格に近づくか。受験生たちは学歴社会を生き抜いていくために，学歴獲得競争で勝つための戦略を必死に求めている。3（1）で指摘されたように，学業面での失敗は，本人の「努力」の欠如で説明されてしまう。そうした捉え方を内面化するほど，学業面では少なくとも失敗はしないように鍛錬やサポートを望むことは自然なことである。その切実なニーズに，塾はフィットする。塾での指導は，第一に，受験校や過去問題に関する情報のストックをもとに行われる。塾を含む教育産業は，受験に関する情報産業といってもよいほどである。第二に，塾では生徒を受験生としてみなしてコミュニケーションをはかり，受験に向けて学習面はもとより精神面でもサポートしてくれる。こうした役割は，ある程度までは学校が担うこともできる。しかし，塾が受験情報に卓越した産業であるのに対して，必ずしもそうではない学校が，受験指導で塾に太刀打ちすることはむずかしかろう。

学校と塾には決定的なちがいがある。塾は，通塾それ自体が主目的になるとは考えづらい。何がいいたいのかというと，塾は，次なる学校段階の進学先となる学校に入るための準備として通うものであるのが一般的であるということである。塾はあくまでサブであり，学校こそが選抜・配分機能を有している。さらには，学校の教育内容を基準にして，塾がそれに従って学習内容の基本レベルや応用レベルを設定する。これらのことから，学校と塾には，主と副の構図がある。「主」である学校教育でいかに好成績をおさめるか，いかに高く評価されるかが重要であり，そのために「副」として，学校外の補習や進学準備教育のニーズが拡大しているとみることができる。

学校の選抜・配分機能に着目すれば，学校は児童・生徒にとって主戦場である。それに対して，塾は学歴獲得競争で勝つための戦略や技術を受験生に伝授し，叱咤激励もケアをも全面的にしてくれる場である。ここで重要なのは，塾は，その塾と契約した受験生個人のためにあるということである。学校教育はあくまで教育制度であり，そうそう児童・生徒個々人の希望や目的に沿った教育のあり方を認めることはむずかしい。他方，塾は「契約者」との契約に基づいて教育を提供しており，「消費者」の意向を最大限にくみ取ることができる契約関係にある。学校と塾は決して同一視できるものではなく，それぞれの児童・生徒との関係は性質の異なるものである点に注意しなければならない。

(3)「商品としての教育」と「教育の機会均等」の理念の関係

3 において，学歴社会と「教育の機会均等」原則は，産業社会に戦前から産み落とされた双子のような関係であることが指摘された。「教育の機会均等」の原則を前提として正当化される学歴獲得競争は，それが熾烈でその結果が少なからず人生を左右するものであるからこそ，「商品としての教育」に対する需要はより一層助長される。他方，「教育の機会均等」は国民の誰もがその能力に応じて平等に教育を受ける権利を有していることをさしているが，その理念に照らせば「商品としての教育」は「教育の機会均等」の理念を実現するうえでの阻害要因となる。なぜならば,「商品としての教育」を購買できるか否かは,各家庭の経済力に規定されるからである。したがって,「商品としての教育」は,実際問題として「教育機会の不均等」を前提にして成立する。

しかし,近年その前提を問題視し,「商品としての教育」の機会の均等化が試みられている。たとえば,「商品としての教育」を学校が提供する教育プログラムの一環として位置づけ,教育産業の提供する夏季講習や放課後の補習を,塾講師が学校で行うという事例である。さらに,「商品としての教育」へのアクセスが家庭の経済力によって規定されることを問題視し,塾費用の無利子貸付や塾費用の助成といった取り組みが確認される。「商品としての教育」は,「教育の機会均等」化に向けた学習支援を担うようになってきたとみることができるだろう。

ただしこれはあくまで,行政が「商品としての教育」の一部を活用するということであり,すべての「商品としての教育」が行政の範疇に入り,管理されるというわけではない。そもそも「商品」は,ほかの商品と異なる特色を打ち出しつづけなくてはならないという宿命にある。教育を商品として提供する教育産業は,少子化の影響でたとえ市場の縮小が見込まれるとしても,それでもなお新しい需要やサービスを創出するであろう。「商品としての教育」が公的な領域に片足をつっこむとしても,教育産業がその営利的性質を手放さないかぎりは,需要に応じて新しい教育サービスを創出しつづけるであろう。

なぜ「商品としての教育」が広がったのか。それは日本社会が学歴社会であり,商品としての価値を,学校教育との差異に見いだしつづけているからである。したがって,学歴社会という前提が存続し,学歴に対する信頼が揺るがないかぎり,「商品としての教育」もその価値を失うことはないと考えられる。

(4)「教育の商品化」と「商品擬制」―学校教育への概念の適用

塾などの教育商品が現実に存在する一方で,教育そのものが「あたかも商品であるかのように扱われる」という教育のあり方に対する批判的な議論もある。

今日の教育政策に通底する原理として,1980年代以降,英米でもてはやされた「新自由主義（neo-liberalism）」がある。岡本（2016：108-109頁）によれば，新自由主義は，国民の自由を促進し，有効な競争市場をつくり出すための国家の役割は重視しながらも，そのほかの国家規制を必要最低限に縮小し，個人の自由競争を通して，経済を活性化していこうとする考え方である。教育に関する規制を撤廃し，生徒や保護者の選択の自由（たとえば，学校選択制）や学校間の競争によって，学校教育を活性化する（たとえば，教育バウチャー制）という政策論議が，まさに新自由主義下の教育のあり方を体現している。新自由主義は，市場化，民営化，分権化といった議論と親和的である。佐々木（2009）は，英米，そして日本の教育改革の共通点に「教育の商品化」があると指摘する。佐々木は，商品化される対象として，学校，教職員，生徒，カリキュラム，テストが含まれると指摘する。商品化という概念が教育の諸側面に適用可能であることが示されている。

では，「教育の商品化」とはいかなる概念か。イギリスの教育学者スティーブン・ボール（2006：46頁）は，教育の商品化（commodification of education）・民営化（privatization）を，「教育の供給の様式における技術的変化ではなく，教育とは何か，それはいったい何を意味しているのか，また教育を受けるとはどういうことかということを巡る社会的文化的変化なのである」と説明する。3で検討した「教育の機会」は，親や子によって「求められる」ものであることから，ボールは学習が「売り物」になっているとも指摘する。親は子育てに対して不安感を抱く。教育産業は子育てに対する不安を少しでも解消し，親の求めている教育のニーズやサポートを提供している。また，「わが子のため」という親心から，親は新たな教育サービスを求める。したがって，教育産業は子育てに対する不安や希望を正当な根拠として，親を商業的に搾取しているといえるのである。それだけではない。ボールは，「子ども期の商品化」や，「学位は職業に交換できる商品である」という見方を提示しており，「教育の商品化」という概念を展開して，教育のあり方を批判的に見つめている。

資本主義社会と市場社会について考察しつづけた経済学者であるカール・ポランニーは，本来販売のために生産されたものではない労働，土地，貨幣を市場メカニズムに包摂し，労働市場，土地市場，貨幣市場を組織する原理を，「商品擬制」（fiction commodity）という概念で説明した。労働は，ほかの生活活動から切り離された「人間活動の別名」，土地は「自然の別名」であり，両者を市場経済に取り込むことは社会の骨組みを市場の法則に従属させることを意味する（若森　2011：150 頁）。商品擬制はポランニーが市場経済の制度的本質と呼ぶ組織原理であり，「商品擬制に適う市場メカニズムの機能を妨げかねない仕組みや行動も，存在を許されるべきではない」という「強制と排除の論理」を含んでいる。

ポランニーが「商品擬制」という概念を創出した前提条件として，資本主義社会という要因を外すことはできない。では，資本主義社会と教育はどのような関係にあるだろうか。2 でみたように，明治期以降，日本の学校教育制度が整備された。学校教育制度に期待された役割は，産業化と富国強兵に必要な人材の育成であり，生まれではなく能力による選抜機能，さらには能力に基づく職業への配分機能である。「適材適所」という言葉があるように，能力に基づく職業への人材の振り分け（配分）が，教育に期待されたのである。そして，能力の代理指標としての学歴が重視される社会は誕生した。つまり，歴史的にみれば，日本の学校制度は，学歴社会の前提にある資本主義社会という社会のあり方を支える人材育成と選抜・配分装置である。ポランニーが資本主義社会において問題視した，本来商品ではない労働や貨幣，土地などを商品として捉えるようになるという意味の「商品擬制」という概念は，学校教育を捉えるうえで，適用可能な概念ではないだろうか。それはとくに，学校教育の選抜・配分機能を捉える場合においてである。

なぜならば，学校教育は児童・生徒に対して，緩やかではあるものの市場原理を適用するという一面をもっているからである。学校は資本主義社会で働く前の段階として，児童・生徒を育成しながら，学力や勤勉さ，協調性といった各種の能力や性質を測定し，適所にふりわける選別工場のような役割を果たしている。当然，それればかりが学校教育の担う役割ではないものの，学校制度が含みもっている同世代の人間を育てつつ職業へと配分する機能は，

「評価」という言葉で人々の能力や性質を価値づけ，序列することを正当化する。

このように学校教育を「商品擬制」の概念で捉えることができるのであれば，「教育の商品化」が，1980 年代以降という時期に限定されるという捉え方も変わってくるであろう。もともと学校教育が選抜・配分機能の面で市場性を有しており，新自由主義下でそれが教育の諸側面で，より色濃く現れるようになったとみるべきであろう。ただし，もともとの学校教育の市場性は，厳格な市場原理ではなく，緩やかな市場原理の適用であるという点が特色といえる。もしも学校教育に厳格な市場原理を適用するのであれば，「落ちこぼれ」は当然のように見捨てられ，「自己責任」の一言で片付けられ，手を差し伸べてもらうこともない。現実の学校教育はそうではないだろう。しかも，学校教育の市場性に対する指摘は，学校教育の入口と出口にのみ着目した指摘であり，子どもの成長の過程や教師の実践の試行錯誤を無視しているという意味では短絡的にすぎる。そうした問題点はあるものの，ここでは，学校教育は児童・生徒の選別・配分機能という市場性を有しており，その意味において学校教育を「商品擬制」の概念で捉える可能性を説明した。

（5）誰がどのように「商品としての教育」市場を創ってきたか

本項では，「商品としての教育」として本節が着目する塾という教育商品の市場を，誰がどのように創ってきたのかについてみていきたい。1960 年代前半，すでに塾があり，複数の塾が集合して塾団体を結成し，当時の塾同士の情報交換やテスト会を行っていた（早坂　2012）。当然，塾という商品に対する需要が，塾市場の前提にあるが，より具体的にいえば需要に応えようとする塾の経営者やそのもとで働く職員たちが，塾の市場を形成してきた。

さらには，学校教育に対する批判や反目が，塾という生業をはじめる契機になった可能性がある。2017 年の本屋大賞 2 位に選ばれた小説『みかづき』は，1960 年代から現代にいたる塾の歩みと塾を営む者たちの人生を描いた物語であり，塾批判と容認の過程を，日本の教育政策の流れとともに描いている。

ここでは登場人物の赤坂千明が塾を開業する動機について語った場面を紹介しよう。千明は自身の教育体験を「昭和九年生まれの悲劇」と呼び，「国民学校」に通った6年間をふり返った。

> 一言一句の誤りも許されなかった教育勅語の暗唱。（略）神風とは科学的にどのような仕組みで発生するのかと担任にたずね，「不敬なことを」と罵られた過去（略）。何より耐えがたかったのは，それほど軍事教育を徹底していた先生方が，終戦をさかいにころりとてのひらを返したことでした。鬼畜米英打倒と叫んでいた先生が，同じ口で平和を唱えはじめた。正義の物差しをいとも簡単にすりかえたんです。学校は怖い。教育は信用ならない。当時の私は骨の髄までそれを思い知らされました。（15頁）

千明は新しい教育を担う教員を目指して大学に進学し，教員免許を取得した。しかし，「国の監視のもとではなく，もっと風通しのいい自由な土壌で，未来を担う子どもたちの知力を育てたい」（17頁），「私はかならず公教育の外に，学校よりもたしかな知力を育む第二の教育現場を築きあげてみせる」（56頁）と考え，塾経営に邁進することになる。

『みかづき』にみるように，塾は人々の教育への熱意や学校批判を反映して存在する社会的な産物として捉えられる。千明が経験した戦中戦後の学校体験は，学校教育と教師に対する不信と疑念を確たるものにするには，十分すぎるほどのものであり，それは学校外に教育の場をつくる原動力となった。

塾は，学校を映し出す鏡のような存在といえるのではないだろうか。学校制度のかかえる問題や不十分さを克服しようとして，塾という「商品としての教育」が成立したのである。それは何も，受験という学歴獲得競争において，学校が十分に対応しきれないという意味での「不十分さ」ではない。その時代や政局ごとに，社会・経済・政治の要請によって，教育のあり方が大きく揺らぎやすいという学校制度の問題や弱点という意味においてである。千明が経験した鮮烈な学校体験は，まさにその最たる事例であったと捉えることができる。

最後に，本節を総合的に考察すると，学校も塾も，市場性を有する点では根本で共通しているといえる。それは資本主義社会，学歴社会において，適切な人材配置のために，学歴による選抜・配分が重要視されていることに由来する。しかし，両者が必ずしも同一の理念や方向性を向いているわけではない。学校教育が制度として有する問題や限界について，塾はその制度の外部から教育を見つめ，塾のあり方の戦略を練るのである。塾は，公的学習支援としてその一部を活用される動向があるが，基本的には学校教育との距離をとり，学校教育と差異化をはかることで自身の価値を高めようとする。

6 私たちが学歴社会のなかで向きあうべき問題

学歴社会と「教育の機会均等」原則は，産業化の過程で産み落とされた双子だったが，学歴社会は「教育の機会均等」原則に照らしたときに常に不完全な弟として，「教育の機会均等」原則との関係が常に問い直されてきたものだった。だから，過去の日本社会は，「機会不平等・結果平等」（近藤　2002）の社会として一種のバランスをとってきたし，高学歴者の間でも学歴を実力とみなすことを疑うまなざしが共存していた。しかし，高学歴者の間で保たれていた学歴に対するこのような批判的まなざしはしだいに薄れ，近年では「機会均等」という原則を文字どおり名目どおりに受け取り，学歴を実力と同一視するような傾向が強まってきた可能性がある。だとすると，高学歴者の間でかろうじて維持されていた，異なる状況におかれた他者を知り，尊重する態度や，社会的責任感が失われ，階級間の緊張を緩和する働きかけも期待できなくなるおそれがある。

いま私たちに必要なのは，「教育の機会均等」原則の下で，教育機会が不平等であるという不都合な真実に目を向けることである。そのうえで，結果の不平等をどの程度に抑えることが，バランスの取れた社会といえるのかを検討する必要がある。不都合な真実を知ったときに，なすべきことは，教育機会の不平等をなくそうとする運動（これに意味があるのはいうまでもない）だけではない。社会のあり方をめぐる政治的判断を含む自らのまなざしの検討も，一人ひとりがより日常的にできる行動である。

とはいえ，人々の良心に訴え，利他的行動を要求しても，限界があるのも確かであろう。しかし，雇用労働環境の悪化は，必ずしも利他的に考えずとも，多くの人びとにとって望ましいものではない。学歴社会の中で最も恩恵を受けやすい新中間階級出身者も，一見，一人勝ちの状態にあるようにみえて，将来的な上昇移動のチャンスは限定的で，常に下降移動の恐怖にさらされながら，学歴獲得競争にしがみつかざるを得ない状況におかれている。こうした状況を鑑みれば，利他的であろうと，利己的であろうと，学歴を超えた連帯の必要性と可能性がみえてくるのである。

最後に，5が提示したのは，「教育の機会均等」原則を阻害するかにみえる，商品としての教育がなぜここまで広がったのかという論点である。そのなかで興味深いのは，『みかづき』の主人公のひとりである千明が塾を立ち上げた理由の１つとして，その時代や政局ごとに，社会・経済・政治の要請によって，教育のあり方が大きく揺らぎやすいという学校制度の問題や弱点について指摘したことである。ドーア（1976）は，「学校教育と称するものすべてが教育であるとは限らない。その少なからぬ部分は単なる学歴稼ぎに過ぎない。（中略）しかもその学歴稼ぎの内容たるや，単なる学歴稼ぎ以外の何ものでもない場合のほうが多い―形式的，冗長で，不安と退屈に満ち，探求心と想像力を窒息させる，要するに反教育的なのだ」（訳書：xviii 頁）と国を超えて指摘している。学校の選抜・配分機能が肥大化し，学校が学歴稼ぎの場と化した場合，何をなぜ学ぶのかという，本来の意味での教育の重要課題が，現場の教師にとっても児童・生徒にとっても二の次になる傾向は否定できない。そうなれば，教育の内容がその時々の社会・経済・政治の要請によって容易に左右されても，それに従うだけになるだろう。

ドーアは，「学校にこの社会的選別の機能と教育の機能との一人二役を負わせたままにしておいて，選別機能が教育機能を圧倒することを防げると信じている点で教育改革者の考えが甘すぎる」（訳書：xix 頁）と喝破したが，学校が

２つの機能を放り出すことはむずかしい。それならば，児童・生徒の意識が学歴稼ぎにあったとしても，何をなぜ学ぶのかという教育の内容に対する関心を喚起し，「単なる学歴稼ぎ」以上のなにものかを伝えられないものか。学校の教育機能の真骨頂は，学歴社会のなかで，あえてこうした問題と向き合うなかで発揮されると思われる。

深い学びのための課題

1．なぜ，あなたは現在の進路や進学先を選択したのか。その選択にあたり，学歴を獲得する重要性について，どれくらい意識していたか。本章が示したデータや概念をもとに，あなた自身の学歴や学歴社会に対する意識を問い直してみよう。

2．友人や家族，先生など，周囲の人々にインタビューを行い，学歴に対する意識の共通点と相違点をまとめ，学歴や学歴社会の捉え方について考察しよう。

注

1）本章が参照したのは，童話屋編集部編（2001）による復刊本である。これは，実業教科書株式会社が1947年8月2日同日翻刻発行したものを底本としている。

2）6・3・3制，6・3・3・4制の学校教育制度は，小学校6年，中学校3年，高等学校3年，（大学4年）の学校制度をさす。1947年4月学校教育法の施行により，新制中学校は同年から，新制高等学校は翌48年から，新制大学は49年から発足した。教育の機会均等の理念に基づいて，中学校（前期中等教育）をすべての国民に開放し，また全国民が共通に単線型の教育制度の下で学ぶことになった。

3）文部科学省「平成29年度学校基本調査（確定値）の公表について」（2017年12月22日報道発表）http://www.mext.go.jp/component/b_menu/other/__icsFiles/afieldfile/2018/02/05/1388639_1.pdf（※本章参照のURLはすべて2018年6月最終閲覧）

4）メリトクラシーとは，ヤング（1958）の造語で，能力と努力の結果であるメリット（業績）を基準に，社会的な地位が決まる仕組みのことである。学歴をメリットの指標として重視すると，学歴社会になる。

5）注3と同じ。

6）SSM調査（社会階層と社会移動全国調査）は，階級・階層研究を専門とする社会学者の研究グループにより，1955年から10年ごとに行われ，最新調査は2015年に実施された。調査対象者の年齢は，2005年までが20歳から69歳，2015年が20歳から79歳である。（橋本2018：13頁）。

7）橋本（2018）は，現代の日本社会は，もはや「格差社会」などという「生ぬるい言葉」ではなく，「階級社会」としての性格を強めていると分析している。階級社会とは，「収入や生活程度，その生活の仕方や意識などの違いによって分け隔てられた，いくつかの種類の人々の集まり」であり，各階級差が大きく，固定化され，それが次世代へ継承されていくような社会のことをさす。橋本（2018：62-63頁）によれば，現代社会の四階級は次のようになる。資本家階級は企業の経営者や役員からなる。新中間階級は被雇用者のうちの，専門職と管理職そして管理職に連なるキャリアをもつ上級事務職からなる。そのほかの被雇用者が労働者階級だが，近年では労働者階級内で正規労働者と非正規労働者の格差が大きくなり，新たな分断線が生まれている。旧中間階級は，商工サービス業や農業の自営業主と家族従業者である。詳細な階級分類については，橋本（同上：66-67頁）を参照。

8）その世帯が自由に使える所得を世帯人員の平方根で割った値。

9）結城・佐藤・橋迫（1987：5-10頁）によれば，塾教育の特性は，①私教育，②私教育の自由・営業の自由の享有，③契約の自由原則の支配（自由競争と選択の自由），④焦点化された教育目標，⑤学校教育の補償，⑥学校との同時所属である。

引用・参考文献

天野郁夫（2006）『教育と選抜の社会史』筑摩書房（※初出は『教育大全集』（第五巻，1982年，第一法規）

岡本徹（2016）「教育政策と教育行政制度」岡本徹・佐々木司『現代の教育制度と経営』ミネルヴァ書房，104-125頁

苅谷剛彦（1995）『大衆教育社会のゆくえ』中央公論新社

――（2001）『階層化日本と教育危機－不平等再生産から意欲格差社会へ』有信堂

――（2010）「『学歴社会』の変貌と『格差』」苅谷剛彦・濱名陽子・木村涼子・酒井朗『教育の社会学［新版］〈常識〉の問い方，見直し方』有斐閣

苅谷剛彦・志水宏吉編（2004）『学力の社会学』岩波書店

吉川徹『学歴分断社会』筑摩書房

近藤博之編（2000）『日本の階層システム3　戦後日本の教育社会』東京大学出版会

近藤博之（2002）「学歴主義と階層流動性」原純輔編『流動化と社会格差』ミネルヴァ書房

佐々木賢（2009）『商品化された教育』青土社

童話屋編集部編（2001）『復刊　あたらしい憲法のはなし』（※実業教科書株式会社が1947（昭和22）年8月2日に発行したものを底本としている）

橋本健二（2018）『新・日本の階級社会』講談社

早坂めぐみ（2012）「草創期における塾団体の展開過程分析」東京学芸大学大学院連合学校教育学研究科『学校教育学研究論集』第26集，1-12頁

平沢和司（2018）「能力観は変化したか―学歴―実力意識からみるメリトクラシー」日本教育社会学会編　稲垣恭子・内田良責任編集『教育社会学のフロンティア2　変容する社会と教育のゆくえ』

村澤昌崇（2000）「学歴・階層の関連構造と学歴意識―1995年SSM調査データを用いた一試行」広島大学高等教育研究開発センター『大学論集』30巻

森絵都（2016）『みかづき』集英社

文部科学省（2018）「高等教育の将来構想に関する参考資料」（http://www.mext.go.jp/b_menu/shingi/chukyo/chukyo4/042/siryo/__icsFiles/afieldfile/2018/02/23/1401754_07.pdf）

結城忠・佐藤全・橋迫和幸（1987）『学習塾』ぎょうせい

若森みどり（2011）『カール・ポランニー』NTT出版

Michael Young（1958）*The Rise of the Meritocracy*, Thames&Hudson Ltd.（窪田鎮夫・山元卯一郎訳（1982）『メリトクラシー』至誠堂）

Ronald P. Dore（1976）*The Diploma Disease*, George Allen & Unwin Ltd.（松居弘道訳（2008）『学歴社会―新しい文明病』岩波書店，＊初出翻訳は1978年に岩波現代選書の一冊として岩波書店から刊行）

Stephen Ball（2006）“The Commodification of Education in England: towards a new form of social relations”（石黒万里子訳「イングランドにおける教育の商品化：社会関係の新しい形式に向けて」）日英教育学会『日英教育研究フォーラム』第10号，45-63頁

第6章 いじめ・登校拒否・不登校と子どもの〈学習・発達する権利〉

今日，子ども・青年のあいだでの登校拒否・不登校，いじめ，校内暴力（「荒れ」），高校中退，自死，ひきこもりなどが社会的な問題となっている。

このような問題の背景には，国連子どもの権利委員会がたびたび指摘しているような，「高度に競争的な学校環境」の問題や貧困などをめぐる問題に集中的に現れている新自由主義社会をめぐる問題があることはほぼ周知の事実だろう。

本章では，上記の子ども・青年をめぐる問題のなかで，いじめと登校拒否・不登校をめぐる問題を取り扱う。その理由は，この２つの問題が，1970年代半ば以降社会問題化し，いじめ問題が，その後の４度の社会問題化を経たあと，2013年６月に「いじめ防止対策推進法」として法制化されたこと。また，登校拒否・不登校については，1974年以降その数が増えつづけ，文部科学省（以下，文科省）サイドの４度の「協力者会議」などの報告のあと，これまた，2016年12月に「教育機会確保法」として法制化されたことによる。すなわち，２つの問題とも，法で対応しなければならないほど問題が深刻になっているということである。

したがって，本章の理論的課題としては，第一にいじめと登校拒否・不登校をめぐる戦後の歴史を振り返ること，そして，第二に，いじめと登校拒否・不登校をめぐる２つの法律の評価を明らかにすること，さらに，最後に，いじめと登校拒否・不登校を克服するうえで鍵になる課題＝概念である子どもの自己肯定感をどう恢復したらよいかを明らかにすることなどがあげられる。

1 いじめ問題と「いじめ防止対策推進法」

いじめは戦前からもある，あるいは世界のどの国でもみられる現象である。日本においては，いじめの日常化に伴い，いじめ自死は1970年代半ば以降起こりはじめ，1980年代半ば以降4度社会問題化した。そして，4度のいじめ社会問題化のあと，2013年に「いじめ防止対策推進法」（以下，「いじめ防対法」）が成立・施行された。

筆者は，これまでいくつかの著書・論文において[1)]，日本のいじめ問題について，①いじめ問題は，なぜ1970年代半ば以降に顕著になってきたのか，②4度のいじめ社会問題化の特徴と，文科省のいじめ概念の変化，③なぜ，いじめが思春期に集中して起こるのか，④なぜ，少なくない子どもたちがいじめで自死してしまうのか，⑤「いじめ防対法」をどう評価したらよいか，⑥いじめ発生の原因と克服の道すじ・課題は何かなどの点について追究してきた。

本節では，まず，戦後の4度のいじめの社会問題化の特徴と，文科省のいじめ概念の変遷を追い，つぎに，「いじめ防対法」の評価とその後の文科省の施策の特徴と問題点を明らかにし，最後に，今後考えるべきいじめに関する理論的課題についてふれたい。

（1）戦後4度のいじめの社会問題化の特徴と文科省のいじめ定義の変化

戦後4度にわたり，いじめが社会問題化した。しかし，これは，その度にいじめが急に増えたとか，社会問題化しないときは，いじめが沈静化したという意味ではない。

いじめは，1960年代から社会問題化し，1970年代半ばとりわけ1980年代以降日常化していたし，近年においては，小学校4年生から中学校3年生までの6年間で約9割の子どもがいじめ―いじめられ体験をしていることも明らかにされている[2)]。

ここでは，戦後とりわけ1980年代以降特徴的ないじめ自死事件によって社会問題化した4度のその特徴と文科省の対応・いじめ規定の変化などについて明らかにしたい。

①第一の社会問題化の時期（1980 年代半ば）

1986 年には，東京都中野区富士見中学校 2 年の鹿川裕史君のいじめ自死事件などが起こり一挙に社会問題化する。

そして，1985 年から当時の文部省はいじめの発生件数（のちに 2009 年からは認知件数と名称変更）を調査しはじめる。このときの文部省のいじめの定義は次のようなものだった。

①自分より弱いものに対して一方的に，②身体的，心理的攻撃を継続的に加え，③相手が深刻な苦痛を感じているものであって，学校が事実を確認している。

この定義は，基本的な点で大きな問題点をもっていた。問題点の第一は，「学校が事実を確認しているもの」とした点である。いじめは，普通教師の見えないところで行われるものであり，同時にいじめる側も，いじめている事実を否認する場合がほとんどであると考えられるからである。第二に，いじめを「自分より弱いものに対して」とした点である。先にふれたように，いじめ日常化のなかでは，いじめは相手が弱かろうが強かろうがまわりの目立つ（＝ムカつく）子どもに対して行われるのが普通だからである。

②第二の社会問題化の時期（1990 年代半ば）

1994 年には，愛知県西尾市東部中学校 2 年の大河内清輝君のいじめ自死事件などが起こり，社会問題化する。この時期では，とくに大河内清輝君のいじめ自死事件が，長文の遺書が残されたこともあり有名である。

この時期の，文部省のいじめ定義は，次のようなものであった。

①自分より弱いものに対して一方的に，②身体的・心理的な攻撃を継続的に加え，③相手が深刻な苦痛を感じているもの，なお，起こった場所は学校の内外を問わない

この定義は，「学校としてその事実を確認しているもの」という文章をはずした点で一歩前進といえよう。しかし，「弱いもの」という規定を残している点，あるいは，「一方的に」「継続的に」「深刻な」という言葉が残っている点で大きな問題点をもっていた。というのは，教師や学校がいじめを認知する上

で，これらの言葉が桎梏《しっこく》となり，いじめと認定されない事態が生まれたからである。たとえば，子どもがいじめだから苦しい，助けてと教師に訴えても，そのことに対して，教師によってそれは，一度のいじめで「継続的に」行われたものではない，あるいは，「深刻な」ものではないからいじめではないと認定される余地を残しているからである。

③第三の社会問題化の時期（2007 年前後）

2006 年には福岡県筑前町町立三輪中学校 2 年森啓祐君のいじめ自死事件などがあり，戦後 3 度目のいじめの社会問題化を迎えた。

この時期の文科省のいじめ定義は，以下のようなものに変化した。

> ①一定の人間関係のある者から，②心理的・物理的な攻撃を受けたことにより，③精神的な苦痛を感じているもの，なお，起こった場所は学校の内外を問わない

この定義は，第二の社会問題化のときにあった定義のうち，「一方的に」「継続的に」「深刻な」という言葉を削除している点で，一歩前進である。

しかし，この定義では，いじめ概念が拡散し，場合によってはけんかやトラブルさえもいじめと認知される可能性が生まれるという弱点をもっていた。また，いじめによる苦痛を精神的なものに限定している点が議論を呼ぶ点である。

④第四の社会問題化（2010 年頃から）

2011 年の滋賀県大津市立皇子山中学校 2 年の A 君のいじめ自死事件が最も社会的関心を呼び第四の社会問題化をむかえた。

このようななかで，政府・文科省は本格的にいじめ対策に取り組む。そして，2013 年 6 月に，「いじめ防対法」が成立する。この法の，批判的検討は次項で行うとして，この法のいじめ定義を紹介しておきたい。

> この法律において「いじめ」とは，児童等に対して，当該児童等が在籍する学校に在籍している等当該児童等との一定の人間関係にある他の児童等が行う心理的又は物理的な影響を与える行為（インターネットを通じて行われるものを含む。）であって，当該行為の対象となった児童等が心身の苦痛を感じているものをいう。（第 2 条）

この定義では，いじめを受けている子どもの視点でいじめを認定している点，

あるいは，世界各地でも起こっているインターネットいじめを含んでいる点などで前進面もみられる。

しかし，この定義では，相手に影響を与える行為すべてがいじめと認定されてしまうのかなどの問題点をもっている。

ちなみに，さまざまないじめ定義を批判的に検討したうえでの私のいじめ定義は以下のようなものである[3)]。

> いじめとは，子どもの同一集団内の相互作用過程において優位に立つ一方が意識的，あるいは集合的に他方に対して，精神的・肉体的苦痛を与える（インターネットを通じて行われるものを含む）人権侵害行為である。

この定義では，第一に「優位に立つ一方が」として，いじめとけんかやトラブルを分ける基準を明確にしている点，人間として許されない行為であるとする性格付けを明確にしている点が特徴である。この，いじめは人権侵害行為であるとし，この，いじめは人権侵害行為であるという言葉はとても大切だと思われる。この言葉を，子どもたちがきちんと自分の認識のなかに入れ込むには，子どもたち自身の人権が尊重されているという実感をもつことが不可欠である。自分の人権が尊重されているという実感をもてない人間には，他人の人権を真に尊重するという認識が生まれるはずがないからである。

（2）「いじめ防対法」と政府・文科省のその後の施策の特徴と問題点

①「いじめ防対法」の特徴と問題点

「いじめ防対法」の特徴は，以下の6点にまとめられよう。

第一に，2で述べる「教育機会確保法」とは異なり「いじめの定義」を明確に行っていることである。なお，この定義の特徴と問題点はすでに述べた。

第二に，第4条で「いじめ禁止」として「児童等は，いじめを行ってはならない」とうたい，いじめの背後にあるさまざまな問題やいじめを生み出す構造の考察ぬきに，「いじめ禁止」を唐突に明言したことである。

第三に，いじめ防止の基本的施策として，第15条第1項で「全ての教育活動を通じた道徳教育及び体験活動等の充実を図らなければならない」として，道徳教育の充実をうたっている。「児童等の豊かな情操と道徳心を培い，心の通いあう対人交流の能力の素地を養うことがいじめの防止に資することを踏まえ」道徳教育をするというのだ（この点が，その後の道徳教育教科化に通じる）。ここではいじめ問題の原因を，いじめの加害者（ないしその家庭）の心ないし道徳の問題に矮小化している。

いじめは，規範意識が弱いからあるいは道徳教育が不十分だから起こるのだろうか，決してそんなことはない。じつは，いじめを生み出す背景に，子どもの生活のあり方の構造的な問題や今日の学校のあり方などがあることはほぼ周知の事実である。

国連子ども権利委員会では，第3回最終所見においても，わが国の「高度に競争的な学校環境が就学年齢層の子ども間のいじめ，精神障がい，不登校・登校拒否，高校中退及び自死を助長している可能性があることも，懸念する」（2010年6月）と明確に述べている。また，国立教育政策研究所のいじめ研究・調査においても，いじめの背景にある過度のストレスを生む原因には，「人に負けたくないという過度の競争意識」があることを明らかにしている。

第四に，いじめられた子やその保護者への「支援」といじめる子に対する「指導」と対応を明確に区別している点である（第23条）。この点は，日弁連などは，いじめる子にも「支援」が必要であると批判している。ここでは，いじめ問題をいじめる側vsいじめられる側という二項対立図式で描き，しかも，大人の観点でしか対応を考えていない，子ども不在の法である点がみてとれる。

第五に，とくにいじめが犯罪行為として認定されたとき警察との連携を重視している点と，いじめた子の「出席停止制度の適切な運用等」（第26条）をうたっていることである。いじめる子ども自身が過去にいじめられた経験をもつ子が少なくなく，いじめの連鎖を考えたときに，いじめる子が真に人間的な反省と更生を考えたとき，このような「厳罰主義」で臨むことは批判されるべきである。

以上，「いじめ防対法」は，いじめが起こる原因究明に基づく根本的な対策抜きに，すべて上から目線で，大人の視点で「いじめを禁止」し，基本的に道徳主義的対策といじめた子への厳しい対応＝「厳罰主義」を基本的性格にしているという大きな問題点をもっているといえよう。

②政府・文科省のいじめ施策の特徴と問題点

「いじめ防対法」以降の文科省のいじめ防止対策は，以下のとおりである。

ⅰ）道徳の「教科化」

文科省は，小学校 2018 年度，中学校 2019 年度より「特別の教科 道徳」を全面実施（詳しい検討は，本シリーズ第 8 巻参照）。

ⅱ）さまざまな通知等を次々に発出

文科省は，「いじめ防対法」以降，さまざまな通知の発出などを行ってきた。しかし，「いじめ防対法」以降だけでも，全国でいじめ自死が 70 件以上発生していることをみても，これらの通知などは「焼け石に水」であり，いじめ解決にほとんど役立っていない。

ⅲ）国立教育政策研究所のいじめ調査研究について

この間，ある程度長期にわたって，とくに「いじめ防対法」成立以降，精力的にいじめ問題に関して調査研究を行ってきたのは国立教育政策研究所である。研究所は，多くの調査とその調査に基づくリーフレットなどを出している。ここでは，その成果に批判的に学び，2 つの点についてふれたい。

ア）いじめ追跡調査「2013～2015」（2016 年 5 月）

いじめ追跡調査「2013～2015」では，同じ小学生 4 年生～中学 3 年生児童生徒のおよそ 9 割がいじめ被害・加害を経験していることが明らかになった。

これは，1980 年代半ば以降，「いじめの日常化」が存在することいわれてきたが，その事態がますます進んでいることになる。

イ）いじめを起こす原因をめぐって

いじめ問題を解決するためには，子どもたちがなぜいじめたくなるのか，その原因を追及することが大切である。これまで，文科省のいじめ対策（登校拒否・不登校問題も）に多大な影響を与えてきた森田洋司は「私事化論」で説明している[4)]。

また，国連子どもの権利委員会は，日本に対する勧告でたびたび「高度に競争的な学校環境」をその原因としてあげている。研究所では，ようやくいじめを起こすうえでのストレスの問題に注目し，「児童生徒にストレスをもたらす最大のストレッサーは，友人関係にまつわる嫌なできごと，次いで人に負けたくないと言う過度の競争意識であり，勉強にまつわる嫌なできごとが続」くと述べている。

そして，このストレスを解消していくためには，すなわち過度な競争的価値観や「不機嫌怒りストレス」を緩和するためには，授業や行事のなかでどの児童・生徒も落ち着ける場所をつくりだす“居場所づくり”“絆づくり”が大切だとする。

また，とくに“魅力ある学校づくり”が大切だとし，そのためには「規律」「学力」「自己有用感」が要であるとしている。この3つは，「きちんと授業に参加し，基礎的な学力を身につけ，認められていると言う実感を持った子ども」にすることだとしている。

ここでは，いじめの背景にある「過度の競争意識」に基づくストレスについて注目はしているが，この「過度の競争意識」を生み出す根源にはまったく目を向けていない，したがって，対策も一時的なその場しのぎのものになっている。

2 登校拒否・不登校問題と教育機会確保法

現在，文科省が集約した小中学校に在籍する登校拒否・不登校の児童・生徒数は，約13万4400人にのぼる。また，年間30日以上学校に来ていない長期欠席の児童・生徒は，約21万人存在する（2016年度）。さらに2015年度中に自殺した中学生の数は100人を越える。これらの数は，現在の教育政策と学校のあり方そして子どもと家族をめぐる社会状況を映し出すものだが，その真摯な分析に基づく政策の転換を避けてこれまでのような対症療法的な対応を続けるかぎり，事態が解決に向かうことはおそらく不可能だといっても過言ではないと思われる。

ここでは，2016年に成立した「教育機会確保法」について，登校拒否・不登校問題の歴史の検討（縦の軸）と教育再生実行会議提言，「不登校に関する調査研究協力者会議」（最終報告）等の検討（横の軸）をふまえ，法の中身に詳しく立ち入って批判的に検討したい。

（1）戦後70年のなかで法をみる

敗戦の直後には，主に貧困を原因として約100万人もの長期欠席の児童・生徒が存在した。それとは質の異なる児童・生徒の新たな長期欠席が出現し，学校恐怖症として主に精神医学のなかで問題になり始めたのは1950年代末のことだった。やがて登校拒否として認識された児童・生徒数の調査が始まったが，調査を始めた1966～1973年にかけては減りつづけ，1974年には最低の数となっていた。そして，登校拒否・不登校の児童・生徒数は1974年の約1万人から一貫して増えつづけ，2001年には約14万人へと急増した。また，2002～2012年にかけては，ほぼ高止まりの状況が続き，その後2013，2014，2015年と3年連続して増えて今日に至っている。

このようななかで，文科省はまず1983年に「生徒の健全育成をめぐる諸問題―登校拒否問題を中心に―」を出し，次いで1992年には「学校不適応対策調査協力者会議」の報告，そして2003年には「不登校問題に関する調査研究協力者会議」の「今後の不登校への在り方について（報告）」，さらに，2016年には「不登校児童生徒への支援に関する最終報告――人一人の多様な課題に対応した切れ目のない組織的な支援の推進―」を出し，各教育委員会と学校を通じて対応を進めてきた。

これらの報告などの詳しい批判的分析は，前島（2016）を参照されたいが[5)]，いくつかの報告を出し，対策をしてもいっこうに登校拒否が減らないのは，登校拒否の原因分析やそれに基づく対策に根本的な問題があったからに他ならない。

（2）「教育機会確保法」の問題点

法は，全体として第１～５章（第１～21条）と附則，また，衆参両院における９つの事項の附帯決議から成り立っている。

ここでは，法や付帯決議あるいは，審議過程，さらには，法について論じた論文を精査し，いくつかの特徴と問題点について述べたいと思う。

①「不登校」の定義における概念の混乱―「不登校児童生徒」を定義する誤り―

法は，「不登校児童生徒」を定義して次のように述べている。

> 相当の期間学校を欠席する児童生徒であって，学校における集団の生活に関する心理的な負担その他の事由のために就学が困難である状況として文部科学大臣が定める状況にあると認められるものをいう。（第二条，第三項）

周知のように「いじめ防止対策推進法」は「いじめ」の概念規定を行ったが，「いじめられる子」は定義されていない。それを定義すること自体がまちがっているからである。その意味でこの法が「不登校」の定義を行わず，「不登校児童生徒」を定義していることは明らかな誤りであり，条文における概念の混乱と言わざるをえない。つまり登校拒否・不登校は1992年報告が述べているように，「どの子にも起こり得る」問題なのである。それにもかかわらず「不登校児童生徒」の概念が規定されることで，一般の子どもから区別された「いじめられる子」がいるかのような混乱が，登校拒否・不登校の児童・生徒に対する指導の現場に引き起こされる可能性がある。

そうした意味で，法が規定する「不登校児童生徒」定義によって起きている深刻な問題点を以下に列挙する。

第一に，この定義は「学校における集団の生活に関する心理的な負担」を登校拒否・不登校児童・生徒の第一の要因としてあげ，原因を子どもに求めている。国連の子どもの権利委員会の第三回最終所見は「高度に競争主義的な学校環境が，子ども間のいじめ不登校・登校拒否」などを生んでいると指摘している。それは登校拒否・不登校問題の焦点が一般の子どもたちのなかに「なぜ

『学校における集団の生活に関する心理的な負担』が生まれるのか」にこそあることを示しており，子どもの側に原因を求める見解とは一線を画すべきであることを示しているといえる。

ちなみに1992年報告でも，「学校生活上の問題に起因して不登校になることがしばしば見られること」を指摘しており，登校拒否・不登校の原因を「学校における集団の生活に関する心理的な負担」を感じる特別な子どもに求めてはいない。法は文科省が蓄積してきたこの知見の内容とも矛盾していることになる。

第二は，「相当の期間学校を欠席する」ことを登校拒否・不登校児童・生徒の要因にあげていることである。「学校における集団の生活に関する心理的な負担」を感じるほどに競争と管理の厳しさが増しているなかで，心身の健康を維持するために自ら「相当の期間学校を欠席する」ことを，子どもの権利条約では「休養の権利」としてすべての子どもに保証すべき権利の1つに掲げている。

ところが「相当の期間学校を欠席する」児童・生徒が約21万人もいる現状を，学校のあり方を問う児童・生徒からのシグナル（意見表明）として問題にするのではなく，ほかの児童・生徒から不登校児童・生徒を区別する要因として概念化しているのだから，国際的常識から遠く離れた法であるといわなければならない。

そして第三は，「文部科学大臣が定める状況にあると認められるもの」を登校拒否・不登校児童生徒の要因としてあげていることである。しかも「文部科学大臣が定める状況」にあることを根拠に登校拒否・不登校児童・生徒を特殊な子どもと見なし，その児童・生徒に対する対策として別立ての教育を準備することにしているわけだから，文科大臣が定める基準によって児童・生徒のなかに区別をもち込み，排除することを法的に認めることになる。

②学校制度の複線化，年齢主義から課程主義（修得主義）へと導く法の理念

法は，〈基本理念〉を述べた第3条の四で次のように述べる。

四　義務教育の段階における普通教育に相当する教育を十分に受けていない者の意思を十分に尊重しつつ，その年齢又は国籍その他の置かれている事情にかかわりなく，その能力に応じた教育を受ける機会が確保されるようにするとともに…

この理念の「年齢又は国籍に関わりなく」という部分と，「その能力に応じた教育を受ける機会」という部分が問題になる。ここでは，まず後者の部分について検討しよう。

安倍首相は，2017年1月20日の施政方針演説で次のように述べている。

「先般成立した教育機会確保法を踏まえ，フリースクールの子どもたちへの支援を拡充し，いじめや発達障害などの様々な事情で不登校となっている子どもたちが，自信を持って学んでいける環境を整えます。
　実践的な職業教育を行う専門職大学を創設します。選択肢を広げることでこれまでの単線的，画一的な教育制度を変革します。」

以上この施政方針演説では，第一に，フリースクールへの支援，第二に，いじめや発達障がいなどのさまざまな事情で登校拒否・不登校となっている子どもたちが自信をもって学んでいける環境を整えること，そして，第三に，単線的，「画一的」な教育制度を変革すること，とまとめることができよう。

ここでは，第三の，「教育制度を変革」することについてまず検討する。

教育法学者の谷口聡は，「第2次安倍政権の教育再生実行政策において，フリースクール等の法制化が主要な検討課題になった要因には，学校の民営化という側面を有しつつ，これとは異なる目的が加わっていると考えられる」としたあと，その「異なる目的」とは，「教育再生実行会議第五次提言は，この実践的な職業教育を行う新たな高等教育機関の制度化を含め，幼児期から高等教育に至る学制改革の全般的な再編を提言したが，それは「能力に応じた教育」という原理に基づいて教育制度を再編することを志向している」[6)]と述べている。

「能力に応じた教育」，あるいは，「能力主義教育」は，戦後とくに1960年代以降，財界・政府によって唱えられ，主に教育制度の複線化がねらわれ一部実現してきた。

今日，フリースクールの制度化とともにこの「教育制度の変革」＝教育制度の本格的複線化が唱えられていることは，喜多明人らの唱える「多様な学び保障法を実現する会」の運動の理念＝学校教育法一条校に並ぶ「多様な学びの場」をつくることを，この「教育制度の複線化」の路線に利用する意図があるといえる。

また，「能力に応じた教育」が進めば，上層の教育を受けた層と，中層または下層の教育を差別的に受けた層との格差は当然広がる。そして，国民には徐々に不満がたまることになる。その不満をそらす意味で，政府は次のような施策を考えている。

それは，政府の「一億総活躍国民会議」の「ニッポン一億総活躍プラン」(2016年6月2日）にもみられる。

また，フリースクールの制度化をどう考えたらよいだろう。文科省の調査によれば[7)]，フリースクールは全国に474校あり，そこに4196人の子どもが在籍している（高校段階を含めると7011人)。

フリースクールで学ぶ子どもたちは，「長期欠席」の子どもたち約21万人の約2％である。たしかに，フリースクールへの財政的支援は喫緊の課題だ。しかし，安倍首相がにわかにフリースクール等への支援を言い出したのは，「多様な学び保障法を実現する会」（共同代表：奥地圭子ら）が，学校教育法1条校に並ぶ「多様な学びの場」を要求してきたのと軌を一にしているようだ。

もし，フリースクールの支援と教育制度の改革＝複線型学校制度の実現あるいは，フリースクールの公教育化が可能になるとどのような問題が生じるだろうか。

まず，第一に，小学校入学段階で，既存の小学校を選ぶかあるいはフリースクール等の「オルタナティブ教育」を選ぶかの選択を保護者や子どもに求めるようになるということだ。場合によっては，この選択は入学試験をめぐる激しい競争を生む可能性もある。このことは，義務教育が果たしてきた教育の機会均等を歪め，制度による不利益が親の選択の責任に転化される危険性をもたらす。

第二に，このことによって全国に500近く存在するフリースクールの二分化が生じるだろう。文科省調査によると全国のフリースクールの内在籍者数が51人以上のものが5％ほど存在するとのことである。この比較的規模の大きいフリースクールは公教育化に踏み切るかもしれないが，小・中規模のフリースクールは，人的物的資源においても公教育化を断念する場合が多いだろう。

これらの公教育化に踏み切らないフリースクールが公教育のお墨付きがないという理由で経済的な援助が受けにくいという事態が生まれる可能性がある。

そして，第三に，全国で約21万人も存在する「長期欠席」のなかの大多数の子どもたちが，既存の学校にも行けない，そして，フリースクール等へも行けないという疎外感・置き去り感をより強めていくのではないかということだ[8)]。

つぎに，安倍首相が「いじめや発達障害など様々な事情で不登校となっている子どもたちが自信を持って学んでいける環境を整える」と述べていることをどう捉えたらよいだろうか。

この点は，下村元文科大臣の発言（2014年10月28日の記者会見）や「不登校に関する調査研究協力者会議」の委員に東京大学先端科学技術研究センター教授・「異才発掘プロジェクトROCKET」プロジェクト・ディレクター中邑賢龍が入っていること，さらに教育再生実行会議第9次提言の内容などを精査すると明確になるだろう。

教育再生実行会議第9次提言および註12では，次のように述べられている。

［優れた能力を有する発達障害，不登校などの課題を抱える子供への教育］

国は，特定の分野で特に優れた能力を有する発達障害，不登校などの課題を抱える子どもたちの能力を伸ばす取り組みを広げる方策について，現在大学・民間団体等で実施されている先進事例[12)]等も踏まえつつ，大学，地方公共団体，関係団体等とも連携しつつ検討する。

註12）東京大学先端科学技術センターと日本財団が実施している『異才発掘プロジェクトROCKET』では突出した能力を有する，現状の教育環境には馴染めない不登校傾向にある小・中学生を全国から選抜し，継続的な学習保障及び生活の

サポートを提供している。平成26年度から開始し，2年間で28名を選抜し，支援している。

「異才発掘プロジェクトROCKET」のホームページなどを参考にすると，政府・財界は本格的に，この事業を展開しようとしていることがわかる。

2014年には，このプロジェクトの募集人員10名に対し，約600名が応募し，15名が合格。2015年には，募集10名に対し，550名が応募し，13名が合格している。また，2016年度は，「異才発掘プロジェクト」の「スカラー候補生」の募集人員を50名に増やし全国各地8カ所で計810名規模の説明会をし，31名を合格させた。また，自治体レベルでも，「異才発掘プロジェクト」が始まっている（東京都渋谷区，『東京新聞』2017年8月30日付夕刊）。そして，将来は「異才」の学校をつくることをめざしているそうだ。

この考えは，端的にいってごく一部の登校拒否・不登校の子ども，あるいは発達障がいの子どもから「異才」という名の「エリート」を選抜しようということに他ならない。だから，このことは大部分の登校拒否・不登校の子どもの悩み・苦しみの解決とは無縁の考え方だということができよう。

次いで，前者の部分すなわち，教育の年齢主義から課程主義（修得主義）への移行について検討する。

今日の日本の教育の義務教育は，6・3制で，登校拒否の子どもでも本人や親が希望すれば，ほとんど学校に通えなくても年齢が15歳に達すれば形式的には中学校を卒業できた。それは，たしかに年齢にふさわしい学力の獲得という課題はありながらも，中学校を卒業できれば，誰でも希望すれば高校を受験できる，あるいは，働きたければ働くことができるという制度だった。

この制度は，もともと15歳までは児童労働から解放されるという積極面をもった制度だった。この点が，義務教育法制の根源的な意味である。

しかし，この制度を根本的に変えようとするのが，この第3条4項の規定である。

すなわち，登校拒否などで十分に学校に通えず，十分な教育の受けられない結果，学力などで遅れが生じている児童・生徒に対して，「課程主義（修得主義）」の名の下，義務教育での留年と飛び級制度のなどの導入に道を開くものといえよう。

この点すなわち義務教育での留年制度についても，喜多は賛意を表明し，次のように述べる[9]。

> 年齢にかかわらない義務教育段階の普通教育制度原理は，年齢主義から課程主義への学校制度運用の原理の転換 例えば尾木直樹等が主張してきた通り，子どもの学ぶ権利行使（＝留年権行使）という見地からの「義務教育留年制度」の可能性を模索できるのではないか

また，今日飛び級は高校段階からすでに導入され，大学から大学院への飛び級は一定の広がりをみせている。この飛び級を義務教育段階まで広げようという意見は自民党関係者のなかにみられる[10]。

この流れは，ある面では，登校拒否・不登校の子の学び直し＝留年制度という側面をもちながら，同時に，「学力エリート」を義務教育段階から選抜して行くという面が基本的側面であり，喜多らの主張は，この「学力エリート」選抜のために，義務教育段階から複線的学校制度を導入する路線に利用されかねないといえるだろう。

（3）「支援」という名の「脅威」について

法では，登校拒否・不登校の児童・生徒に関する「支援」という言葉を多用している。この言葉は，問題を語る際には大切で問題のない言葉のように聞こえる。しかし，当事者や関係者が指摘するように，文科省が実施してきたこれまでの「支援」のあり方から考えて，大きな問題を含んでいる。

先にふれた2003年の報告「不登校への対応の在り方について」も支援を強調していた。その内実は，たとえば埼玉県では「不登校半減計画」などの「数値目標」の追求に自己目的化され，「三日休んだら家庭訪問」などの対応がマニュアル化されるなかで，「心のこもらない手紙や，会うことが強制される家

庭訪問などが繰り返されてきた。「よかれ」と思って「支援」名の下に行われる対応が，時と場合によっては『脅威』となる可能性があ」[11]る。

また，法は，登校拒否・不登校の子どもの学習活動と心身の状況の継続的な把握のために「教育支援シート」の活用を重視している。登校拒否・不登校の子どもは学校以外の場へ退避し何とか生命を維持しようとしているときに，シートで管理し，当事者の知らない間にも警察を含む他者に情報を共有されるおそれがある。

このような意味でも，法のいう「支援」のあり方は厳しく吟味されなくてはならない。

とくに「教育支援シート」については，次の３点が懸念される。

懸念の第一は，「いじめ防対法」以降の教育現場にもあったことだが，それでなくても超がつくほど多忙な教師の多忙化をますます促進するのではないかという点だ。

第二に，この「教育支援シート」は，客観的な資料の意味をもちつつ，場合によっては登校拒否・不登校の子どもをフリースクール等へ紹介する＝厄介払いする機能を果たす危険性をもたないかという懸念だ。

現実的には，登校拒否の子どもをクラスにかかえた教師は，まわりから理解されない場合は特別な目で見られる可能性がある。また，その子どもの「教育支援シート」の作成や家庭訪問などに時間をとられ疲労も積み重なる。

そのような状況のなかで，教師がフリースクール等や「教育支援センター」を紹介し，クラスからいなくなればよいと思わない保障はない。

第三に，この「教育支援シート」は，関係者間で情報を共有するとうたわれ，そのなかには「横」の情報共有として，「警察」も含まれているという点にかかわる懸念である。たしかに，「最終報告」でも指摘するように，「非行・遊び型」の登校拒否の子どもも存在するかもしれない。しかし，たとえそのように類型化できる登校拒否・不登校の子どもが存在するとしても，万が一情報が警察に知らされていることを登校拒否・不登校の子どもやその保護者が知ったとき，どのような感情を抱くかを考えるとするならば，警察などに知らせるべきではない。

また，「教育支援センターの整備」について検討したいと思う。文科省の調査などによると，全国の自治体で「教育支援センター」が設置されている自治体は約60%，「教育支援センター」を利用している，登校拒否・不登校の子どもの割合は，12.1%（2014年度）である。

この数は，実数にして約2万人弱となる。フリースクール等に通っている子どもが約4000人だから，合計しても約2万4000人弱にしかならない。「長期欠席」の子どもの数が約21万人も存在するのだから，あまりにも少なすぎる。

この「教育支援センター」について「最終報告」では，「これまでの教育支援センターは不登校児童生徒のうち，通所希望者への支援が中心であったが，不登校児童生徒への支援に関する知見や技能が豊富であることから。今後は通所を希望しない不登校児童生徒に対しての訪問支援や，地域の人材を活用した訪問型支援を実施することや，『児童生徒理解・教育支援シート』のコンサルテーションを担当するなど，不登校児童生徒の中核となることが期待される」と述べ，「教育支援センター」が今後の登校拒否・不登校支援策の中核になることがうたわれている。

さて，この「教育支援センター」については，従来から，保護者のあいだで旧名が「適応指導教室」であったこともあり，あるいは担い手として元校長など教師経験者が多いということなどもあり，「学校復帰」を前提としたものであるという批判があった。たしかに，文科省の「不登校児童生徒への支援のあり方について（通知）」（2016年9月14日）でも，「学校への復帰を前提とし，かつ不登校生徒の自立」を助けることが目的として重視されている。また，たしかに「教育支援センター」の目的3つのうち1つに「学校復帰」を掲げる「教育支援センター」は約8割も存在するそうだ。

しかし，ある調査研究によると[12)]現在の「適応指導教室」の職員の支援目標は，「心の居場所」としたものが，52%で最多，次いで「心の居場所から学校復帰」が27%，「学校復帰」を目的とするものは，わずか9%という調査結果が出ている。

文科省も，この調査結果に学びつつ，「教育支援センター」の目標を「学校復帰」に特化するのではなく，登校拒否・不登校の子どもがまず，落ち着いてゆったりとしていられる「心の居場所」とすることが求められる。

（4）教育の民営化・市場化の危険性

法の第10条では，「国及び地方公共団体は，不登校児童生徒に対しその実態に配慮して特別に編成された教育課程に基づく教育を行う学校の整備及び当該教育を行う学校における教育の充実のために必要な措置を講ずるよう努めるものとする」と述べている。

この条文について，附帯決議六で次のように述べている。

> 本法第十条に定める不登校特例校の整備に当たっては，営利を目的とする団体による設置・管理は慎重を期すこととし，過度に営利を目的として教育の水準の低下を招く恐れがある場合には，これを認めないこと

今日まで，「不登校特例校」は「東京シューレ葛飾中学校」はじめ全国に10校設置されている。この，「不登校特例校」をさらに設置していこうというのが，法の10条のねらいであると思われる。

今日，塾などの民間産業は，少子化の時代において，全国に約21万人存在する「長期欠席」の児童・生徒を市場の対象としてねらっていると考えられる。そのようななかで，附帯決議が指摘するように，営利団体・企業が，この「不登校特例校」に参入する危険性が存在するだろう。附帯決議では，「過度に営利を目的として…」とあるが，何をもって「過度」とするかなど厳しい監視が必要だろう。

（5）「休養の必要性」について

登校拒否・不登校の児童・生徒だけでなく，忙しい日々を送りながらとりあえず学校に行っている多くの児童・生徒にとって，休養はとりわけ必要なことだ。休養を十分にとるなかで，人間的な生きる力が自然と湧いてくる。この

「休養の必要性」はすべての児童・生徒とって大切なことだが，この最終案では，学校以外の場（フリースクール等）で「多様で適切な学習活動」を行う場合，「個々の不登校児童生徒の休養の必要性を踏まえ，当該不登校児童生徒の状況に応じた学習活動が行なわれることとなるよう」にしなければならないと述べる箇所で出てくるだけだ（第13条）。

「休養の必要性」は，決してフリースクール等に通っている児童・生徒のみに必要なものではないし，ましてや，「学習活動」への参加を前提とした「休養の必要性」などでもない。休養を十二分にとったあとには，児童・生徒ならば誰でも自らの意思で自主的に仲間を求めて活動し，自らに必要な学習などを始めるからだ。

（6）登校拒否・不登校の児童・生徒が増えつづけているその原因に踏み込んでいない

これまでの文科省の答申，報告，施策などもそうだが，さまざまな検討の結果はなぜ登校拒否・不登校の児童・生徒が増えつづけているのかという原因の究明にまったく踏み込んでこなかった。そこに踏み込むと，これまでと現在の教育政策に対する批判的な検討が必要になるし，それに基づく児童・生徒の諸問題を解決するための教育政策，あるいは登校拒否への対応が必要になってくるからだ。

登校拒否・不登校の児童・生徒数が増加しつづけている原因の１つとして，日本の「全国一斉学力テスト」をめぐる過度な競争があることは，日本ばかりではなく世界中の教育の専門家が認める共通認識だといっても過言ではない。

法にもこの点への踏み込みと反省はまったくみられない。その反省の欠如こそがこの法の最大の問題点だということができるだろう。

3 子どもの〈学習・発達する権利〉

憲法・教育基本法では，子どもの教育を受ける権利あるいは「人格の完成」がうたわれている。しかし，いじめられている子あるいは登校拒否・不登校をしている子は，それらの権利，とりわけ学習・発達する権利がある意味奪われている。

そこで，これらの権利を子どもたちにどう保障するかが大切な課題になる。そのためには，まず，国民・教職員総がかりで，現在の「競争と管理」が蔓延している学校を変革し，いじめのない学校，どの子も喜んでいきたくなる学校づくりをめざさなければならない。

その点のヒントは，**2**でもふれたが，ここでは，子どもの学習する権利・発達する権利を保障するうえで学ぶべき視点について簡単にふれておきたい。

まず，学習する権利であるが，学習とは単に学校で教科書を学習するだけでなく豊かな内容をもっているということである。この点，以下に述べる「ユネスコの学習権宣言」が参考になる。

> 学習権とは，
> 　　読み書きの権利であり，
> 　　問い続け，深く考える権利であり，
> 　　自分自身の世界を読み取り，歴史を綴る権利であり，
> 　　あらゆる教育の手だてを得る権利であり，
> 　　個人的・集団的力量を発達させる権利である。　（1985年3月29日）

また，山田洋次監督の映画『学校Ⅳ』の主人公で，登校拒否の中学生大介君がある日家出して，ヒッチハイクで屋久島の屋久杉を見に行くプロセスが参考になるだろう。大介君は，ひきこもりの昇君やシベリヤ抑留帰りの「バイカルの鉄」などさまざまな人々に出会うことによって大きな学びを得ていく。筆者は，ここで学習は学校ばかりでなく社会経験からもできるということ，すなわち狭い「学校」よりも広い「社会という学校」から学んでいく必要性を強調したい。

そして，最後に子どもの学習・発達する権利を考えるうえで，次のサムエル・ウルマンの「青春」という詩を送りたい。

> 青春とは／感動する心／子どものような好奇心／挑戦する喜び／
> 真の青春とは／若き精神のなかにこそある

現在，子ども・青年は生きづらい時代の苦しみをいじめ，登校拒否・不登校，ひきこもり，自死などで心と身体全体で表現している。私たちは，その表現＝シグナルをやはり心と身体全体で受けとめ，真実から学びつつ，ともに自分自身が生かされる社会と教育をつくっていかなければならないと思う。

深い学びのための課題

1．いじめ・登校拒否・不登校経験者の生の声から学んでみよう。
2．いじめ・登校拒否・不登校問題解決の具体策について考えてみよう。

注

1）前島康男（2003）『増補・いじめ―その本質と克服の道すじ』創風社，および前島（2015）『大学教育と「絵本の世界」（中巻）―憲法・戦争・教育改革，3・11 東日本大震災と子ども・教育，いじめ問題を考える』創風社ほか。

2）国立教育政策研究所（2016）「いじめ追跡調査（2013～2015）」。

3）前掲注 1）の前島（2015）を参照。

4）森田洋司のいじめ私事化原因論批判は，前島康男（2016）「登校拒否・不登校問題の歴史と理論―学校に行かない・行けない子どもの言説史」（『東京電機大学総合文化研究』第 14 号）参照。

5）前島康男（2016）「登校拒否・不登校問題と教育機会確保法案」民主教育研究所『人間と教育』No. 91，および前島（2016）「安倍教育再生と不登校・フリースクール問題」『経済』。

6）谷口聡（2016）「教育の多様性と機会均等の政策的検討―教育機会確保法案の分析を通して」教育制度学会『教育制度学研究』第 23 号。

7）文科省（2015）「小・中学校に通っていない義務教育段階の子供が通う民間の団体・施設に関する調査」。

8）土方由起子（2016）「『不登校』言説の変遷に関する社会学的研究―子どもの『生きづらさ』への視点はどう変わったか」（奈良女子大学博士学位論文）。

9）喜多明人（2016）「不登校の子どもへの支援と法案への合意形成の展望」『教育と医学』No. 757。

10）谷口聡（2016）「『学校体系の複線化』政策の現代的特徴と課題」（教育法学会報告）の註 15 で「例えば，第 14 回教育再生実行会議（2013 年 10 月 31 日）における遠藤利明（自民党衆議院議員・教育再生実行本部長）の『留年について，私は絶対やった方がいいと思うのですが，いまの日本の仕組みでできるかとなると，学び直しと言う名前にしましたが，小学校 6 年，中学校 3 年で学力テストをしますが，やはりこれで中学校に行っていいのかという子がいる』という発言」などと述べている。

11）高田美恵子（2010）「つながり・学び・発信する埼玉県連絡会の行政への働きかけ」教育科学研究会『教育』No. 772。

12）樋口くみ子（2016）「教育支援センター（適応指導教室）の『整備』政策をめぐって」一橋大学〈教育と社会〉研究会『〈教育と社会〉研究』第 26 号。

第7章

子どもの貧困と〈教育への権利〉

1 子どもの貧困対策

子どもの貧困が社会的な課題として認識され，2014年1月17日に「子どもの貧困対策の推進に関する法律」（以下，子どもの貧困対策法）が施行され，同年8月には「子供の貧困対策に関する大綱」が閣議決定された。

同法第1条は「この法律は，子どもの将来がその生まれ育った環境によって左右されることのないよう，貧困の状況にある子どもが健やかに育成される環境を整備するとともに，教育の機会均等を図るため，子どもの貧困対策に関し，基本理念を定め，国等の責務を明らかにし，及び子どもの貧困対策の基本となる事項を定めることにより，子どもの貧困対策を総合的に推進することを目的とする」とその目的を明記し，第2条は「子どもの貧困対策は，子ども等に対する教育の支援，生活の支援，就労の支援，経済的支援等の施策を，子どもの将来がその生まれ育った環境によって左右されることのない社会を実現することを旨として講ずることにより，推進されなければならない」と子どもの貧困対策の基本理念を示している。この理念を具体化するため，政府には就労，生活，教育面などでの支援の指針となる子どもの貧困対策に関する大綱の作成と実施状況の毎年の公表を義務づけ，都道府県には子どもの貧困対策計画を定めることが努力義務として課された。

大綱は，貧困の世代間連鎖の解消と積極的な人材育成をめざすことを基本方針として掲げ，保護者の学び直し，親や子どもの就労支援，ひとり親家庭への支援，奨学金の拡充，子どもの相談にのるスクールソーシャルワーカーの増員，子どもの学習支援，民間資金を活用した子供支援基金の創設など約40項目に及ぶ重点政策を掲げている。

しかし財源の確保など，課題は山積しており，法の趣旨の実現は十分とはいえない。内閣府，厚生労働省，文部科学省，日本財団が「子供の未来応援国民運動」を展開しているが，運動を実質的に支えているのはNPOなどの民間団体や個人の寄付であるのが現状である。フードバンク，子ども食堂，学習支援の無料塾などが全国的な広がりをみせているが，ここでもまた活動資金の不足が問題となっている。このように子どもの貧困は依然として大きな社会問題として学校・教職員が看過しえない課題でありつづけている[1)]。

本章では，子どもの貧困の捉え方や実情をふまえ，教育費負担のあり方に表現される教育理念や思想について論じることとする。

2 子どもの貧困

まず厚生労働省が発表した「平成28年国民生活基礎調査の概況」から所得の状況を確認しよう（図7.1)。平均所得はいずれのカテゴリーについても減少していることがわかる。さらに所得の階層分布（図7.2）をみると，平均所得以下の世帯が61.4%にのぼり，相対的貧困率の基準となる所得の中央値を下回る世帯も約50%に及ぶことがわかる。また，相対的貧困率（所得の中央値の50%未満の者の割合）は15%を超える高水準となり，とくに大人一人世帯の貧困状況は依然として深刻である（図7.3)。

子どもの貧困率は1980年代以降，一貫して上昇しその深刻さを増している。2012年の16.3%から2015年の13.9%へと減少しているものの，依然として7人に1人の子どもが貧困状況にあり，子どもの貧困の深刻な事態は改善されていない。

3 貧困の捉え方

(1) 貧困の捉える2つの概念

従来，貧困は絶対的貧困，相対的貧困という2つの概念で捉えられてきた。

絶対的貧困は生活水準が絶対的な意味で低い層または個人を意味する概念で，世界銀行が2015年10月以降に用いている指標（国際貧困ライン）は「1日当

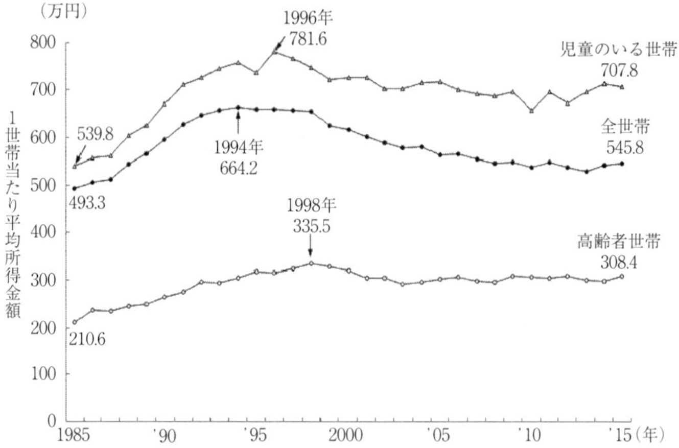

注：1）1994 年の数値は，兵庫県を除いたものである。2）2010 年の数値は，岩手県，宮城県及び福島県を除いたものである。3）2011 年の数値は，福島県を除いたものである。4）2015 年の数値は，熊本県を除いたものである。なお，2012 年の熊本県分を除いた 46 都道府県の数値は，参考表 7 に掲載している。

図 7.1　平均所得の推移

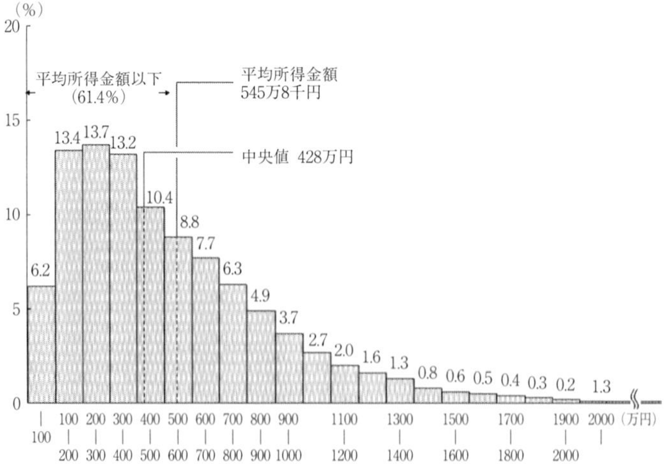

注：熊本県を除いたものである。なお，2012 年の熊本県分を除いた 46 都道府県の数値は，参考表 8 に掲載している。

図 7.2　所得の階層分布（2016 年調査）

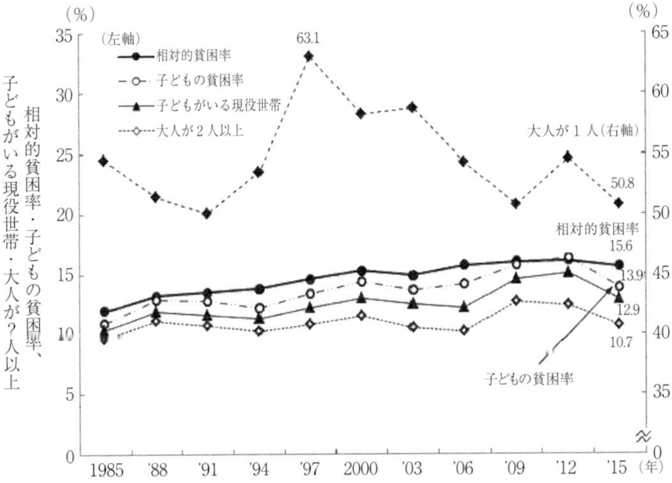

注：1）1994 年の数値は，兵庫県を除いたものである。2）2015 年の数値は，熊本県を除いたものである。3）貧困率は，OECD の作成基準に基づいて算出している。4）大人とは 18 歳以上の者，子どもとは 17 歳以下の者をいい，現役世帯とは世帯主が 18 歳以上 65 歳未満の世帯をいう。5）等価可処分所得金額不詳の世帯員は除く。

図 7.3　相対的貧困率の推移

たりの生活費が 1.90 ドル未満の者」(2015 年 10 月以前は 1 日当たり 1.25 ドル) とされている。この指標を適用すると，絶対的貧困層は 2012 年に 8 億 9600 万人（世界人口の 12.7%），2015 年は 7 億 200 万人（世界人口の 9.6%）と推計されている。

相対的貧困は生活水準がほかと比べて低い層または個人を意味する概念で，所得の中央値の 2 分の 1 未満の者がこれに相当する。

つぎに「相対的剥奪」[2)] という概念を紹介しよう。これはイギリスの経済学者ピーター・タウンゼントが用いている概念で，「必要な資源が不足しているため，その人が生きている社会の慣習や通常の状態から期待される生活様式を共有できない状態」を意味する。タウンゼントは，①過去 4 週間に友人を家に呼んで遊んだり，お茶を飲んだりしたことがない，②この前の誕生日にパーティーを開かなかった，③過去 2 週間に調理された食事を食べない日があった，④家には冷蔵庫がないなど 12 の項目をあげている。ここで注目すべきは「剥奪」という概念である。タウンゼントは上記のような相対的貧困状況は個々人の努力や能力の問題ではなく，社会的環境（必要な資源）の不足が原因であり，その意味で社会が個人から奪い去っている（剥奪）として，貧困を社会的課題として捉える視点を提示している。

アマルティア・セン[3)]の提唱する「潜在的能力」「貧困からの自由」という概念も同様に貧困を社会的視点から捉えようとする。センは，貧困を経済的なものに限定せず，各人が望むことの実現を妨げられている状態とみる。阻害要因は当該個々人にあるのではなく社会にあるという観点はタウンゼントに共通するものである。貧困は自由を奪われた状態であり，貧困からの自由が人間を自由にするとセンは主張している。

（2）子どもの貧困を考える５つの視点

つぎに，子どもの貧困を捉える５つの視点を提示したい。

①経済的貧困

すでに述べた所得の状況のほか，失業率，非正規雇用率，生活保護受給者数・率，生活保護基準の引き下げなど，経済的貧困状況を示す指標は数多く発表されている。家庭の貧困状況は，そのまま子どもの貧困として現れる。

②身体的貧困

必ずしも適切な表現ではないが，子どもの健康問題，成長・発達への悪影響が懸念される事態は確実に進行している。一例として全日本教職員組合養護教員部が作成した「保健室から見える子どもの貧困」というリーフレットを紹介する。「養護教諭は告発します」と記されたこのリーフレットには，病気・怪我が増加していること，虫歯や近視が増加していること，にもかかわらず医療費が支払えないために医療機関を受診できない子どもが増えていることなどが具体的に紹介されている。

③家庭的貧困

経済的貧困は家庭からさまざまなものを奪っているが，保護者の就労などによる家族のつながりや共有する時間などの貧困化は深刻である。また，子育て・教育の孤立化（「孤育《こそだ》て」現象，自子《じこ》中心主義，利子《りこ》主義），子育て・教育の社会的・地域的基盤の脆弱化も子どもの成長・発達に悪影響を及ぼしている。家庭の文化資本の格差も看過できない。

④**精神的貧困**

子どもの自己肯定感が低下したり，社会観が悲観化する事態が進行している。多くの自治体が子どもの生活実態調査を行いその結果が発表されている。ここでは大阪府で行われた「第３回大阪子ども調査」からその一端を紹介する[4)]。

「今の日本は努力すれば報われる社会だと思いますか」という設問に「余りそうでない」「そうでない」と回答した子どもは中学校２年生で52.0%，高校２年生では66.5%にのぼった。また「生まれてこなかった方が良かったと思うときがあるか」との設問に「よくある」「少しある」と回答した子どもは，小学校５年生で27.5%，中学校２年生で25.9%，高校２年生では34.2%となった。この数字は調査対象となったすべての子どもに占める割合であるが，調査結果に対する家計支出教育費階層の影響をみると，現代日本社会に対する肯定感（努力が報われる），幼少時の読書体験（家の人に本を読んでもらった），将来への希望（希望をもてる，役に立つ人になりたい），教科の好き嫌い（とくに数学と英語），勉強が「わかる度」（とくに数学と英語）などについて，教育支出が少ない家庭の子どもほど否定的な答えが明らかに多くなっており，事態の深刻さがうかがわれる。

⑤**社会的貧困**

ゲーム機が買えない，一緒にファストフード店に行けない，部活に参加できない，学校行事に参加できないなど，子どもの生活の孤立化が進行し社会的関係から排除されざるを得ない事態が進行している。学校においても，貧困を１つの要因としたいじめの問題や，学力の低下，学習意欲・生活意欲の減退など看過できない状況が深刻さを増している。

4 貧困が子どもから奪うもの

上述の 3 （２）とは別の観点から貧困が子どもから奪うものについて考える。

（1）学　力

文部科学省（以下，文科省）がお茶の水女子大学に委託して行った調査結果の分析[5)]は，保護者の収入が多い家庭，教育支出が多い家庭ほど子どもの成績がよくなる傾向があることを明らかにしている。

学力調査の結果には，年収によって正答率に最大約23ポイントの差がみられ，塾や習い事などの家計支出教育費が「ない」家庭と「5万円以上」の家庭では最大約27ポイントの差があることも明らかとなった。

より具体的には，国語のA問題（知識中心）は年収200万円未満の家庭の子どもは正答率が56.5%にとどまったが，年収が上がると，正答率も上昇し，1200万円以上1500万円未満の層は78.7%に達した。国語B（知識の活用中心），算数A，算数Bでも傾向は同じで，年収によって最大約20～23ポイントの差があった。

この結果だけで即断することは慎まなければならないが，家計支出教育費が子どもの学力に影響を及ぼしている事実は次にみる進学機会の格差につながっていることが容易に予想される。

（2）高校卒業後の進路

東京大学の大学経営・政策研究センターが行った調査『高校生の進路と親の年収の関連について』（2009年7月31日）によると，4年制大学への進学率は，年収が増えるにつれて28.2%から62.8%に上昇し，逆に受験浪人や短期大学，専門学校への進学などを除く「就職など」というカテゴリーの比率は35.9%から5.4%にまで減少している（図7.4）。

進学先の大学を設置者別にみると，国公立大では年収600万円未満はどの層も10%強で，1200万円以上でも12%強と大きな差はみられない。他方，私立大学では，200万円未満で17.6%，600万円以上800万円未満で36.8%，1200万円以上では50.5%となり，学費が高額となる私立大学への進学が年収によって大きく左右される実態が明らかとなっている。

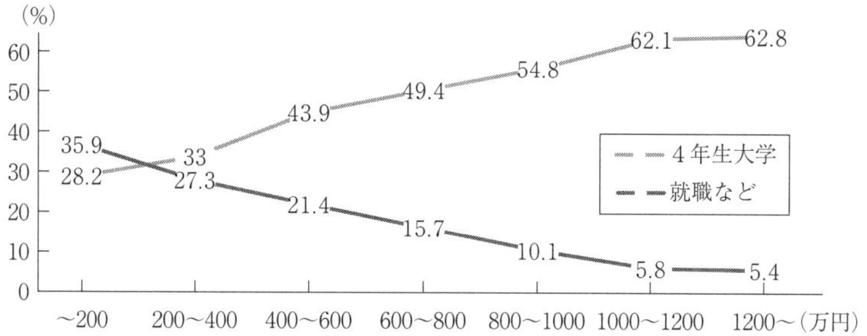

図7.4　高校卒業後の進路と家庭の年収

5 教育費支出の現状

(1) 国際比較

文科省が公表した「教育指標の国際比較（2013年版）」から，いくつかの統計数値を確認する。

まず日本の国内総生産（GDP）に対する学校教育費（初等・中等・高等教育）の比率は，公財政支出が3.6%，私費負担が1.7%で計5.2%となっている。これに対しOECD諸国の平均はそれぞれ5.4%，0.9%で計6.3%となっており，日本の学校教育費支出が少ないことがわかる。

つぎに，一般政府総支出に対する公財政支出学校教育費の比率をみると，日本の8.9%に対しOECD平均は13.0%となっており，公財政支出の少なさが際立つ。

さらに学校教育費の公私負担区分をみると，日本の場合，公財政支出が68.1%，私費負担が31.9%であるのに対し，OECD平均ではそれぞれ84.0%，16.0%と，日本の私費負担率の高さがわかる。

公財政教育支出における国・地方の負担区分をみても，中央政府（18.0%），州・県（64.2%），市町村（17.8%）である日本に比べ，OECD平均は中央政府（50.7%），州・県（24.0%），市町村（27.1%）となっており，国の負担割合のちがいが際立っている。

（2）家計支出教育費

文科省が2年ごとに行っている「子供の学習費調査」から家計支出教育費の実態を確認する[6)]。金額は子ども1人当たり1年間に支出された学習費の平均である。このうち学校教育費は，「授業料，修学旅行・遠足・見学費，学級・児童会・生徒会費，PTA 会費，そのほかの学校納付金，寄付金，教科書費・教科書以外の図書費，学用品・実験実習材料費，教科外活動費，通学費，制服，通学用品費」，学校外教育費は，「補助学習費（家庭内学習費，家庭教師費，学習塾費など），そのほかの学校外活動費（体験活動・地域活動，芸術文化活動，スポーツ・レクリエーション活動，教養・その他の合計）」を表す。学校教育費は学校の教育活動に参加するために必要な経費であるが，公立の小中学校においても相当額に上っていることがわかる（表7.1）。

また，学習費総額の推移をみると，若干の増減はあるものの高水準が維持されている。

学習費支出を所得階層別にみてみよう。ここでは中学校と高等学校の学習費総額と補助学習費を公立と私立で比較してみる（表7.2～表7.3）。

いずれの場合も学習費総額は年収が増えるにつれて増加している。このうち学校教育費は年収によって変わるものではないため，学習費総額の差は学校外活動費，とりわけ補助学習費の差を反映したものと考えられる。補助学習費は

表7.1　保護者負担学習費（2016年度）

	学校教育費	学校外活動費	学校給食費	学習費総額
幼稚園（公立）	120,546	92,983	20,418	233,947
幼稚園（私立）	318,763	133,705	29,924	482,392
小学校（公立）	60,043	217,826	44,441	322,310
小学校（私立）	870,408	613,022	44,807	1,528,237
中学校（公立）	133,640	301,184	43,730	478,554
中学校（私立）	997,435	320,932	8,566	1,326,933
高　校（公立）	275,991	174,871	…	450,862
高　校（私立）	755,101	285,067	…	1,040,168

表7.2　年間収入別学習費総額（平均値，万円）

区　分	中　学　校		高　等　学　校	
	公　立	私　立	公　立	私　立
400 万円未満	39.3	109.4	35.0	76.0
400～599 万円	43.4	112.7	39.6	89.4
600～799 万円	48.9	123.0	46.4	99.9
800～999 万円	51.2	131.4	52.4	114.0
1000～1199 万円	58.1	132.9	56.0	110.0
1200 万円以上	62.8	140.0	73.2	130.4

表7.3　年間収入別補助学習費（平均値，万円）

区　分	中　学　校		高　等　学　校	
	公　立	私　立	公　立	私　立
400 万円未満	15.9	16.2	6.9	8.8
400～599 万円	19.8	13.8	10.6	16.2
600～799 万円	25.6	14.1	13.2	20.4
800～999 万円	27.5	19.6	21.4	23.0
1000～1199 万円	32.2	18.5	21.2	25.5
1200 万円以上	34.0	27.8	35.4	39.2

表7.4　高等学校の在学費用の負担（平均値，万円）

	世帯年収に対する割合（%）							
	2009 年度	2010 年度	2011 年度	2012 年度	2013 年度	2014 年度	2015 年度	2016 年度
200 万円以上 400 万円未満	55.6	56.5	57.5	58.4	58.2	38.8	36.8	36.6
400 万円以上 600 万円未満	33.8	37.7	36.6	35.7	37.4	24.7	26.2	21.7
600 万円以上 800 万円未満	27.3	30.0	29.0	28.6	28.2	19.3	19.7	17.0
800 万円以上	24.8	27.2	25.7	26.1	25.9	14.6	14.8	12.3

注：2013 年度までは小学校以上に在学中の子ども 2 人を持つ世帯の子ども全員にかかる在学費用が年収に占める割合，2014 年度以降は子ども全員にかかる在学費用の類型を世帯年収の累計で割った額

出所：表 7.1～7.4 とも日本政策金融公庫調査（各年度版より）

年収が増えるにつれて顕著に増えており，学校以外の学習機会を確保できるかどうかが子どもの学力や進学機会を左右するという 3 に記した調査結果を裏付ける論拠といえよう。

さらに日本住宅金融公庫からも子どもの在学費用が家計を大きく圧迫していることを示す調査結果が公表されている（表7.4）。

6 教育の公共的性格と教育保障義務

本節では教育と学校の性格，その公共性について検討し，教育費負担を考える基礎的な考え方を確認したい。

（1）学校の「公の性質」

教育基本法第6条第1項は「法律に定める学校は，公の性質を有するものであって，国，地方公共団体及び法律に定める法人のみが，これを設置することができる」と，学校の「公の性格」（公共的性格）を明示している。この「公の性格」については学校設置者の「公」性を根拠とする見解も示されたが，私立学校の存在を説明できないなどの問題があり，現代では教育そのもののもつ「公」性を根拠とすると理解すべきであろう。

学校が，設置者を問わず，「公」性を有するのはそれが提供する教育が普通教育であることと無関係ではない。ここで言う普通教育はすべての国民に共通に必要とされる教育（common education）のことであり[7)]，保護者に教育義務が課されている理由もここにある。教育義務は子どもから「普通教育」の機会を奪ってはならないことを意味する。

（2）国家の教育保障義務

あらためて記すまでもなく，日本国憲法第26条第1項は「すべて国民は，法律の定めるところにより，その能力に応じて，ひとしく教育を受ける権利を有する」と規定し，教育基本法第4条第1項はこれを受けて「すべて国民は，ひとしく，その能力に応じた教育を受ける機会を与えられなければならず，人種，信条，性別，社会的身分，経済的地位又は門地によって，教育上差別されない」と教育の機会均等原則を規定している。

最高法規としての憲法の規定は国民の名による国家に対する命令であり，権利や自由の保障，必要な立法，行政サービスの提供などが第一義的には国家に義務として課されている。日本国憲法には国家に教育保障義務を負わせる明文規定はないが，第 26 条第 1 項の条理解釈としてそうした義務があると理解されている。また同時期に制定された他国の憲法には国家の教育保障義務を明文化したものも多い。

第 26 条第 1 項の規定を受け，この権利を保障する具体的な手段として，第 26 条第 2 項は「義務教育は，これを無償とする」と規定し，教育基本法第 4 条第 3 項も「国及び地方公共団体は，能力があるにもかかわらず，経済的理由によって修学が困難な者に対して，奨学の措置を講じなければならない」と，教育における経済的差別を厳しく禁ずる規定を設けている。さらに同法第 16 条第 1 項は「教育は，不当な支配に服することなく，この法律及び他の法律の定めるところにより行われるべき」ものであることを明示したうえで，「国及び地方公共団体は，教育が円滑かつ継続的に実施されるよう，必要な財政上の措置を講じなければならない」（同条第 4 項）と，実質的に国および地方公共団体に教育保障義務を負わせている。

7 教育への権利と教育費負担―歴史的視点から―

前節 6 に述べた国家の教育保障義務は歴史的に主張されてきたことでもある。本節では歴史的視点からこのことを確認したい。

（1）社会民主党宣言

日本初の社会主義政党として知られる社会民主党は 1901 年の結党にあたりそのめざすべき社会のあり方を「社会民主党宣言」として発表した。そこには次のような文言がみられる。

「人の此世に生まるゝや，其富豪の子弟たると貧家の子弟たるとは一に運命に依りて定まるに非ずや。(中略) 人若し出発点を同くして競争を為すと言はば是れ真の競争に相違なきも此世に生れ出づると共に巳に其出発点を異にしたる者を捕へ来りて，これに競争を試みよと言はゞ，誰かこれを以て残酷なりと思はざるものあらんや。(…) 教育は人生活動の泉源にして，国民たるものは誰にでも之を有するものなれば，社会が公費を以て国民教育を為すは真に当然の事なりと言ふべし。」

しかし現実は，「資産なきが為に其得べき所の権利を得る能はず，其受くべき教育をも受く能はざるなり」というものとなっており，だからこそ「人民をして平等に教育を受けしむる為に，国家は全く教育の費用を負担すべきこと」が求められていた。

『労働世界』[8)]には「冨者の教育上の圧政」と題された次のような「主張」が掲載されている。

「無学々々と云ふを休めよ，無学なる者は無学なる者の罪に非ず，無学ならしむる社会の罪なり。」

「吾人は主張す教育なる者は社会的の者なり普及的の者なり，貧富貴賤を問はず苟くも生命を文明世界に受けたる者何人と雖も先天的に教育を受くべき権利を有す，教育は文明の賜なり，人類社会の公有物なり，何人と雖も之を私すべからず，去れば教育は一個の国家事業として国家自ら之に経費を負担し公立学校を設立して以て一般国民を教育するの義務あるなり。

斯の如く公立学校は一種の公有物なるが故に元来授業料を徴収すべからざる者なり，何人にても無価にて教育を授くべき筈の者なり。」

これらは前述の相対的剥奪（タウンゼント)，「貧困」(セン) と同旨の主張であり，憲法が教育の無償制を規定しているのと同じ主張であるといえよう。

(2) 日本教員組合啓明会「教育改造の四綱領」

日本教員組合啓明会[9)]は，1920年に，①教育理想の民衆化，②教育の機会均等，③教育自治の実現，④教育の動的組織からなる「教育改造の四綱領」を発表した。このうち「教育の機会均等」は次のようなものであった。

「教育を受くる権利―学習権―は人間権利の一部なり，従って教育は個人義務にあらずして社会義務なりとの精神に本づき，教育の機会均等を徹底せしむべく，小学より大学に至るまでの公費教育―（1）無月謝。(2) 学用品の公給。(3) 最低生活費の保障―の実現を期す。」

教育を受ける権利を「学習権」と読み替えて学習者の主体性を重視していること，高等教育までを視野に入れて教育の機会均等を論じていること，最低生活費の保障までを含めて公費教育を幅広く捉えてその実現を主張していることなど，きわめて現代的な視野に貫かれていることに注目しておきたい。

経済学者である宇沢弘文は教育を社会的共通資本と規定して論じている[10)]。社会的共通資本とは「一つの国ないし特定の地域に住むすべての人々が，ゆたかな経済生活を営み，すぐれた文化を展開し，人間的に魅力ある社会を持続的，安定的に維持することを可能にするような社会的装置」であり，森林・大気・水道・教育・報道・公園・病院など産業や生活にとって必要不可欠な社会的資本がその例である。

宇沢は，社会的共通資本とされるものについては，国家的に管理されたり，利潤追求の対象として市場に委ねられたりしてはならず，職業的専門家によってその知見や規範に従い管理・維持されなければならないと主張している。

先述した普通教育，それを保障する公教育制度はこの社会的共通資本の1つであると考えられ，公的に整備・維持・運営されるべきものといえよう。

8 公費負担の意味―借りの哲学

社会的共通資本としての学校（公教育制度）を維持する経費を公的に負担するのはなぜか。借りの哲学[11)]をヒントにこのことを考えてみたい。

（1）借りの哲学

ナタリー・サルトゥー＝ラジュはその著『借りの哲学』を「私たちの持っているもので，人から受けていないものはあるだろうか」(p.18) との問いから説き起こしている。以下，借りについてのラジュの主張をいくつか紹介する。

「《借り》があるということは，自分には足りないものがあって，それを誰かに与えてもらって，その欠如＝欲望を満たしたということである。その結果，今度は自分が与える側になって，最初に与えてもらった《借り》を返す。それが「自分自身になる」－自己を確立するということなのである。これもまた《借り》の正の側面である。」(p.210)

「前の世代が築き上げたものを自分たちに贈ってくれたように，自分たちも自らの築き上げたものを次の世代に贈る。人はこの贈り物を，未来を信じ，子どもたちを信じてするのだ。あとから来る世代が自分たちのつくった世界を受け取って，新しい世界をつくり，その世界をさらにあとから来る世代に伝えてくれると信じて，この贈り物をするのである。」(p.211)

ここに示された考え方は，そのまま公教育に適用できるのではないだろうか。ラジュはまたこのようにも述べる。

「実際，すべてのことを自分ひとりの力で行う『完璧な人間』など，どこにもいない。人間は自分の持っているものを人に提供し，また自分に欠けているものを人から提供されて，お互いに《贈与》しながら，生きていくのである。」(p.213)

こうした贈与関係を形成することにより「個人はいつでもほかの人や社会と『関係』を持つことができる」(p.213)。教育の公費負担は，世代間の贈与関係であり社会との関係性の１つの表現なのではないだろうか。

（2）誰もが「借り」によって生きている

ラジュは，誰もが誰かから「借り」ているが，それを返すべき「負債」とはみない。「負債」は貸してくれた人に対する個人的なものであり，返済は当該個人に対して行われ，返済できない場合には借り手は貸し手に対して従属的な立場におかれることとなる。

これに対し「借り」は貸してくれた人に直接返すのではなく，次の世代に，いわば間接的に，返せばよいとラジュは主張する。

子どもは親から生命を受けている（与えられている）が，同じものを親に返済することはできない。しかしラジュの考えに立てば，「借り」はいつか誰かに，次世代に返すことで返済すればよいこととなる。

これは，憲法が規定する自由や権利にもあてはまる考え方ではないか。自由や権利は私たち自身が獲得したものではなく，「人類の多年にわたる自由獲得の努力の成果であつて，これらの権利は，過去幾多の試錬に堪へ，現在及び将来の国民に対し，侵すことのできない永久の権利として信託されたものである」（第97条）。それらは「侵すことのできない永久の権利として，現在及び将来の国民に与へられる」（第11条）が，それらは「国民の不断の努力によつて，これを保持しなければならない」（第12条）。ここで「将来の国民」が権利主体として想定されていることに注意したい。

教育を受けるために必要な資源を社会的に準備するという「無償制」の考え方は，教育を受ける人は社会から「借り」，それをいつか誰かに返済するということを意味し，「将来の国民」に自由や権利を引き継ぐことを求められ，その責務を社会的・集団的に果たすことを意味する。

9 無償の範囲と考え方

教育にかかる経費のうち現行法で無償とされているのは，授業料（教育基本法第5条第4項，ただし国又は地方公共団体の設置する学校における義務教育に限定），教科用図書（義務教育諸学校の教科用図書の無償に関する法律第1条及び義務教育諸学校の教科用図書の無償措置に関する法律第3条），教職員給与費（義務教育費国庫負担法第2条），学校建築費等（義務教育諸学校等の施設費の国庫負担等に関する法律第3条）である。

この範囲が妥当かどうか，無償制についての憲法規定をいかに解釈するかについては，①授業料不徴収説：無償の範囲を授業料に限定し，そのほかの費用については社会福祉的視点から経済的に困難な家庭の負担を軽減するというものである，②修学必需費無償説：修学（就学ではないことに注意）に必要な経費はすべて無償とするという考え方であるが，その範囲の確定は困難である，③プログラム規定説：憲法規定は形式的なものであり，実質的には国の努力目標や政策的方針を規定したにとどまり，直接個々の国民に対して法的権利を賦与したものではないとする，の３つの考え方がある。最高裁判所などは③に立脚しているがこの場合，無償の範囲は時々の立法によって具体化されるものとされる。それだけに教育費についての国民の意識・考え方が問われることとなる。

無償の範囲についてはもう１つ，「経済的，社会的及び文化的権利に関する国際規約」（1979 年 8 月 4 日，条約第 6 号，発効：1979 年 9 月 21 日）にふれておきたい。規約第 13 条は初等教育から高等教育までの教育の機会均等を実現することを求め，「すべての適当な方法により，特に，無償教育の漸進的な導入により」（第 2 項（b）），「すべての可能な方法により，特に，無償教育の漸進的な導入により」（第 2 項（c））の文言にみられるようにその手段として無償制の導入に言及している。

日本政府は長くこの第 13 条の批准を留保していたが，2012 年 9 月 11 日に留保の撤廃を国際連合に通告した。これにより高等教育までの機会均等とそのための無償制の導入を国際社会に対して約束したこととなる。留保撤回にあたって国連の社会権規約委員会は授業料に加えて入学金や教科書代も無償化することを求めていた。しかし 2010 年度に民主党政権下で実現した公立高校の授業料無償化と私立高校生に同額を支給する就学支援金は，自民・公明両党への政権交代により，2014 年度から廃止され，所得制限を設ける「高等学校等就学支援金制度」が実施されている。これに対しては無償化に逆行するものとの批判が寄せられている。

10 学校・教職員として考えるべきこと

ここまで子どもの貧困や教育費負担についていくつかのことを述べた。学校や教職員が子どもの貧困を直接的に軽減・解消することはおそらく不可能であろう。しかし学校や教職員としてできること，考えるべきことがあると思われる。最後にこのことについて述べておきたい。

（1）私費負担の軽減

学校における私費負担の軽減は，保護者の経済的負担を軽減するとともに子どもの教育を守ることにつながる。教育費が教育の内容や方法を左右するものであるかぎり，その負担のあり方や使途について検討し，自身の考え方を確立することが求められる。安易に保護者に負担を求めないことも重要な視点であろう。

（2）就学援助制度などの周知と制度の活用の促進

「経済的理由によつて，就学困難と認められる学齢児童又は学齢生徒の保護者に対しては，市町村は，必要な援助を与えなければならない」（学校教育法第19条）との規定に従って就学援助制度が設けられている。しかし制度の周知は不十分で援助が必要な保護者に必要な援助が行き届いてはいない。必要な人に必要な援助を行うことは市区町村の責務であるが，学校は制度周知と活用の窓口になり得るし，ならなければならない[12)]。先述の高等学校等就学支援金制度などについても同様である。

（3）福祉的視野の導入

貧困など多くの深刻な問題状況にあって当事者が声を上げることはきわめて困難である。したがって，その声を聞き取ることが必要となる。そのためには学校・教職員が福祉的視野を備えていなければならない。各家庭の経済状況を知り，保護者・子どものおかれた状況を知り，就学援助制度の存在を知らせ，その利用を促し，手続きにあたってさまざまにサポートすることは容易いことではない。だからこそ，学校内のすべての職種（教員，養護教諭，学校事務職員，スクールカウンセラー，スクールソーシャルワーカー，栄養士，給食調理員など）が集団的に取り組むことが求められる。

教育費そのものは教育ではないが，教育費がどのように支出されるかは教育のあり方を左右する。したがって，教育を受ける権利や国民の教育権を論じる際に教育費負担のあり方を視野に入れることが不可欠となる。

学校現場における私費負担軽減が課題となりその実現をめざす取り組みも行われている。その際に問われるべきことは，私教育費をできる限り縮減することにとどまらず，公費（国家教育費）として組織される教育財政（学校教育費）を，子どもの教育を受ける権利を保障する方向で精査し，教育費によって実現される教育の質を高めることなのではないだろうか（国家教育費の公共的変換）。教育を受ける権利（right to receive education）は，提供される教育を所与のものとして受け取ることにとどまらず，そのあり方を問い，意見を表明し，自ら教育を創造することまでを含めて考えること，別言すれば教育への権利（right to education）へと転換される必要があるように思われる。

子どもの貧困と教育を受ける権利（教育への権利）についていくつかの視点から述べてきた。子どもの貧困は「見えない貧困」ともいわれる。たしかに日常の生活からは家庭の経済状況や貧困の問題は見えづらい。子どもも保護者もそうした事実を隠そうとする。しかしだからこそ，学校や教職員はそうした事態に鋭敏でなければならない。

筆者も参加したあるシンポジウムでパネラーの１人が次のようなことを述べている[13)]。貧困など多くの深刻な問題状況にあって当事者が声を上げることはきわめて困難である。しかし「助けて」ということは恥ずかしいことではなく，社会的存在としての人間にとってむしろ自然なことである。また「助けて」と頼られるためには，自らが「助けて」と言える人間でなければならない。

この発言は，個々人の生が，他者とは無関係な孤立したものではなく，他者との関係性のなかでのみ豊かなものとなることを示しているように思われる。

そうした関係の樹立は学校でもできることであり，学校でこそなすべきことでもある。それは「助けて」という声を上げられないでいる保護者や子どもの声を聞き取ることである。そのためには教職員が子どもや保護者の生に寄りそうことが求められる。ときには自らが「助けて」と訴えて他者の力を借りながら関係性のなかで仕事をしている人間でなければ，「助けて」という声なき声を聞き取れない。また，そのような人間にでなければ，無防備に「助けて」と訴えることなどできない。

子どもの貧困が学校と教職員に投げかける課題は大きい。

深い学びのための課題

1．教育への権利を保障するための具体的な取り組みについて調べ，自らの考えを整理しよう。

2．子どもの貧困の実態の着目するとともに，その解消・軽減のために何が必要かを考えよう。

注

1）「子供の貧困対策に関する大綱」は，「教育の支援においては，学校を子供の貧困対策のプラットフォームと位置付け，①学校教育による学力保障，②学校を窓口とした福祉関連機関との連携，③経済的支援を通じて，学校から子供を福祉的支援につなげ，総合的に対策を推進するとともに，教育の機会均等を保障するため，教育費負担の軽減を図る」として学校の重要性に言及している。

2）Peter Townsend, Poverty in the United Kingdom : a survey of household resources and standards of living, University of California Press, 1979 年

3）アマルティア・セン『人間の安全保障』（集英社，2006 年），『不平等の再検討―潜在能力と自由』（岩波書店，1999 年）などを参照。

4）詳細は，大阪教育文化センター「第 3 回大阪子ども調査」研究会編『21 世紀を生きる子どもたちからのメッセージ－第 3 回大阪子ども調査結果から』（三学出版，2010 年）を参照。

5）「平成 25 年度全国学力・学習状況調査（きめ細かい調査）の結果を活用した学力に与える要因分析に関する調査研究」，2014 年 3 月 28 日。

6）以下の記述および図は，文部科学省「平成 28 年度子供の学習費調査」の結果をもとに作成した。経年変化については各年度版を参照した。

7）武田晃二・増田孝雄『普通教育とは何か―憲法にもとづく教育を考える』（地歴社，2008 年）などを参照。

8）「冨者の教育上の圧政」『労働世界』第 9 号，明治 31 年 4 月 1 日。

9）1919 年に下中弥三郎を中心に結成された日本初の教員の労働組合「啓明会」が 1920 年 5 月の第 1 回メーデーに教員組合として参加して一般労働組合との組織的連帯をはかった。1920 年 9 月，全国的な運動への発展をめざして「日本教員組合啓明会」と改称し，「教育改造の四綱領」を発表した。

10）宇沢弘文『社会的共通資本』岩波書店，2000 年。

11）以下の記述は，ナタリー・サルトゥー＝ラジュ『借りの哲学』（太田出版，2014 年）に依拠している。

12）就学援助制度については，次のものを参照。就学援助制度を考える会『就学援助制度がよくわかる本』学事出版，2009 年／制度研編『お金の心配をさせない学校づくり－子どものための学校事務実践』大月書店，2011 年／全国学校事務職員制度研究会編『学校のお金と子ども―教育費無償化は未来への希望』草土文化，2010 年／全国学校事務職員制度研究会・「なくそう！　子どもの貧困」全国ネットワーク編『元気がでる就学援助の本―子どもの学びを支えるセーフティネット』かもがわ出版，2012 年／湯田伸一『知られざる就学援助―驚愕の市区町村格差』学事出版，2009 年。

13）シンポジウムの模様は，全国学校事務職員研究会『子どものための学校事務』No.124，（2014 年 3 月）を参照。

第8章

大学の自治・学問の自由と〈教育の自由〉

現在，日本では教員養成は原則として大学において行っている。本書を読まれている方も，ほとんどは現在大学で教職課程を履修しているか，過去に履修していたのではないだろうか。大学における教員養成は，第二次世界大戦後の教育改革により実施されるようになったものであるから，その歴史はすでに70年になる。こうした意味で，社会にすっかり定着したものであるといってよい。

この70年の間，人々の生活と労働，利用できる知識と技術，そして人々をとりまく環境は大きく変化した。それに伴い，子どもの姿，父母の要求，学校教育の内容，社会における学校の役割も変わっている。教師教育に求められるものも不変ではない。したがって，教師教育の一部である大学における教員養成にも，時代と社会に応じた内容を備えることが求められる。とはいえ，それは単に時代と社会の変化を追いかけ，流れに棹さすことではない。子どもたちに人類社会が蓄えてきた文化を継承し，人間的成長を促していくために，教師は学問的素養と専門職としての力量をともに備えていなければならない。

現実には，教師教育をどのように行っていくかをめぐっては，小さくない見解の相違がある。とくに，アカデミズム，すなわち学問的な専門性を重視する立場と，プロフェッショナリズム，すなわち専門職としての力量形成を重視する立場との間には，しばしば対立が生じてきた。とはいえ，両者は二律背反ではないのだから，緊張関係を保ちながら教師教育のあり方にダイナミズムをつくりだすよう作用することが望まれる。

こうしたことが可能となるためには，〈大学の自治・学問の自由〉と〈教育の自由〉が存在し，かつ結びついていかなければならない。本章では，その理由と課題について述べていくことにする。

1 教育の中立性と教育の自由

（1）公開授業の教材差し替え事件

2017年10月，スキーリゾート地として有名な北海道ニセコ町で起きた1つの出来事が新聞紙上をにぎわした。北海道ニセコ高等学校において行われた公開授業「ニセコでエネルギーと環境を考える」の内容が部外者から事前にチェックされ，教材の差し替えを求められたのである。公開授業は経済産業省（以下，経産省）の「エネルギー教育モデル校」補助金により実施されたものであるが，授業のテーマ・内容の企画は高校に任されていた。そこで高校は，大気の化学的研究を専門とし，自然環境における汚染物質の拡散の問題などに詳しい北海道大学工学部の教員Yさんを講師に選び，学校に招くことにしたのである。

ところが，経産省はニセコ高校に実施前の公開授業の配付資料の提出を求め，さらにYさんの大学研究室に北海道経産局（経産省の地方機関）から職員2名を派遣して資料の修正を求めた。経産省職員は，Yさんが資料に掲載していた福島第一原発3号機の水素爆発の写真（新聞・テレビなどで報道されたもの）に対して，「印象操作である」「リスクはどのエネルギーにもあると説明してほしい」と指摘した。その結果，Yさんは，原発事故の写真のほか，倒壊した風力発電所（風車）の写真などを追加するなどして公開授業を行った。

このことが後日，教育に対する不当な介入ではないかとニセコ町内で問題になったのである。経緯を全国紙・地元紙が批判的に報じたことにより，経産省は釈明に追われることになった。2018年4月，北海道経産局は新聞に対して「中立的な授業内容を求めただけ」とコメントをした。世耕経産大臣は，記者会見で「誤解を与えかねない面があった」と認めたものの，「国として授業内容に責任をもつのは当然」と述べた。しかし，「エネルギー教育モデル校」事業は2018年度限りで廃止するという。

1つの町の高校での出来事を出来事を新聞各紙が“事件”として取り上げたの

は，単にそれが地元で騒ぎになったからではない。ここには教育の中立性という，社会に問うべき重要な問題が含まれていると考えたからである[1)]。

中立という言葉は，「①いずれにもかたよらずに中正の立場をとること，②いずれにも味方せず，いずれにも敵対しないこと」とされる（『広辞苑』）。このような日本語の用法だとすれば，教育の中立性とは，複数ある立場や思想に対して，いずれにも同意も批判もしない教育ということになる。

しかしながら，少し考えてみればわかるように，これでは教育は成り立たない。文学作品の解釈のように正答が一通りに決まらないものはもちろんのこと，歴史・政治経済など社会科学，そして自然科学ですら，複数の見解がたたかわされている問題は無数に存在するからである。学校教育において「正しい」とされているものは，それぞれの分野において，その時点で学問的に支持されている通説であるにすぎない。通説も複数ある立場の１つなのだから，もし，複数ある立場のいずれも支持してはならないとしたら，ほとんどのことがらは教育において扱えなくなってしまう。

（２）教育の中立性（子どもの権利を充足するための教育の自由）

教育の中立性とは，もともとは，教育を知育と徳育にわけた場合，「公教育は知育に限る」（コンドルセ），つまり，学校は子どもの価値観の形成にかかわることがらは扱わないとする考え方である[2)]。この時代はまだ，現在のように学校も整備されていなければ，教員資格をもった教師も存在していない。そうしたなかで，親の教育の自由を肯定するのが教育の中立性という発想であった。

このような考え方が生まれた背景には，国家観の転換がある。絶対王政は王権神授説により自らの支配を正当化していた。これを批判し，打倒して成立した近代国家は，特定の宗教に頼らずに統治を基礎づける必要があった。このようにすることで，伝統的に道徳教育を行っていた宗教（キリスト教）や親との対立を回避しようとしたのである。

いっぽう，近代啓蒙思想のなかから，子どもは元来，成長・発達の権利をもつという考え方も生まれた。しかし，子どもは教育を受ける権利を自身で行使することができない。そのため，親は子どもの権利を充足するために教育を受けさせる義務をもつ。ただし，この義務を親が個別に果たすだけでは，子どもは親の偏見から自由になることができない。そこで国家は，かつ万人に共通する教育（普通教育）を行わなければならない。このような考え方は，フランスの思想家・政治家であるコンドルセ（Condorcet, M. J. A. N. C., 1743-1794）により唱えられた。コンドルセはまた，「政府はどこに真理が存し，どこに誤謬があるかを決定する権利を持たない，政府によって与えられる偏見は真の暴政である」と述べた。数学者でもあった彼は，知育の内容の正しさは，あくまで学問的に決定されなければならないと考えたのである[3)]。

日本においては，教育の中立性，教育の自由の語の使われ方は，親の自由としてよりも，学校の教師の教育内容・方法の決定の自由を意味する言葉として用いられてきた。それは，日本の教育の歴史と深くかかわっている。

親の自由に関しては，フランス民法を範としてつくられた日本の民法は，子どもに対する監護・教育を親権として認めていた。しかしながら，大日本帝国憲法の下では，教育は兵役・納税と並ぶ国民の義務の１つとして位置づけた。教育は本来的に国家の権能であるという考え方は，教師による教育の内容や方法の研究を阻んできた。第二次世界大戦までの間，日本の教師は，制度上は国定教科書と指導用書の枠組みのなかで教育を行うこととされていたのである。

戦後の教育改革により，このような考え方は大きく転換された。教育改革の理念を示すことを目的に来日した米国教育使節団は，教師が教育の担い手として大幅な自由を与えられるべきと述べた。1947 年につくられた最初の「学習指導要領（試案）」は，次のように述べ，教師の自由な教育研究を奨励した。

「この書は，学習の指導について述べるのが目的であるが，これまでの教師用書のように，一つの動かすことのできない道をきめて，それを示そうとするような目的でつくられたものではない。新しく児童の要求と社会の要求とに応じて生まれた教科課程をどんなふうに生かして行くかを教師自身が自分で研究して行く手びきとして書かれたものである」

ところが，1950 年代以降の教育政策と教育行政の展開のなかで，教育内容に対する国家の関与が強められていった。

教育政策の柱は大きく２つあった。１つは，再軍備反対を唱えるなど当時の保守政権と対立を深めていた日本教職員組合（日教組）の現場での影響力を排除しようとすることである。1954 年，与野党が激しく対立するなかで「義務教育諸学校における教育の政治的中立の確保に関する臨時措置法」（中確法）が成立した。教育における「政治的中立」が一大争点になったのである。

もう１つは，経済界の要求に応じて，学校の内容や制度を人材の育成と選別の観点から再編すること（人的能力開発政策）である。人材の育成と選別の観点からは，全国的に一律の内容を教育し，成績優秀者のみが上級学校へ進学することが望まれた。そのため，1958 年，文部省は学習指導要領を大臣告示として官報に掲載し，法的拘束力をもつものとして扱うようになった。学習指導要領は教師の教育課程に関する研究を奨励するものから，教育課程を枠づけるものへと変化したのである。このような動きに対して，教育の自由を取り戻そうとする運動が教職員組合を中心に広がっていった。

人的能力開発政策の一環として行われた全国中学校一斉学力調査（学力テスト）に対して，各地で反対する教師らが抵抗した。その結果，国に学力テストを実施する権限があるかが裁判で争われることになった。旭川学力テスト事件最高裁判決（1976 年）は，子どもたちには教師の教授内容を批判する能力がないことや，教育の機会均等をはかるうえから「全国的に一定の水準を確保すべき強い要請がある」と述べ，「普通教育における教師に完全な教授の自由を認めることは，とうてい許されない」とした。そして，国は「憲法上は，あるいは子ども自身の利益の擁護のため，あるいは子どもの成長に対する社会公共の利益と関心にこたえるため，必要かつ相当と認められる範囲において，教育内容についてもこれを決定する権能を有する」と判示した[4)]。

ところで，先のニセコ高校の例では，経産省職員が教材の修正を求めたのは，子どもたちに科学的な見解を広く学んでほしいからではなかった。原子力を基幹的なエネルギーとして位置づけている現在の「国としての立場」から，原子力のリスクだけを強調してもらいたくないというのである。こうした理由で，講師に教材の差し替えを求めることは，「子ども自身の利益の擁護」や「子どもの成長に対する社会公共の利益と関心にこたえる」という観点から認められるものなのか，おおいに議論すべきだろう。

2 大学・教師教育の自律性

（1）伝統的な「学問の自由」

大学の授業では，教師は学説を自由に述べ，批判し，創造することが許されている。19 世紀のドイツにおいて確立した「大学の自由」（独：Akademische Freiheit，英：academic freedom）の考え方によれば，学説を発表する自由，教授の自由は，大学における研究の自由に含まれている。このような考え方は，科学の飛躍的な発展を背景として生まれた。研究は高度な知的活動であるから，自由な展開を妨げることは許されない。それは研究を行う大学教授に認められた自由だということになる。そして，教授たちの自由を守るために，大学は強固な自治をもつべきだとされた。

ドイツで発達した「大学の自由」と，それに基づく大学の自治の考え方は，日本の大学に多大な影響を及ぼした。近代日本の大学は国家的な要請に応えることを使命としてつくられた。そのため，大学の研究・教育も国家的な目的をもつこととされてきた。しかしながら，日本の大学の教授たちのなかにも，学問は国家から独立したものであるべきだとする考えを支持する者があらわれた。そして，人事権をもつ者が大学教員に対して処分（休職・罷免など）を行ったことに対して，同僚の教授・助教授らが団結して反対したことをきっかけに，教員の人事権を中核とする大学の自治が確立していった[5]。

このような戦前の大学自治は，研究を自由に行い，学問を発展させるうえで重要な役割を果たした。だが，大学教授たちの多くは「大学の自由」に対する介入には敏感に反応し，抵抗したものの，大学外の社会における自由の問題に関する関心は希薄であった。その結果，戦前の大学自治は，「大学の自由」を大学教員の自由として守ろうとすることにとどまり，大学の外の言論などの自由に関して十分な関心が払われることがなかった。そして，このような弱点をもつがゆえ，最終的には大学の教員の学問の自由を守ることもできなくなっていった。こうした事情は，ナチ政権下のドイツの大学においても同じであった。

（2） 2つの教師像

ヨーロッパにおける近代公教育成立以前の学校は，主として貴族など支配層の子どもたちを教育する機関であった。このようなエリート教育として学校教育は，エリートの文化を基礎に行われていた。寄宿舎による集団生活，スポーツなどである。そして，学問もその1つであった。そのため，エリート教育機関としての学校では，学問の言葉である古典語（ラテン語）の修得に多くの時間と労力が費やされることになった。イギリスの伝統的な中等学校がグラマースクール（文法の学校）と称しているのはその名残である。貴族支配の歴史をもたないアメリカにおいても，中等学校の教育内容はやはり学問の伝達を中心としていた。中等学校では，教師の資格は何よりも学問を修めることであった。そのため，教えられる者よりも一段高い学校を卒業していれば十分であり，教育方法に関する関心は低かったといわれる。

これに対して，19 世紀以降，欧米各国に広がった国民規模の初等教育は，多数の子どもたちに教科の知識・技術を確実に習得させることを仕事とする教師を大量に必要とした。このタイプの教師を意図的かつ計画的に養成することを目的につくられたのが師範学校である。初等教員の養成に特化した師範学校の教育は，大学や伝統的な中等学校の教育とは異質のものであった。したがって養成される教師の姿，職業的アイデンティティも大きく異なっていた。

これら2つの教員養成のシステムはほとんど交わることがなかった。しかし，19 世紀後半のアメリカにおいて，両者を統合しようとする動きが生まれる。このような動きが生まれた要因としてあげられるのは主に次の2つである。1つは，後期中等教育（公立ハイスクール）が飛躍的に増加し，教員養成が追いつかなくなったことである。もう1つは，教授技術を中心に行われていた師範学校の教育が，教育に対する社会的要請と教育実践を結びつける新しい学問

（プラグマティズム）を基礎とするものへと変化していったことである。この2つの要因により，それまで異なるものとして展開してきた教師像が統合され，「学識ある専門職」という教師像が生まれた。「学識ある専門職」としての教員養成は，師範学校から発展した師範大学の役割とされ，学問，教育理論，および実践をつなぐ，新しい教育研究が取り組まれるようになった。

（3）戦後教育改革と教員養成の改革

日本における教員養成も，その出発段階から初等学校と中等学校とでは区別されており，両者は交わることなく，戦後改革期まで続いた。すなわち，初等教員の養成は師範学校で行われた。いっぽう，中学校の教員の多くは大学・高等学校を卒業した者であった。

戦前の日本にあっても，海外の教育理論と実践の動向の摂取に努め，教育方法や内容の改革に尽力した教師・教育理論家たちはいた。また，子どもがおかれた厳しい現実のなかから教育の課題をつかみ取ろうと努力する教師たちもいた。しかしながら，アメリカとは異なり，日本では「学識ある専門職」としての教師という考え方が成立することのないままに，教育は戦時動員体制に巻き込まれていった。

戦後，日本における教員養成のあり方は一変した。私たちが慣れ親しんでいる大学における教員養成もこのとき始められたものである。変わったのは教員養成だけではない。理念，法，制度など，教育のあらゆる面が大転換を遂げた。戦後教育改革と呼ばれるこの改革は，戦後，連合国に無条件降伏した日本が取り組むことになった徹底した社会改革の一環である。戦後改革は軍国主義の除去と民主化を柱としており，それらは戦後教育改革においても徹底された。

大学における教員養成は，戦後教育改革の結果として行われた改革である。しかし，それは単なる戦後教育改革の部分ではなく，改革が追求する教育を実現するために不可欠の役割を担う改革であった。

戦後の教育の根本を示すものとして制定された教育基本法（1947年）は，戦前の教育を抜本的に転換するために，次の2つの内容を重要だとした。1つは，教育の目的を「人格の完成」としたことである。「人格の完成」とは，いかにも堅苦しい言葉であるが，制定過程における議論では「人間性の開発」の意味だとされている。英文では full development of personality である。すなわち，教育は，「平和的な国家及び社会の形成者として」「真理と正義」以下，いくつかの価値を支持する，あるいは備えた国民の育成を期して行うものであるが，それらを行う際にも，人間教育の理念に反してはならないということである。

もう1つは，教育の目的を達成するためには「学問の自由を尊重」しなければならないとしたことである。すでに日本国憲法は，23条で「学問の自由」を保障するとしていたが，この条文の意義は，主として大学における学問の自由を保障したものという解釈が有力であった。しかし，教育基本法は，人間教育という教育の目的とのかかわりで「学問の自由」を位置づけたのである。

このような考え方の下，大学も学校教育制度の一環とされ，大きな改革が実施された。その柱は，帝国大学など一部の大学が特権的な地位を占めていた体制を打破すること，女子へ高等教育の門戸を開放すること，高等教育機関の自治と自律性の確保，大学教育が専門教育に偏っていたのをあらため，すべての大学に一般教育を導入することなどであった。そして，教員養成制度の改革も行われた。教師の再教育・現職教育，大学における教員養成，教育行政職の専門性の育成などである。

戦後教育改革の基本方向を審議した教育刷新委員会は，師範学校の教育が視野の狭い教師を生む要因となっていたと考え，その廃止を求めた。そして，視野が広く，学識ある教師を育てるために，教員養成は大学において行うべきとした。そのために，特定のタイプの大学のみでなく，すべての大学が教員養成にかかわることを可能とする仕組みとして教職課程を設け，さまざまな専攻の学生に教員免許状取得の機会を与える方式の導入を提言したのである。

（4）学問の自由と大学の自律性

大学における教員養成の導入は，教師になろうとする学生が学問的な素養を培うことにより，それまでの師範教育の問題を克服しようとするものであった。

そして，大学教育を受けた教師を多数輩出することによって，民主主義社会にふさわしい教育を実現しようとするものであった。

だが，単に大学教育を受け，学問を修めた者が教師になるだけであれば，古いタイプの中等教員を求めているのと変わらない。大学における教員養成は，新しい教育理念と合致した教育を伴う必要があった。

そのためには，大学の側も改革される必要があった。課題は大きく2つある。第一に，教育の理論と実践をつなぐ学問を，大学のなかで行い，定着させることである。大学における教員養成が教員資格を求める学生に対して付加的な教育を行うだけであれば，それは実質的な意味での大学における教員養成だとはいえない。大学には教員養成を大学教育の一部としていく研究・教育とそれを担う体制を備えることが求められる。教育学部はそうしたものの1つである。

とはいえ，大学のなかで教育の理論と実践をつなぐ学問を行う場が教育学部のみにとどまるのでは，師範学校の大学化にすぎない。教育学部以外の一般学部でも，教育の理論や実践とつながる学問が創造される必要がある。そのためには，学部・学科など専門分野ごとを単位として構成されてきた大学の研究・教育組織，そのなかで醸成されてきた学問の風土も変革されねばならなかった。

戦後改革により生まれた新しい大学制度（新制大学）は，こうした変革にプラスに働く可能性をもっていた。しかしながら，大学に関する全国的な管理組織がつくられないまま，政府の教育行政組織である文部省が存続することになり，さらに，占領政策の転換による大学への介入が公然と行われる事態が出現したことから，大学関係者の間には，伝統的な教授会を中心とする自治を擁護しようとする気運が高まった。それは研究という高度な精神的営みを守るために大学においては「学問の自由」が保障されねばならないという考え方に基づくものである。その結果，研究成果を教授する自由は保障されねばならないものの，教育の自由を保障すべきという考え方は必ずしも支持されることなく，戦後の大学の自治が形成されていった[6)]。

1950年代半ば以降，国の予算の多くは産業界の要請に基づく理工系の学部・学科などの拡充へ振り向けられた。1960年代に入ると，大学への進学希望者数が増大したが，国による大学の整備は追いつかず，入学者の多くを私立大学の人文・社会科学系の学部が受けとめることとなった。当時の私立大学の教育環境は，しばしば「マスプロ」（マスプロダクト：大量生産される工業製品の意味）と呼ばれたように劣悪であることが多かった。また，私立大学では施設などの整備のために授業料値上げが繰り返された。戦前からの伝統をもつ国立大学の教育環境は相対的に恵まれていたが，閉鎖的・権威主義的な体質が温存されていることも少なくなかった。

このような状況に対して，学生・院生や助手（若手研究者）など，各層の不満が高まり，伝統的な教授会を中心とした大学自治に対する批判と改革を求める運動が展開された。破壊や暴力など否定的な動きも一部にあったが，教職員と学生が合意をつくり，民主的な組織運営や学生の要求を取り入れたカリキュラム改革などが各地で進展した。私立大学の教育環境を改善するために国庫助成を求める運動も展開された。その結果，1975 年から私立学校の人件費など経常費に対する国庫助成が実現した。

各大学が学内の民主主義を基盤として改革を進めるとともに，大学が相互に協力することにより条件整備を進める動きは，関係者が共同により教育を営んでいく自由の必要を示すものであるといえるだろう。この自由は，教育を創造する自由であり，研究から派生する伝統的な自由とは異なる。ところが，教育の自由を保障するための制度改革は実現することなく，大学は 1980 年代以降の教育の「自由化」路線の下で姿を変えていくことになる。

（5）大学の自律性の変貌

1980 年代，中曽根内閣の下に設けられた臨時教育審議会は，経済界の要求を受け，教育の「多様化」「個性化」「高度化」を実現するために，「自由化」「民営化」による教育改革を行うという方針を打ち出した。さまざまなタイプの教育をつくり，子ども（親）に自由に選択させることにより，社会に必要な教育の量と質を決めていこうという考え方は，新自由主義の経済理論に基づくものであり，新自由主義教育改革と呼ばれる[7)]。

当初は文部省（当時）の抵抗が強く，初等中等教育の「自由化」「民営化」は難航した。いっぽう，一部の大学関係者の間では，カリキュラムや組織などの改革を進めるために文部省の規制撤廃を望む声が強く，「自由化」はそのきっかけになると期待された。また，大都市圏以外の地方自治体では，地元の高等教育機会の不足を是正するたに大学の設置を求める要望が高まっていた。そのため，文部省も「情報」や「国際」など特定分野を大学・学部の新増設の規制の例外として認めるようになった。

1990年代に入ると，政府は基礎研究の成果を新産業創出に結びつけたり，特許を取得して知的財産にしていくことを目的とする「科学技術立国」路線を明確にする。この政策に対応して，大学に対する財政支出も見直していくべきだという考え方の下，行政改革の一環としての国立大学の法人化の検討が行われた。その結果，2004年から国立大学法人が発足することになった。

法人化当初は，国立大学が国の規制を免れ，予算を自由に使えるようになるという期待も一部にあった。しかし，そうした期待は見事に裏切られた。法人化後，大学が自由に使うことのできる予算（運営費交付金）は年々削減され，15年間で1400億円余りものマイナスとなった。これは中規模の国立大学十数校分の交付金に相当する額である。この間，各大学は事務の効率化を進めたり，管理費を削るなどして対応してきたが，ついにそれも限界に達し，教員数を削減せざるを得ない状況になっている。

2012年以降，政府は国立大学の各学部・大学院などの組織ごとに「ミッションの再定義」という文書をつくらせ，その内容に基づき「速やかな組織改革に努めること」を各大学に求めている。こうした方針に対応して，近年は国立大学の学部の新設が相次いでいる。新規の予算がつかないため，既存の学部から定員を集めて新学部を立ち上げる方式により，人文・社会科学系の規模を縮小し，工学や情報科学系を含む組織を新設するものが多い。

政府はこの間，大学を種別化する政策を推進するための補助金を次々とつくってきた。2016年からの第3期中期目標期間，政府は国立大学を「地域」「分野・全国」「世界」の3グループにわけ，大学から交付金を拠出させ，各グループのなかで評価によって再配分するようになっている。私立大学に対しても同様に，毎年の「私立大学等改革総合支援事業」のなかに，「グローバル化」「産業界・他大学などとの連携」「地域発展」といった３類型の補助金が設けられた。さらに，全大学に共通の補助金のなかにも，「グローバル人材」の育成などをはかることを目的とした「スーパーグローバル大学創成支援事業」，情報技術人材育成を行う「高度技術人材育成事業成長分野を支える情報技術人材の育成拠点の形成」，地域的な人材育成をめざす「地（知）の拠点大学による地方創生推進事業（COC＋）」などが含まれている（2017年度）。

このような政策が展開するなか，大学の自律性は変貌している。今日の大学では，学問の自由を守るための自治や，大学が自主的な改革を進めるための自治といった言葉はほとんど聞かれない。新自由主義教育改革のなかでもたらされる，市場的ニーズまたは政策的ニーズをキャッチし，対応するための経営的な自律性の別名なのである。

3 教員養成系大学・学部のかかえる課題

（1）教員養成系に対する差別的扱い

教員養成系大学・学部の姿も大きく変化している。ただし，それは自身のめざす方向を自主的に見定め自律的に進んでいる結果とは言いがたい。教員養成系大学・学部も，大学改革に巻き込まれ，政策により姿を変えることを強いられたものである[8)]。

戦後教育改革のなかで構想された教師教育の原則の１つは，教員養成を特定の機関に閉じたものとしないということであった。ところが，この制度によって養成された教師が現場に輩出され主力となる前に，目的・計画化という大きな変更が行われた。2 で述べたように，背景には教育制度全体を再編しようとする政策動向の存在があった。ただし，ほとんどの専門分野ではそれは最近まで全面的に展開することはなかった。

ところが，教員養成系大学・学部だけは，早い段階で教員養成の目的・計画化に対応した機関へと大きく舵を切っていくことになる。まず，1956年に行われた大学設置基準の改訂により，国立の学芸大学・学芸学部は，基礎となる組織を，研究・教育組織である「講座」から，教育のみの組織である「学科目」へと変更された。大学であるにもかかわらず，制度上は研究・教育組織ではないというのである。

つづいて，1958 年の中央教育審議会答申（「教員養成制度の改善について（答申）」）は，国立の学芸大学・学芸学部は，公立小学校教員の大部分と公立中学校教員の一定数，高校教員の一部を養成する。いっぽう，一般大学は，中学校・高校教員を養成するという教員養成の棲み分けの方針を示した。1966・67 年になると，学芸大学・学芸学部は，教員養成を目的とすることを明確に示す「教育大学・学部」へと名称変更された。ただし，すでに東京教育大学があったことから，東京学芸大学だけは「学芸大学」のまま存続した。

このような変更の理由について，国は，一定数の質の高い教員を安定的に養成するためだと説明した。だが，当事者の意思とかかわりなく，大学の組織の性格や名称が変更されるのは異例である。そして，教員養成系大学・学部に対する国のこうした扱いは，その後も継続されていく。

1987 年からの数年間，教員養成系大学・学部に，新課程と呼ばれる課程が次々に出現した。新課程の内容は，国際・情報・生涯学習など分野の専門教育を行うというもので，当時の国が推進していた政策に対応する組織という性格をもつものであった。新課程の開設は基本的に既存の教員の異動により行われた。このとき，教員養成課程から多くの教員が新課程に鞍替えした。国立大学全体の教員数を増やすことなく新課程をつくるために，教員養成系大学・学部が犠牲になったわけである。なぜほかの学部でなく教員養成系なのか。公式には，全国的に教員採用数が低迷しており，教員養成系大学・学部の学生定員は過大であると説明された。なお，このとき，教養部を設置していた大学では，教養部所属の教員も多くが新課程に異動した。1997 年，再び国立大学の教員養成課程の学生定員の大幅な削減が行われた。10 年前のときと同じく，多くの教員が新課程に異動を余儀なくされた。その数は全国で 5000 人にも及んだ。1986 年に全国の国立大学で 2 万人あった教員養成課程の入学定員はほぼ半分の１万人にまで減少した。

国立の教員養成系大学・学部を教員の目的・計画養成に対応した組織と考えるならば，教員免許状の取得を卒業要件としない新課程の開設は，大学・学部の性格にかかわる大きな出来事である。当初は，教員養成課程の学生定員のほうが上回っていたことから，新課程は「ゼロ免」（免許取得を義務づけない）とも呼ばれていたが，1990年代の教員養成課程の5000人削減を経て，新課程が教員養成課程を上回る大学もあらわれた。これらの大学では，教育学部を名乗ることができなくなり，学部名の変更を余儀なくされた。

さらに，新課程の開設は教員養成課程の教員の不足を招くことになった。多くの大学が教員免許を出すことのできる最低限の数しか教員を揃えることができなくなった。余裕のない体制は，教員養成の深さや幅広さを損なうことにもつながる問題である。

（２）教員養成系大学・学部の再編と統制

2000年代に入り，国立大学全体の組織の統廃合を進めようとする政治的な圧力が強まると，教員養成系大学・学部でも，府県を超えた組織の再編を探る動きが生まれた。教員養成課程を集約することにより，教員数の不足などを補う目論みもあったが，このときは地元の教員養成課程の維持を求める同窓会や地域の運動の高まりなどのため，再編が進むことはほとんどなかった（鳥取大学と島根大学の間で組織再編が行われたのみ）。2012年以降，今度は国立大学に新しい学部などの組織をつくる動きが広がる。その多くは，新課程を教育学部から切り離して行うというものであった。いっぽう，教員養成系大学・学部は，「ミッションの再定義」により，卒業生の教員採用率を高めるなどの数値目標をつくらされた。

国立の教員養成系大学・学部が教員養成に特化し，規模を縮小することを迫られている。いっぽう，近年は私立大学における小学校教員の養成課程の開設が相次いでいる。その結果，新規に小学校教員免許状を取得する者の過半数が私立大学の出身者となっている。2015年度全国の国公私立752大学のうち606

校（80.6%），大学院 627 校のうち 435 校（69.4%），大学専攻科 73 校のうち 44 校（60.3%），短期大学 349 校中 241 校（69.1%），短期大学専攻科 118 校中 20 校（16.9%），そして指定教員養成機関 41 校を加えた合計 1386 機関が教員養成を担っている。そのうち，国立の教員養成系大学・学部出身者の全国の公立学校教員採用者に占める割合は，小学校で 33.2%，中学校で 24.3%，高等学校で 14.8%となっている（2015 年度）。また，教職に就く割合は臨時教員も含めて平均 6 ～ 7 割程度にとどまっている。小学校の教員養成においても国による目的・計画化は崩れつつあるといってよい。

だが，文科省は教職課程に関する規制を緩めたわけではない。かつては，課程認定されたあとの基準遵守は大学任せであったが，2001 年を境に，文科省は，教職課程の運営・実施状況について，教育職員免許法，同法施行規則および教職課程認定基準を満たしているか，教職に関する科目について法令に定める内容を適切に扱っているか確認し，さらにその後の課程認定で追加した条件に対応するよう指導するために「教職課程認定大学実地視察」を行うようになった。

歴史を振り返ると明らかなように，教員養成系大学・学部は，国の政策と行政に翻弄されてきた。そして，大学改革と組織再編のなかで自律的な発展を阻まれてきた。教員養成の目的・計画化という政策を担う組織という役割を一方的に与え，学生定員を操作したり，果ては統廃合を強要するなど，国は常に教員養成系大学・学部に対して，ほかの学部とは異なる扱いをしてきた。公式には，それは研究と切り離された教育組織だからだという理由であった。学問の発展方向を見定め，組織のあり方を考えていくのが大学の役割であるはずなのに，国は教員養成系大学・学部にそうした面を認めていないのである。これは大学における教員養成の否定だといわなければならない。

ただし，一般大学・学部の「大学の自治」にも問題がないわけではない。前節でみたように，現在の大学は「教育改革」の名により組織改革をひんぱんに行っているが，入学志願者を集めることと国から補助金を獲得することが主な動機となってしまっている。学生の選択はある種の社会的ニーズを反映したものだろう。また，政策のなかにも国民の意思が反映されていないと言い切ることはできない。結果として，大学がこれらに応えることはあってよいが，その場合でも，組織としての自律的な判断を経ることは必須である。そうしなければ，一般大学・学部もまた（つまり，大学すべてが），学問の発展方向を見定め，組織的に追求していくことができなくなってしまう。

4 大学で教師を養成すること／教師をめざし学ぶことの意味

冒頭に述べたように，戦後の教員養成制度はすでに70年の歴史を刻んできたが，今日まで「大学における教員養成」と「免許状授与の開放制」を二大原則として堅持している。

「大学における教員養成」は，教員の資質の向上，教職の専門性の確立をめざして，免許状授与の基礎資格として大学の教育課程を修了し，教職に必要な単位を修得した者に教員の資格を認定するものである。「免許状授与の開放制」は，教職課程をおく大学で教育を受け，所定の要件を充たす者には，どの大学の卒業者であっても教員免許状を授与する制度原則である。

「大学における教員養成」は，大学教育を受けた者が教師になることより，学校教育の水準の向上に寄与するとともに，国民の学問的基盤を形成することをめざすものであった。「免許状授与の開放制」は，教員養成を特定の機関に限定することは閉鎖性・独善性に陥りやすく，戦前の師範教育のように国家主義的傾向をもつことにもなりかねないという当時の改革者たちの批判意識に基づくものであった。

だが，歴史を振り返ってみれば明らかなように，閉鎖的・独善的であり，国家主義に陥ったのは師範教育だけではなかった。戦前の大学，とりわけ帝国大学は国家に奉仕する機関としてつくられた。そして，ときに戦争や動員に積極的に加担し，人体実験や細菌兵器の開発などに手を染める者すらいた。

したがって，師範教育にみられた問題を克服しようとするのであれば，単に教員養成を大学で行えば済むわけではない。大学の学問は，対象や方法は異なっていても，学問は究極的には人類の知的基盤を形成し，連帯を広げていくことに寄与すべきものだという認識が共有されねばならない。また，そうした観点から，諸科学や文化に関して幅広く，かつ深く理解させるものとなっている必要がある。

このような教育は，かつては教養教育（制度上の名称は一般教育）として行われていた。しかしながら，現在は教養教育の体制をもたない大学が増加している。いっぽうで，近年「教養」の語を用いた学部などの組織が増加している。そこでは多国籍企業のホワイトカラーや国際公務員など特定の「人材」に求められる資質をさすなど，教養の語義は変容している。

そうしたなかで，教職課程は学問を教育の観点から見直すことのできる位置にある組織だといえるだろう。一般大学であれば，教職科目として開講されている科目の基礎となっている学問の成果が，教科や生活指導の必要，さらには子ども・青年の文化的な要求や発達上の課題などとのかかわりにおいてどのような意味をもつのか問われることになる。大学における教員養成は，単にすぐれた教師を輩出するための方策にとどまらない意義をもつものとして理解される。

実際には，教職課程の多くは課程の運営に精一杯であり，学問自体の捉え直しを行う余力はほとんどない。また，そうした捉え直しをしようとしても，教員間の意識のちがいなど，困難は小さくない。とはいえ，教職課程の発展のためには，こうした問題を克服していかなければならない。ここでは学問の自由と大学の自治とのかかわりで２点を指摘して結びとしたい。

第一に，教職課程のあるべき姿の探究は，共同的に取り組むべき課題である。開放制の原則は，教員養成を行う大学がバラバラに存在していればよいのでなく，学問の自由・大学の自治と教育の自由を結びつける組織的な努力を求めている。現在，国立大学には日本教育大学協会，私立大学には全国私立大学教職課程協会が組織されており，それぞれの教職課程のあり方に関する経験交流と研究，提言などを行っている。しかし，ここにはすべての教職課程をもつ大学が組織されているわけではない。また，国立大学と私立大学とで，組織が分断されている。そのため，横断的な組織が求められる。現在，研究団体として重要な役割を果たしているのは教師教育学会だろう。ただし，この組織は個人加盟である。そのため，学会の研究活動を教職課程の運営や組織に結びつける取り組みが必要である。大学教育の「分野別質保証のための参照基準」づくりを各分野で果たしてきた日本学術会議にも，教職課程に関して積極的な役割を果たすことが期待される。

第二に，大学における教員養成が学問，教育理論，および実践の統一をめざすものであるならば，それは大学教育の改革として取り組まれるべきものである。ところが，今日の大学は教育政策によって枠づけられ，教育行政の指導に従うことを余儀なくされている。改革のなかで，時代と社会の変化に対応することや，現場における指導力の育成が強調されることは少なくない。しかし，そうした内容について，「本当にこれでよいのだろうか」「自分のめざしていたものとはちがう」といった疑問や違和感を抱き，悩んでいる者は，大学教師にも学生のなかにもいるのではないだろうか。当事者が抱いている疑問や違和感を率直に述べあい，議論していくことは，教員養成を含む大学教育を主体的に改革していく第一歩だろう。

深い学びのための課題

1．子どもの教育を受ける権利，親の教育の自由，教師の教育の自由はどのような関係にあるべきか，整理してみよう。
2．大学における教員養成が積極的な役割を発揮していくためには，どのような条件が必要かまとめよう。

注

1）この事件に関しては，『毎日新聞』『朝日新聞』『北海道新聞』の各紙が 2018 年 4 月 5 日・6 日以降，数回にわたって報じた。

2）このような立場の学説として，「国家活動の限界規制に関する考察」の中で公権力からの教育の自律性を主張したフンボルト（ドイツ），「市民国家というものは，人間の内面性に属するものは何者も生産しない」と述べたイェリネック（ドイツ），国家は学説をもたないと主張したデュギー（フランス）らのものがある。

3）このような考え方は，無償性，万人に共通する教育（普通教育）といった近代公教育の原則として，フランス革命期の憲法に規定された。

4）最高裁判決は学力テストを違法ではないとしただけで，適切だと見なしたわけではない。なお，学力テストは激しい点数競争や，それに伴う不正の頻発などの非教育的な実態が批判され，最高裁判決の 10 年前に中止されていた。

5）大学の教師の任免権は学長にあったが，誰を教師として選考するか（休職・罷免の場合も同じ）を決定する権限は教授会がもつとされた。また，学長の任免権は文部大臣にあったが，誰を学長として選考するかは評議会の投票によるとされた。

6）教育公務員特例法により，大学の教員の選考は教授会が行うこと，また，学長の選考は教授会の代表者で構成される評議会が行うこととされた。教特法が対象としたのは国公立大学であったが，多くの私立大学でも同様の手続きが取られるようになった。

7）19 世紀の自由主義経済学は，社会に必要な財の調整は市場により行うべきであり，政府は関与すべきでないという考え方を唱えた。現実には恐慌など「市場の失敗」が避けられなかったことから，20 世紀に入ると国家の介入を正当化する経済理論が主流となり，福祉国家の理論的基盤となった。新自由主義は，福祉国家は自由に対する国家の介入であるとして，ふたたび批判した。

8）国立の教育大学・教育学部（学芸大学・学芸学部）は教員養成のみを目的とするものではないことから，文部（科学）省が「教員養成大学・学部」と呼ぶのに対して，関係者は「教員養成系大学・学部」の言葉を用いてきた。本章もこれにならって，「教員養成系大学・学部」の語句を使うことにする。

参考・引用文献

家永三郎（1998）『学問の自由 大学自治論』（家永三郎集第 10 巻）岩波書店
伊ヶ崎暁生（2000）『学問の自由と大学の自治』三省堂
土屋基規（2017）『戦後日本教員養成の歴史的研究』風間書房
日本教師教育学会編（2017）『教師教育研究ハンドブック』学文社
日本教師教育学会編（2008）『日本の教師教育改革』学事出版
堀尾輝久（1971）『現代教育の思想と構造』岩波書店

終　章

これからの学校・教師の新たな課題

本書第1～8章では，歴史（過去）と現代（現在）における教育テーマを取り上げつつ，歴史における教育という営為とそのなかで確立されてきた教育の原理・原則を，また現代における教育の諸問題とその克服のために立ち返るべき教育の原理・原則を考察してきた。最後に，これから（近未来）の教育のあり様を，具体的な政策的動向に言及しつつ考えていくことにしたい。

1　近未来の教育の姿と課題

2018年，文部科学省・経済産業省・総務省における各研究会から，次のような近未来の教育の姿と課題を語る報告が，相次いで公表された。

①文部科学省「Society5.0に向けた人材育成～社会が変わる，学びが変わる～」(2018年6月)

②経済産業省「『未来の教室』とEdTeck研究会第一次提言」(2018年6月)

③総務省「自治体戦略2040構想研究会第一次及び第二次報告」(2018年4月及び7月)

これら3つの報告に共通する前提的認識は，世界的な科学技術イノベーションによる社会・経済の「大変革時代」の到来と，日本における人口減少・高齢化社会の到来であり，それらへの対応を急がなければならないということである。前者の到来は，「技術的特異点（Technological Singularity）：例えば高度化した人工知能が問題解決能力においても人類を超え地位が逆転する時点」や「第4次産業革命：蒸気機関による機械化が第1次，電力等による大量生産化が第2次，コンピュータ等による自動化が第3次に対して，全てのものがネットワーク経由でつながりビックデータと人工知能で最適化される第4次革命」

といった概念の登場をふまえて打ち出された「第5期科学技術基本計画」(2016年1月22日閣議決定) において，また後者の到来は，「地方消滅／自治体消滅」論といった刺激的な表現が話題とされるなかで公表された「日本の地域別将来推計人口（平成30年推計，平成27～57（2015～45）年の30年間)」(2018年3月30日国立社会保障・人口問題研究所公表）において，それぞれ危機感とともに主張・喧伝されている。上記①における「Society5.0」とは，人類が歩んできた「狩猟社会：Society1.0」→「農耕社会：同2.0」→「工業社会：同3.0」→「情報社会：同4.0」に続く新たな社会のことであり，「超スマート社会：必要なもの・サービスを，必要な人に，必要な時に，必要なだけ提供し，社会の様々なニーズにきめ細やかに対応でき，あらゆる人が質の高いサービスを受けられ，年齢，性別，地域，言語といった様々な違いを乗り越え，生き生きと快適に暮らすことができる社会」のこととして描かれている。その一方で日本の将来推計人口は，2030年以降全都道府県で総人口が減少し，2045年には65歳人口が50％以上を占める市区町村が3割近くになるという，生産年齢人口の大幅減少と少子高齢化社会という事態を迎えると描かれている。

こうした大きな社会変動に対応して，乳幼児から高齢者までの，そして学校教育のみならず家庭教育や社会教育までも含めた，総合的な人材育成政策（内閣総理大臣決裁で設置された「人生100年時代構想会議」）では「人づくり革命」と呼ぶ基本構想案が打ち出され，「経済財政運営と改革の基本方針（骨太の方針）2018～少子高齢化の克服による持続的な成長経路の実現～」(2018年6月15日閣議決定）が打ち出されている。それは，社会的な格差拡大の下で対応が求められている社会的課題を取り上げるという積極的な面を併せもちながらも，幼児教育無償化や待機児童解消の課題は女性の就業率を向上させるために，また介護職員の待遇改善による人材確保や条件整備の課題は生産年齢者の介護離職を防止するために，さらにはリカレント教育による「学び直し」システムの整備や同システムを中心的に担う大学の改革課題は第4次産業革命に対応した高齢者を含む社会人の再教育と生産的・社会的活動への再投入のためや「地域貢献」の名のもとに種別化・再役割づけされた大学の職業教育機関化と新たな統合・再編化のためにといった，それぞれの政策的意図が明確に読み取れるものとなっているのである。

本書序章において，教育という営為を捉えるには，「教室・授業」「学校・教職員集団」「家庭・地域・社会」という「三重の場」を貫く視野を常にもつことが必要不可欠であると述べたが，その主張の重要性を裏づけるかのような政策的論議と動向が学校・家庭・社会の各教育領域で進んできている。

まず，学校教育について取り上げてみよう。上記①において，その近未来の姿は，「国民国家モデル」社会における「学校 Ver.1.0（「勉強」の時代）」から，「グローバル市場経済モデル」社会における「学校 Ver2.0（「学習」の時代）」を経て，「持続可能な開発モデル」社会における「学校 Ver.3.0（「学び」の時代）」として描かれている。さらに，上記②において，その「未来の教室（＝2030 年の「普通の学び方」）」の姿は，より徹底・鮮明・具体的に描かれている。すなわち，「学習者中心に学び方をデザインする『学びのシステム』」として，「教室空間」「先生」「学習内容」「学習ツール：EdTech（Education と Technology）」が，現在の学校や公教育の域を超えて大胆に多様化され，それらを組み合わせ「一人ひとりの学習者に適した形で『学びの生産性』を最大化」することがめざされている。「社会とシームレスな教育現場づくり（産業界と教育界の連携）」は，学校の授業は昼過ぎに終わり，午後は学校に地域社会や企業の課題がもち込まれ，学びと研究とビジネスの行き交う場となり，学習スタイルも集団のルール形成や運営の方法も「成果を出せる社会人の仕事スタイルに近づけていく」姿が描かれている。

2 現在進行形となっている「近未来の教育」

上で紹介してきたような「近未来の教育」づくりは，人口減少・高齢化によって従来の機能が衰退していく地域の再生に向けた政策とも結びついている。上記③において，住民ニーズに対するサービスの供給が，自治体による公助の領域や，また民間によるビジネスとしての私助の領域でも，ともに成り立たなくなる状況のなかで，いかに家族や地域住民同士による共助・互助の機能を活性化するか，同時にその機能を積極的に担う人材の育成をどう図るかが論題となっている。そして「くらしを支える担い手の確保」として，「定年退職者や出産を機に退職した人」，あるいは「これまで十分活躍の場が与えられてこなかった人（バブル崩壊後の就職氷河期に就職した世代）」が当て込まれている。さらには，総務省「人材力活性化研究会」が公表した「人材力活性化プログラム」（2011 年 3 月）には，人材の育成・強化策の具体例として，初等中等教育においては，子どもたちに，地域においてさまざまな実体験を積ませ，地域にかかわる活動を通して，地域を誇りに思い，地域のために力を尽くそうとする態度を育成すること，同時に高等教育においては，大学が，地域の課題を積極的に引き取り，その課題解決をめざした研究・教育活動を行うことによって，学生たちに，地域への誇り，問題意識を生み，地域にねざす人材として育成することが打ち出されている。

すなわち，高齢者・女性・子ども・青年など地域のすべての人々を巻き込む仕組みを整え，学校・教育を核とした地域の再生（＝地方創生）を図ろうと考えられているのである。しかも，その動きは「近未来」ではなく，すでにもう「現在進行形」となっている。

たとえば，初等中等教育においては，学校と地域との連携・協働を推進する新たな組織として「学校運営協議会」や「地域学校協働本部」が設置されてきているし，経産省「『未来の教室』実証事業」が民間教育産業などによって請け負われ発進されはじめている。また高等教育においては，「ミッションの再定義」といった政策誘導のもとで研究重点大学とは「種別（差別）」化された「地域貢献」を担う地方国立大学などによって新たな教育組織（地域協働学部／地域創造学環など）の設置と地域協働リーダーの育成が進行している。私立大学においても，前掲「骨太の方針 2018」によって「人材育成の 3 つの観点」（＝「世界を牽引する人材」「高度な教養と専門性を備えた人材」「具体的な職業やスキルを意識した高い実務能力を備えた人材」）が打ち出され，財政支援誘導による大学の「類型（格付け）」化が始められようとしている。これらの問題はみな，〈大学の自治・学問の自由〉にかかわる問題として認識する必要がある。

さらに，家庭教育や社会教育の各領域でも，新たな事態が進行している。

家庭教育の領域では，教育基本法「改正」(2006年) によって新設された「第10条：家庭教育」および「第13条：学校，家庭及び地域住民等の相互の連携協力」の各規定を受けて，「家庭教育支援法案（仮称)」が国会上程間近であると報道されている[1)]。日本社会における従来型の家族の形態と機能が多様化し／崩壊してくる状況のなかで，育児放棄や児童虐待，貧困や基本的生活習慣の崩れ，躾の欠如や親子コミュニケーションの衰退など，さまざまな問題が顕著になってきたことは確かである。しかしそれは，家族・家庭の問題というより，社会の変化が家族・家庭のなかに引き起こした社会問題なのである。にもかかわらず同法案の内容は，国や地方自治体における上記諸問題解決に向けた社会的条件整備などの責務を規定するにとどまらず，社会問題であることの認識と問題解決にむけた基本方策を示さないままに，基本理念として，「第２条　家庭教育は，父母その他の保護者の第一義的責任において，…行われるものとする」と規定している。同条２，３項では，家庭教育支援は，父母その他の保護者が，「子に社会との関わりを自覚させ，この人格形成の基礎を培うことができるように」，「子育ての意義についての理解を深め，かつ，子育てに伴う喜びを実感できるように」，環境の整備や配慮をして行われるとの規定もみられる。そこには，上記諸問題の責任が家庭自体にあるという認識が底流にあり，それゆえに家庭教育という私的領域（学校における教育とは異なった家庭における養育という営為の内容）にまで公が介入するという意図さえもうかがわれる。

事態は同法案を先取りする形で各自治体における「家庭教育支援条例」が制定され，その内容は同法案よりもいっそう家庭教育の内容にまで踏み込んだものとなっているという。さまざまな教育問題の解決を家族・家庭の責任として肩代わりさせたり，「望ましい」家族・家庭教育像の普及を図ろうとする政策的意図を感じるとき，かの戦争前夜1930年に文部省訓令「家庭教育振興二関スル件」が登場し，その後の戦時下国民精神総動員体制の構築へとつながっていった歴史の再現となりはしないかと危ぶまれるのである。歴史の教訓にも学びながら，家庭教育という領域における〈私事《わたくしごと》としての養育〉に，〈公事《おおやけごと》としての支援〉がどのようにかかわっていくべきなのかを，家庭教育という営為の本質に立ち返って考えねばならない問題である。

社会教育の領域では，文科大臣によって中央教育審議会への諮問（「人口減少時代の新しい地域づくりに向けた社会教育の振興方策について」2018年3月2日）が行われ，「人口減少の中，地域が直面する課題を解決し新しい地域づくりにつなげるために求められる学習・活動の在り方」と同時に，「公民館，図書館，博物館等の社会教育施設に求められる役割」やその「役割を果たすために必要な具体的方策」の検討が要請されている。とくに後者の「求められる役割」と「必要な具体的方策」のなかには，地域活性化のための新たな利用策，そのための民間の資金や力を活用した活動や運営，さらにはその所管を教育委員会（教育行政）から首長部局（一般行政）へ移管することなども含まれている。上記「移管」の対象として名指しされているのが博物館であるが，これこそ上掲「基本方針（骨太の方針）2018」において打ち出された「稼ぐ文化への展開（＝各地の文化財の観光利用，美術品の取引など）」のために美術館とともに象徴的施設なのである。すでに地方自治体の設置する社会教育等公共施設への指定管理者制度（指定を受けた民間企業等が管理者として運営していく制度）の導入が進められてきているが，それを「成長」戦略や「地方創生」戦略のために活用していくというのである。社会教育の領域における，〈政治的中立性〉の確保（教育基本法第14条）や，〈国民の多様で自由な学習権〉の保障（社会教育法第3条）といった教育の原理・原則に立ち返って考えねばならない問題である。

現在，私たちが直面しており，かつ新たな認識によってその対応・解決が要請されている重要な教育課題は，上述してきたほかにも多い。とりわけ，「性的マイノリティ」への対応課題がある。文科省は，「性同一性障害に係る児童生徒に対するきめ細やかな対応の実施等について（通知）」（2015年4月30日）や状況調査をふまえての「性同一性障害や性的指向・性自認に係る，児童生徒に対するきめ細やかな対応等の実施について（教職員向け）周知資料」（2016年4月）を出した（ともに文科省ホームページ掲載）。教育委員会による教員研修も始められているが，いまだ参加率は高いとはいえない。ジェンダー平等・人権擁護の原則に基づき，まずは教師の認識を深めつつ，多様な性のあり方を受け入れ，差別のない安心・安全な生活と学習条件が保障された学校・社会の実現が必要である。

主権者教育もまた重要な課題となってきている。いわゆる「18歳選挙権」が法制化（2015年6月公布，翌年6月施行・適用）されることを機に，文科省は，新たに「高等学校等における政治的教養の教育と高等学校等の生徒による政治的活動等について（通知）」（2015年10月29日），副教材「私たちが拓く日本の未来」および「同教員向け指導書」（2015年9月29日公表，12月配布）を出した（ともに文科省ホームページ掲載）。しかしその内容は，依然として消極的で抑制的なものにとどまっている。今後ますます，憲法（19条，21条1項），子どもの権利条約（12-14条）の原理・原則に基づき，さらには政治教育とその中立性にかかわる「独：ボイテルスバッハ合意」（1976年制定：圧倒の禁止，論争性，生徒志向の三原則）などの海外事例にも学びつつ，それぞれの年齢段階に即した積極的な政治参加や社会参画の活動経験を通して，主権者としての政治的教養と自覚（教育基本法14条1項）を育成する実践構築が必要である。

3・11東日本大震災を直接的な契機として，子どもたちの命と安全を守るという，教育の最も基本的かつ重要な課題が再認識され，防災・安全教育のさまざまな取り組みが推進されてきている。教師および子どもたちの主体的な状況判断と行動選択の能力育成，被災後多くの地域住民の避難所となる学校と教師の役割など，新たな視点での教育・学校の見直しと条件整備が必要である。

教育という営為の歴史やそのなかで確立されてきた教育の原理・原則を学ぶことは，決して過去の世界に身をおいたままの閉じられた学習ではない。現在に身をおき，未来を見つめて，現在の教育諸問題の解決策を模索し，未来の教育のあり様を構想するに，なによりもまず必要不可欠な学習なのである。

注

1）「家庭教育支援法案」は，自由民主党内で論議・作成され，2017年2月27日の総務会で了承されたと報道されているが，その後修正・削除が施されているもいわれており，まだ（2018年7月時点）公表も国会上程もされていない。本章では木村涼子『家庭教育は誰のもの？』（2017，岩波書店），および本田由紀・伊藤公雄編著『国家がなぜ家族に干渉するのか』（2017，青弓社）の掲載資料と論究を参照した。

資　料

○日本国憲法（抄）

（1946.11.3 公布，1947.5.3 施行）

第 3 章　国民の権利及び義務

第 11 条　国民は，すべての基本的人権の享有を妨げられない。この憲法が国民に保障する基本的人権は，侵すことのできない永久の権利として，現在及び将来の国民に与へられる。

第 12 条　この憲法が国民に保障する自由及び権利は，国民の不断の努力によつて，これを保持しなければならない。又，国民は，これを濫用してはならないのであつて，常に公共の福祉のためにこれを利用する責任を負ふ。

第 13 条　すべて国民は，個人として尊重される。生命，自由及び幸福追求に対する国民の権利については，公共の福祉に反しない限り，立法その他の国政の上で，最大の尊重を必要とする。

第 14 条　すべて国民は，法の下に平等であつて，人種，信条，性別，社会的身分又は門地により，政治的，経済的又は社会的関係において，差別されない。（第 14 条 2,3　略）

第 19 条　思想及び良心の自由は，これを侵してはならない。

第 20 条　信教の自由は，何人に対してもこれを保障する。いかなる宗教団体も，国から特権を受け，又は政治上の権力を行使してはならない。

2　何人も，宗教上の行為，祝典，儀式又は行事に参加することを強制されない。

3　国及びその機関は，宗教教育その他いかなる宗教的活動もしてはならない。

第 21 条　集会，結社及び言論，出版その他一切の表現の自由は，これを保障する。

2　検閲は，これをしてはならない。通信の秘密は，これを侵してはならない。

第 22 条　何人も，公共の福祉に反しない限り，居住，移転及び職業選択の自由を有する。

2　何人も，外国に移住し，又は国籍を離脱する自由を侵されない。

第 23 条　学問の自由は，これを保障する。

第 24 条　婚姻は，両性の合意のみに基いて成立し，夫婦が同等の権利を有することを基本として，相互の協力により，維持されなければならない。

2　配偶者の選択，財産権，相続，住居の選定，離婚並びに婚姻及び家族に関するその他の事項に関しては，法律は，個人の尊厳と両性の本質的平等に立脚して，制定されなければならない。

第 25 条　すべて国民は，健康で文化的な最低限度の生活を営む権利を有する。

2　国は，すべての生活部面について，社会福祉，社会保障及び公衆衛生の向上及び増進に努めなければならない。

第 26 条　すべて国民は，法律の定めるところにより，その能力に応じて，ひとしく教育を受ける権利を有する。

2　すべて国民は，法律の定めるところにより，その保護する子女に普通教育を受けさせる義務を負ふ。義務教育は，これを無償とする。

第 7 章　財　政

第 89 条　公金その他の公の財産は，宗教上の組織若しくは団体の使用，便益若しくは維持のため，又は公の支配に属しない慈善，教育若しくは博愛の事業に対し，これを支出し，又はその利用に供してはならない。

第 10 章　最高法規

第 97 条　この憲法が日本国民に保障する基本的人権は，人類の多年にわたる自由獲得の努力の成果であつて，これらの権利は，過去幾多の試錬に堪へ，現在及び将来の国民に対し，侵すことのできない永久の権利として信託されたものである。

第 98 条　この憲法は，国の最高法規であつて，その条規に反する法律，命令，詔勅及び国務に関するその他の行為の全部又は一部は，その効力を有しない。

2　日本国が締結した条約及び確立された国際法規は，これを誠実に遵守することを必要とする。

第 99 条　天皇又は摂政及び国務大臣，国会議員，裁判官その他の公務員は，この憲法を尊重し擁護する義務を負ふ。

○教育基本法（抄）

（1947.3.31 公布，4.1 施行，2006.12.22 改正）

前　文

我々日本国民は，たゆまぬ努力によって築いてきた民主的で文化的な国家を更に発展させるとともに，世界の平和と人類の福祉の向上に貢献することを願うものである。

我々は，この理想を実現するため，個人の尊厳を重んじ，真理と正義を希求し，公共の精神を尊び，豊かな人間性と創造性を備えた人間の育成を期するとともに，伝統を継承し，新しい文化の創造を目指す教育を推進する。

ここに，我々は，日本国憲法の精神にのっとり，我が国の未来を切り拓く教育の基本を確立し，その振興を図るため，この法律を制定する。

第 1 章　教育の目的及び理念

（教育の目的）

第 1 条　教育は，人格の完成を目指し，平和で民主的な国家及び社会の形成者として必要な資質を備えた心身ともに健康な国民の育成を期して行われなければならない。

（教育の目標）

第 2 条　教育は，その目的を実現するため，学問の自由を尊重しつつ，次に掲げる目標を達成するよう行われるものとする。

一　幅広い知識と教養を身に付け，真理を求める態度を養い，豊かな情操と道徳心を培うとともに，健やかな身体を養うこと。

二　個人の価値を尊重して，その能力を伸ばし，創造性を培い，自主及び自律の精神を養うとともに，職業及び生活との関連を重視し，勤労を重んずる態度を養うこと。

三　正義と責任，男女の平等，自他の敬愛と協力を重んずるとともに，公共の精神に基づき，主体的に社会の形成に参画し，その発展に寄与する態度を養うこと。

四　生命を尊び，自然を大切にし，環境の保全に寄与する態度を養うこと。

五　伝統と文化を尊重し，それらをはぐくんできた我が国と郷土を愛するとともに，他国を尊重し，国際社会の平和と発展に寄与する態度を養うこと。

（生涯学習の理念）

第 3 条　国民一人一人が，自己の人格を磨き，豊かな人生を送ることができるよう，その生涯にわたって，あらゆる機会に，あらゆる場所において学習することができ，その成果を適切に生かすことのできる社会の実現が図られなければならない。

（教育の機会均等）

第 4 条　すべて国民は，ひとしく，その能力に応じた教育を受ける機会を与えられなければならず，人種，信条，性別，社会的身分，経済的地位又は門地によって，教育上差別されない。

2　国及び地方公共団体は，障害のある者が，その障害の状態に応じ，十分な教育を受けられるよう，教育上必要な支援を講じなければならない。

3　国及び地方公共団体は，能力があるにもかかわらず，経済的理由によって修学が困難な者に対して，奨学の措置を講じなければならない。

第 2 章　教育の実施に関する基本

（義務教育）

第 5 条　国民は，その保護する子に，別に法律で定めるところにより，普通教育を受けさせる義務を負う。

2　義務教育として行われる普通教育は，各個人の有する能力を伸ばしつつ社会において自立的に生きる基礎を培い，また，国家及び社会の形成者として必要とされる基本的な資質を養うことを目的として行われるものとする。

3　国及び地方公共団体は，義務教育の機会を保障し，その水準を確保するため，適切な役割分担及び相互の協力の下，その実施に責任を負う。

4　国又は地方公共団体の設置する学校における義務教育については，授業料を徴収しない。

（学校教育）

第 6 条　法律に定める学校は，公の性質を有するものであって，国，地方公共団体及び法律に定める法人のみが，これを設置することができる。

2　前項の学校においては，教育の目標が達成されるよう，教育を受ける者の心身の発達に応じて，体系的な教育が組織的に行われなければならない。この場合において，教育を受ける者が，学校生活を営む上で必要な規律を重んずるとともに，自ら進んで学習に取り組む意欲を高めることを重視して行われなければならない。

（大学）

第 7 条　大学は，学術の中心として，高い教養と専門的能力を培うとともに，深く真理を探究して新たな知見を創造し，これらの成果を広く社会に提供することにより，社会の発展に寄与するものとする。

2　大学については，自主性，自律性その他の大学における教育及び研究の特性が尊重されなければならない。

（私立学校）

第8条　私立学校の有する公の性質及び学校教育において果たす重要な役割にかんがみ，国及び地方公共団体は，その自主性を尊重しつつ，助成その他の適当な方法によって私立学校教育の振興に努めなければならない。

（教員）

第9条　法律に定める学校の教員は，自己の崇高な使命を深く自覚し，絶えず研究と修養に励み，その職責の遂行に努めなければならない。

2　前項の教員については，その使命と職責の重要性にかんがみ，その身分は尊重され，待遇の適正が期せられるとともに，養成と研修の充実が図られなければならない。

（家庭教育）

第10条　父母その他の保護者は，子の教育について第一義的責任を有するものであって，生活のために必要な習慣を身に付けさせるとともに，自立心を育成し，心身の調和のとれた発達を図るよう努めるものとする。

2　国及び地方公共団体は，家庭教育の自主性を尊重しつつ，保護者に対する学習の機会及び情報の提供その他の家庭教育を支援するために必要な施策を講ずるよう努めなければならない。

（幼児期の教育）

第11条　幼児期の教育は，生涯にわたる人格形成の基礎を培う重要なものであることにかんがみ，国及び地方公共団体は，幼児の健やかな成長に資する良好な環境の整備その他適当な方法によって，その振興に努めなければならない。

（社会教育）

第12条　個人の要望や社会の要請にこたえ，社会において行われる教育は，国及び地方公共団体によって奨励されなければならない。

2　国及び地方公共団体は，図書館，博物館，公民館その他の社会教育施設の設置，学校の施設の利用，学習の機会及び情報の提供その他の適当な方法によって社会教育の振興に努めなければならない。

（学校，家庭及び地域住民等の相互の連携協力）

第13条　学校，家庭及び地域住民その他の関係者は，教育におけるそれぞれの役割と責任を自覚するとともに，相互の連携及び協力に努めるものとする。

（政治教育）

第14条　良識ある公民として必要な政治的教養は，教育上尊重されなければならない。

2　法律に定める学校は，特定の政党を支持し，又はこれに反対するための政治教育その他政治的活動をしてはならない。

（宗教教育）

第15条　宗教に関する寛容の態度，宗教に関する一般的な教養及び宗教の社会生活における地位は，教育上尊重されなければならない。

2　国及び地方公共団体が設置する学校は，特定の宗教のための宗教教育その他宗教的活動をしてはならない。

第3章　教育行政

（教育行政）

第16条　教育は，不当な支配に服することなく，この法律及び他の法律の定めるところにより行われるべきものであり，教育行政は，国と地方公共団体との適切な役割分担及び相互の協力の下，公正かつ適正に行われなければならない。

2　国は，全国的な教育の機会均等と教育水準の維持向上を図るため，教育に関する施策を総合的に策定し，実施しなければならない。

3　地方公共団体は，その地域における教育の振興を図るため，その実情に応じた教育に関する施策を策定し，実施しなければならない。

4　国及び地方公共団体は，教育が円滑かつ継続的に実施されるよう，必要な財政上の措置を講じなければならない。

（教育振興基本計画）

第17条　政府は，教育の振興に関する施策の総合的かつ計画的な推進を図るため，教育の振興に関する施策についての基本的な方針及び講ずべき施策その他必要な事項について，基本的な計画を定め，これを国会に報告するとともに，公表しなければならない。

2　地方公共団体は，前項の計画を参酌し，その地域の実情に応じ，当該地方公共団体における教育の振興のための施策に関する基本的な計画を定めるよう努めなければならない。

第4章　法令の制定

第18条　この法律に規定する諸条項を実施するため，必要な法令が制定されなければならない。

○児童の権利に関する条約（抄）（政府訳）

（1989.11.20）国連総会第44回総会採択

前　文（略）

第1部

第1条　この条約の適用上，児童とは，18歳未満のすべての者をいう。ただし，当該児童で，その者に適用される法律によりより早く成年に達したものを除く。

第2条　1　締約国は，その管轄の下にある児童に対し，児童又はその父母若しくは法定保護者の人種，皮膚の色，性，言語，宗教，政治的意見その他の意見，国民的，種族的若しくは社会的出身，財産，心身障害，出生又は他の地位にかかわらず，いかなる差別もなしにこの条約に定める権利を尊重し，及び確保する。

2　締約国は，児童がその父母，法定保護者又は家族の構成員の地位，活動，表明した意見又は信念によるあらゆる形態の差別又は処罰から保護されることを確保するためのすべての適当な措置をとる。

第3条　1　児童に関するすべての措置をとるに当たっては，公的若しくは私的な社会福祉施設，裁判所，行政当局又は立法機関のいずれによって行われるものであっても，児童の最善の利益が主として考慮されるものとする。

2　締約国は，児童の父母，法定保護者又は児童について法的に責任を有する他の者の権利及び義務を考慮に入れて，児童の福祉に必要な保護及び養護を確保することを約束し，このため，すべての適当な立法上及び行政上の措置をとる。

3　締約国は，児童の養護又は保護のための施設，役務の提供及び設備が，特に安全及び健康の分野に関し並びにこれらの職員の数及び適格性並びに適正な監督に関し権限のある当局の設定した基準に適合することを確保する。

第12条　1　締約国は，自己の意見を形成する能力のある児童がその児童に影響を及ぼすすべての事項について自由に自己の意見を表明する権利を確保する。この場合において，児童の意見は，その児童の年齢及び成熟度に従って相応に考慮されるものとする。

2　このため，児童は，特に，自己に影響を及ぼすあらゆる司法上及び行政上の手続において，国内法の手続規則に合致する方法により直接に又は代理人若しくは適当な団体を通じて聴取される機会を与えられる。

第13条　1　児童は，表現の自由についての権利を有する。この権利には，口頭，手書き若しくは印刷，芸術の形態又は自ら選択する他の方法により，国境とのかかわりなく，あらゆる種類の情報及び考えを求め，受け及び伝える自由を含む。

2　1の権利の行使については，一定の制限を課することができる。ただし，その制限は，法律によって定められ，かつ，次の目的のために必要とされるものに限る。

(a)　他の者の権利又は信用の尊重

(b)　国の安全，公の秩序又は公衆の健康若しくは道徳の保護

第14条　1　締約国は，思想，良心及び宗教の自由についての児童の権利を尊重する。

2　締約国は，児童が1の権利を行使するに当たり，父母及び場合により法定保護者が児童に対しその発達しつつある能力に適合する方法で指示を与える権利及び義務を尊重する。

3　宗教又は信念を表明する自由については，法律で定める制限であって公共の安全，公の秩序，公衆の健康若しくは道徳又は他の者の基本的な権利及び自由を保護するために必要なもののみを課することができる。

第15条　1　締約国は，結社の自由及び平和的な集会の自由についての児童の権利を認める。

2　1の権利の行使については，法律で定める制限であって国の安全若しくは公共の安全，公の秩序，公衆の健康若しくは道徳の保護又は他の者の権利及び自由の保護のため民主的社会において必要なもの以外のいかなる制限も課することができない。

第16条　1　いかなる児童も，その私生活，家族，住居若しくは通信に対して恣意的に若しくは不法に干渉され又は名誉及び信用を不法に攻撃されない。

2　児童は，1の干渉又は攻撃に対する法律の保護を受ける権利を有する。

第28条　1　締約国は，教育についての児童

の権利を認めるものとし，この権利を漸進的にかつ機会の平等を基礎として達成するため，特に，

(a) 初等教育を義務的なものとし，すべての者に対して無償のものとする。

(b) 種々の形態の中等教育（一般教育及び職業教育を含む。）の発展を奨励し，すべての児童に対し，これらの中等教育が利用可能であり，かつ，これらを利用する機会が与えられるものとし，例えば，無償教育の導入，必要な場合における財政的援助の提供のような適当な措置をとる

(c) すべての適当な方法により，能力に応じ，すべての者に対して高等教育を利用する機会が与えられるものとする。

(d) すべての児童に対し，教育及び職業に関する情報及び指導が利用可能であり，かつ，これらを利用する機会が与えられるものとする。

(e) 定期的な登校及び中途退学率の減少を奨励するための措置をとる。

2 締約国は，学校の規律が児童の人間の尊厳に適合する方法で及びこの条約に従って運用されることを確保するためのすべての適当な措置をとる。

3 締約国は，特に全世界における無知及び非識字の廃絶に寄与し並びに科学上及び技術上の知識並びに最新の教育方法の利用を容易にするため，教育に関する事項についての国際協力を促進し，及び奨励する。これに関しては，特に，開発途上国の必要を考慮する。

第 31 条 1 締約国は，休息及び余暇についての児童の権利並びに児童がその年齢に適した遊び及びレクリエーションの活動を行い並びに文化的な生活及び芸術に自由に参加する権利を認める。

2 締約国は，児童が文化的及び芸術的な生活に十分に参加する権利を尊重しかつ促進するものとし，文化的及び芸術的な活動並びにレクリエーション及び余暇の活動のための適当かつ平等な機会の提供を奨励する。

第 32 条 **1** 締約国は，児童が経済的な搾取から保護され及び危険となり若しくは児童の教育の妨げとなり又は児童の健康若しくは身体的，精神的，道徳的若しくは社会的な発達に有害となるおそれのある労働への従事から保護される権利を認める。

2 締約国は，この条の規定の実施を確保するための立法上，行政上，社会上及び教育上の措置をとる。このため，締約国は，他の国際文書の関連規定を考慮して，特に，

(a) 雇用が認められるための 1 又は 2 以上の最低年齢を定める。

(b) 労働時間及び労働条件についての適当な規則を定める。

(c) この条の規定の効果的な実施を確保するための適当な罰則その他の制裁を定める。

第 33 条 締約国は，関連する国際条約に定義された麻薬及び向精神薬の不正な使用から児童を保護し並びにこれらの物質の不正な生産及び取引における児童の使用を防止するための立法上，行政上，社会上及び教育上の措置を含むすべての適当な措置をとる。

第 34 条 締約国は，あらゆる形態の性的搾取及び性的虐待から児童を保護することを約束する。このため，締約国は，特に，次のことを防止するためのすべての適当な国内，二国間及び多数国間の措置をとる。

(a) 不法な性的な行為を行うことを児童に対して勧誘し又は強制すること。

(b) 売春又は他の不法な性的な業務において児童を搾取的に使用すること

(c) わいせつな演技及び物において児童を搾取的に使用すること

第 35 条 締約国は，あらゆる目的のための又はあらゆる形態の児童の誘拐，売買又は取引を防止するためのすべての適当な国内，二国間及び多数国間の措置をとる。

第 36 条 締約国は，いずれかの面において児童の福祉を害する他のすべての形態の搾取から児童を保護する。

第 38 条 **1** 締約国は，武力紛争において自国に適用される国際人道法の規定で児童に関係を有するものを尊重し及びこれらの規定の尊重を確保することを約束する。

2 締約国は，15 歳未満の者が敵対行為に直接参加しないことを確保するためのすべての実行可能な措置をとる。

3 締約国は，15 歳未満の者を自国の軍隊に採用することを差し控えるものとし，また，15 歳以上 18 歳未満の者の中から採用するに当たっては，最年長者を優先させるよう努める。

4 締約国は，武力紛争において文民を保護

するための国際人道法に基づく自国の義務に従い，武力紛争の影響を受ける児童の保護及び養護を確保するためのすべての実行可能な措置をとる。

第2部

第42条　締約国は，適当かつ積極的な方法でこの条約の原則及び規定を成人及び児童のいずれにも広く知らせることを約束する。

第43条　**1**　この条約において負う義務の履行の達成に関する締約国による進捗の状況を審査するため，児童の権利に関する委員会（以下「委員会」という。）を設置する。委員会は，この部に定める任務を行う。

2　委員会は，徳望が高く，かつ，この条約が対象とする分野において能力を認められた10人の専門家で構成する。委員会の委員は，締約国の国民の中から締約国により選出されるものとし，個人の資格で職務を遂行する。その選出に当たっては，衡平な地理的配分及び主要な法体系を考慮に入れる。（3～12　略）

○いじめ防止対策推進法（抄）

（2013.6.28公布，9.28施行）

第1章　総則

（目的）

第1条　この法律は，いじめが，いじめを受けた児童等の教育を受ける権利を著しく侵害し，その心身の健全な成長及び人格の形成に重大な影響を与えるのみならず，その生命又は身体に重大な危険を生じさせるおそれがあるものであることに鑑み，児童等の尊厳を保持するため，いじめの防止等（いじめの防止，いじめの早期発見及びいじめへの対処をいう。以下同じ。）のための対策に関し，基本理念を定め，国及び地方公共団体等の責務を明らかにし，並びにいじめの防止等のための対策に関する基本的な方針の策定について定めるとともに，いじめの防止等のための対策の基本となる事項を定めることにより，いじめの防止等のための対策を総合的かつ効果的に推進することを目的とする。

（定義）

第2条　この法律において「いじめ」とは，児童等に対して，当該児童等が在籍する学校に在籍している等当該児童等と一定の人的関係にある他の児童等が行う心理的又は物理的な影響を与える行為（インターネットを通じて行われるものを含む。）であって，当該行為の対象となった児童等が心身の苦痛を感じているものをいう。

（第2条2,3,4略）

（基本理念）

第3条　いじめの防止等のための対策は，いじめが全ての児童等に関係する問題であることに鑑み，児童等が安心して学習その他の活動に取り組むことができるよう，学校の内外を問わずいじめが行われなくなるようにすることを旨として行われなければならない。

2　いじめの防止等のための対策は，全ての児童等がいじめを行わず，及び他の児童等に対して行われるいじめを認識しながらこれを放置することがないようにするため，いじめが児童等の心身に及ぼす影響その他のいじめの問題に関する児童等の理解を深めることを旨として行われなければならない。

3　いじめの防止等のための対策は，いじめを受けた児童等の生命及び心身を保護することが特に重要であることを認識しつつ，国，地方公共団体，学校，地域住民，家庭その他の関係者の連携の下，いじめの問題を克服することを目指して行われなければならない。

（いじめの禁止）

第4条　児童等は，いじめを行ってはならない。

第2章　いじめ防止基本方針等

（いじめ防止基本方針）

第11条　文部科学大臣は，関係行政機関の長と連携協力して，いじめの防止等のための対策を総合的かつ効果的に推進するための基本的な方針（以下「いじめ防止基本方針」という。）を定めるものとする。（第2項　略）

第3章　基本的施策

（学校におけるいじめの防止）

第15条　学校の設置者及びその設置する学校は，児童等の豊かな情操と道徳心を培い，心の通う対人交流の能力の素地を養うことがいじめの防止に資することを踏まえ，全ての教育活動を通じた道徳教育及び体験活動等の充実を図らなければならない。（第2項略）

（いじめの早期発見のための措置）

第16条　学校の設置者及びその設置する学校は，当該学校におけるいじめを早期に発見するため，当該学校に在籍する児童等に対する定期

的な調査その他の必要な措置を講ずるものとする。(第2,3,4項略)

第4章　いじめの防止等に関する措置

(いじめに対する措置)

第23条　学校の教職員，地方公共団体の職員その他の児童等からの相談に応じる者及び児童等の保護者は，児童等からいじめに係る相談を受けた場合において，いじめの事実があると思われるときは，いじめを受けたと思われる児童等が在籍する学校への通報その他の適切な措置をとるものとする。(第2～5項　略)

6　学校は，いじめが犯罪行為として取り扱われるべきものであると認めるときは所轄警察署と連携してこれに対処するものとし，当該学校に在籍する児童等の生命，身体又は財産に重大な被害が生じるおそれがあるときは直ちに所轄警察署に通報し，適切に，援助を求めなければならない。

(出席停止制度の適切な運用等)

第26条　市町村の教育委員会は，いじめを行った児童等の保護者に対して学校教育法第35条第1項（同法第49条において準用する場合を含む。）の規定に基づき当該児童等の出席停止を命ずる等，いじめを受けた児童等その他の児童等が安心して教育を受けられるようにするために必要な措置を速やかに講ずるものとする。

(以下略)

○子どもの貧困対策の推進に関する法律

(2013.6.26公布，2014.1.17施行)

第1章　総　則

(目的)

第1条　この法律は，子どもの将来がその生まれ育った環境によって左右されることのないよう，貧困の状況にある子どもが健やかに育成される環境を整備するとともに，教育の機会均等を図るため，子どもの貧困対策に関し，基本理念を定め，国等の責務を明らかにし，及び子どもの貧困対策の基本となる事項を定めることにより，子どもの貧困対策を総合的に推進することを目的とする。

(基本理念)

第2条　子どもの貧困対策は，子ども等に対する教育の支援，生活の支援，就労の支援，経済的支援等の施策を，子どもの将来がその生まれ育った環境によって左右されることのない社会を実現することを旨として講ずることにより，推進されなければならない。

2　子どもの貧困対策は，国及び地方公共団体の関係機関相互の密接な連携の下に，関連分野における総合的な取組として行われなければならない。

(国の責務)

第3条　国は，前条の基本理念（次条において「基本理念」という。）にのっとり，子どもの貧困対策を総合的に策定し，及び実施する責務を有する。

(地方公共団体の責務)

第4条　地方公共団体は，基本理念にのっとり，子どもの貧困対策に関し，国と協力しつつ，当該地域の状況に応じた施策を策定し，及び実施する責務を有する。

(国民の責務)

第5条　国民は，国又は地方公共団体が実施する子どもの貧困対策に協力するよう努めなければならない。

(法制上の措置等)

第6条　政府は，この法律の目的を達成するため，必要な法制上又は財政上の措置その他の措置を講じなければならない。

(子どもの貧困の状況及び子どもの貧困対策の実施の状況の公表)

第7条　政府は，毎年一回，子どもの貧困の状況及び子どもの貧困対策の実施の状況を公表しなければならない。

第2章　基本的施策

(子どもの貧困対策に関する大綱)

第8条　政府は，子どもの貧困対策を総合的に推進するため，子どもの貧困対策に関する大綱（以下「大綱」という。）を定めなければならない。

2　大綱は，次に掲げる事項について定めるものとする。

一　子どもの貧困対策に関する基本的な方針

二　子どもの貧困率，生活保護世帯に属する子どもの高等学校等進学率等子どもの貧困に関する指標及び当該指標の改善に向けた施策

三　教育の支援，生活の支援，保護者に対する就労の支援，経済的支援その他の子どもの貧困対策に関する事項

四　子どもの貧困に関する調査及び研究に関す

る事項（3－6項　略）
（都道府県子どもの貧困対策計画）
第9条　都道府県は，大綱を勘案して，当該都道府県における子どもの貧困対策についての計画（次項において「計画」という。）を定めるよう努めるものとする。
2　都道府県は，計画を定め，又は変更したときは，遅滞なく，これを公表しなければならない。
（教育の支援）
第10条　国及び地方公共団体は，就学の援助，学資の援助，学習の支援その他の貧困の状況にある子どもの教育に関する支援のために必要な施策を講ずるものとする。
（第11-13条　略）
（調査研究）
第14条　国及び地方公共団体は，子どもの貧困対策を適正に策定し，及び実施するため，子どもの貧困に関する調査及び研究その他の必要な施策を講ずるものとする。
第3章　子どもの貧困対策会議
（設置及び所掌事務等）
第15条　内閣府に，特別の機関として，子どもの貧困対策会議（以下「会議」という。）を置く。（第2－5項　略）
（以下略）

○義務教育の段階における普通教育に相当する教育の機会の確保等に関する法律

（2016.12.14公布，2017.2.14施行）

第1章　総　則
（目的）
第1条　この法律は，教育基本法（平成18年法律第120号）及び児童の権利に関する条約等の教育に関する条約の趣旨にのっとり，教育機会の確保等に関する施策に関し，基本理念を定め，並びに国及び地方公共団体の責務を明らかにするとともに，基本指針の策定その他の必要な事項を定めることにより，教育機会の確保等に関する施策を総合的に推進することを目的とする。
（定義）
第2条　この法律において，次の各号に掲げる用語の意義は，それぞれ当該各号に定めるところによる。
一　学校　学校教育法（昭和22年法律第26号）第1条に規定する小学校，中学校，義務教育学校，中等教育学校の前期課程又は特別支援学校の小学部若しくは中学部をいう。
二　児童生徒　学校教育法第18条に規定する学齢児童又は学齢生徒をいう。
三　不登校児童生徒　相当の期間学校を欠席する児童生徒であって，学校における集団の生活に関する心理的な負担その他の事由のために就学が困難である状況として文部科学大臣が定める状況にあると認められるものをいう。
四　教育機会の確保等　不登校児童生徒に対する教育の機会の確保，夜間その他特別な時間において授業を行う学校における就学の機会の提供その他の義務教育の段階における普通教育に相当する教育の機会の確保及び当該教育を十分に受けていない者に対する支援をいう。
（基本理念）
第3条　教育機会の確保等に関する施策は，次に掲げる事項を基本理念として行われなければならない。
一　全ての児童生徒が豊かな学校生活を送り，安心して教育を受けられるよう，学校における環境の確保が図られるようにすること。
二　不登校児童生徒が行う多様な学習活動の実情を踏まえ，個々の不登校児童生徒の状況に応じた必要な支援が行われるようにすること。
三　不登校児童生徒が安心して教育を十分に受けられるよう，学校における環境の整備が図られるようにすること。
四　義務教育の段階における普通教育に相当する教育を十分に受けていない者の意思を十分に尊重しつつ，その年齢又は国籍その他の置かれている事情にかかわりなく，その能力に応じた教育を受ける機会が確保されるようにするとともに，その者が，その教育を通じて，社会において自立的に生きる基礎を培い，豊かな人生を送ることができるよう，その教育水準の維持向上が図られるようにすること。
五　国，地方公共団体，教育機会の確保等に関する活動を行う民間の団体その他の関係者の相互の密接な連携の下に行われるようにすること。
（国の責務）
第4条　国は，前条の基本理念にのっとり，教育機会の確保等に関する施策を総合的に策定し，及び実施する責務を有する。

（地方公共団体の責務）

第５条　地方公共団体は，第三条の基本理念にのっとり，教育機会の確保等に関する施策について，国と協力しつつ，当該地域の状況に応じた施策を策定し，及び実施する責務を有する。

（財政上の措置等）

第６条　国及び地方公共団体は，教育機会の確保等に関する施策を実施するため必要な財政上の措置その他の措置を講ずるよう努めるものとする。

第２章　基本指針

第７条　文部科学大臣は，教育機会の確保等に関する施策を総合的に推進するための基本的な指針（以下この条において「基本指針」という。）を定めるものとする。

2　基本指針においては，次に掲げる事項を定めるものとする。

一　教育機会の確保等に関する基本的事項

二　不登校児童生徒等に対する教育機会の確保等に関する事項

三　夜間その他特別な時間において授業を行う学校における就学の機会の提供等に関する事項

四　その他教育機会の確保等に関する施策を総合的に推進するために必要な事項

3　文部科学大臣は，基本指針を作成し，又はこれを変更しようとするときは，あらかじめ，地方公共団体及び教育機会の確保等に関する活動を行う民間の団体その他の関係者の意見を反映させるために必要な措置を講ずるものとする。

4　文部科学大臣は，基本指針を定め，又はこれを変更したときは，遅滞なく，これを公表しなければならない。

第３章　不登校児童生徒等に対する教育機会の確保等

（学校における取組への支援）

第８条　国及び地方公共団体は，全ての児童生徒が豊かな学校生活を送り，安心して教育を受けられるよう，児童生徒と学校の教職員との信頼関係及び児童生徒相互の良好な関係の構築を図るための取組，児童生徒の置かれている環境その他の事情及びその意思を把握するための取組，学校生活上の困難を有する個々の児童生徒の状況に応じた支援その他の学校における取組を支援するために必要な措置を講ずるよう努めるものとする。

（支援の状況等に係る情報の共有の促進等）

第９条　国及び地方公共団体は，不登校児童生徒に対する適切な支援が組織的かつ継続的に行われることとなるよう，不登校児童生徒の状況及び不登校児童生徒に対する支援の状況に係る情報を学校の教職員，心理，福祉等に関する専門的な知識を有する者その他の関係者間で共有することを促進するために必要な措置その他の措置を講ずるものとする。

（特別の教育課程に基づく教育を行う学校の整備等）

第10条　国及び地方公共団体は，不登校児童生徒に対しその実態に配慮して特別に編成された教育課程に基づく教育を行う学校の整備及び当該教育を行う学校における教育の充実のために必要な措置を講ずるよう努めるものとする。

（学習支援を行う教育施設の整備等）

第11条　国及び地方公共団体は，不登校児童生徒の学習活動に対する支援を行う公立の教育施設の整備及び当該支援を行う公立の教育施設における教育の充実のために必要な措置を講ずるよう努めるものとする。

（学校以外の場における学習活動の状況等の継続的な把握）

第12条　国及び地方公共団体は，不登校児童生徒が学校以外の場において行う学習活動の状況，不登校児童生徒の心身の状況その他の不登校児童生徒の状況を継続的に把握するために必要な措置を講ずるものとする。

（学校以外の場における学習活動等を行う不登校児童生徒に対する支援）

第13条　国及び地方公共団体は，不登校児童生徒が学校以外の場において行う多様で適切な学習活動の重要性に鑑み，個々の不登校児童生徒の休養の必要性を踏まえ，当該不登校児童生徒の状況に応じた学習活動が行われることとなるよう，当該不登校児童生徒及びその保護者（学校教育法第十六条に規定する保護者をいう。）に対する必要な情報の提供，助言その他の支援を行うために必要な措置を講ずるものとする。

第４章　夜間その他特別な時間において授業を行う学校における就学の機会の提供等（略）

第５章　教育機会の確保等に関するその他の施策（略）

索　引

[編集代表]

山﨑 準二（やまざき じゅんじ） 学習院大学教授
高野 和子（たかの かずこ） 明治大学教授

[編著者]

山﨑 準二（やまざき じゅんじ）
1953年生まれ
学習院大学教授　博士（教育学）
東京大学大学院教育学研究科博士課程修了，静岡大学教授，東京学芸大学教授，東洋大学教授を経て現在に至る
〈主要著書等〉
著書『教師のライフコース研究』創風社
　　『教師の発達と力量形成』創風社
編著『教師という仕事・生き方〔第2版〕』日本標準
　　『教育の方法と技術〔第2版〕』（柴田義松と共編著）学文社
　　『新・教職入門』（矢野博之と共編著）学文社
　　『〔新版〕教育の課程・方法・評価』梓出版社
訳書『P. ペーターゼン：イエナ・プラン　学校と授業の変革』明治図書
論文「ディースターヴェークの教師教育論」日本教育学会『教育学研究』第48巻第1号

未来の教育を創る教職教養指針　第1巻
教育原論

2018年11月15日　第1版第1刷発行

編著　山﨑 準二

発行者　田中千津子　〒153-0064　東京都目黒区下目黒3-6-1
電話　03（3715）1501㈹
FAX　03（3715）2012
発行所　株式会社 学文社　http://www.gakubunsha.com

印刷　亜細亜印刷

ISBN 978-4-7620-2834-2